An Everyone Culture
Becoming a Deliberately Developmental Organization

人人文化
锐意发展型组织 DDO

［美］罗伯特·凯根（Robert Kegan）

丽莎·莱希（Lisa Laskow Lahey）

马修·米勒（Matthew L. Miller）

安迪·弗莱明（Andy Fleming）

黛博拉·赫尔辛（Deborah Helsing）著

薛阳　倪韵岚　陈颖坚 译

北京师范大学出版集团
BEIJING NORMAL UNIVERSITY PUBLISHING GROUP
北京师范大学出版社

VUCA 时代

如 何 让 你 的 组 织

悍将辈出/良将如潮

一套可复制的组织文化基本功

作　者　简　介

　　罗伯特·凯根 (Robert Kegan)，哈佛大学研究生教育学院成人学习和专业发展的"密汉"讲座教授。同为哈佛教员的莱希 (Lisa Lahey)"工作思维公司"(Minds at Work) 的创始人兼校长，这是一家主要提供领导力学习的专业服务公司。

　　罗伯特·凯根和丽莎·莱希是《变革免疫》(Immunity to Change) 和《谈话方式如何改变工作方式》(How the Way We Talk Can Change the Way We Work) 这两本书的合著者，他们一起开展研究和共同实践的工作长达 30 年。

　　马修·米勒（Matthew L. Miller），哈佛大学教育研究生院的教学讲师兼副院长。安迪·弗莱明（Andy Fleming）是"成长之路咨询公司"（Way to Grow Inc.）的 CEO 兼创始人；锐意发展型组织的研究者和咨询顾问。黛博拉·赫尔辛（Deborah Helsing）是哈佛大学研究生教育学院的讲师，也是心智项目培训主任。

译　　者　　简　　介

　　薛阳（小飞），/me 我斜杠之创始人，繁荣进化型组织联合创建者，组织进化核心推动者。《重塑组织》译者。

　　倪韵岚，毕业于伦敦政治经济学院，"系统思考"的实践者与推动者，系统变革学院（美国）特聘讲师，致力于以系统思考赋能企业、社会公益和教育领域。斜杠翻译，担任彼得·圣吉（管理大师）、丹尼尔·戈尔曼（情商之父）、丹娜·佐哈尔（量子领导力提出者）等知名学者中文翻译。

　　陈颖坚（Joey），future shapers academy 创始人，资深组织发展顾问，《领导者的意识进化》、《重塑组织》（插图版）、《谦逊领导力》（繁体版）译者。

推 荐 语

"在每年出版的众多有关领导力和组织文化的书籍中，只有少数真正具备革命性。本书就是其中之一，它是人才管理领域有关如何显著提升个人和集体工作能力的必读书籍。我强烈推荐！"

——威廉·霍杰茨（William H. Hodgetts）

富达国际投资企业人才培训与评估副总裁

"多年以前，当我首次参加凯根和莱希的《变革免疫》一书的培训时，我的生活就从根本上得到了改变，因此我非常渴望阅读他们的新书。我没有失望。《人人文化》引人深思，鼓舞人心，展现了微小的改变如何帮助组织和领导个人实现巨大的收益。"

——艾米丽·劳森（Emily Lawson）

翠丰集团首席人才官

"这是一本极具启发性和挑战性的书籍，它引发读者认真思考组织如何才能创造与经济实体一样有效的工作文化，促进包括领导、管理人员和员工在内的每一个个体的发展。如果你想要通过一本书对组织的形态和领导方式有不同的见解，这本书绝对适合你。"

——埃德加·沙因（Edgar H. Schein）

《谦逊的探询》（*Humble Inquiry*）作者

"在这本非凡的著作中，凯根和莱希提供了一种组织生活的全新范式。他们仔细研究了三家组织，均是各自领域的典型代表，关注每个组织参与者的情感发展，通过持续不断的纪律，使组织生活的方方面面适合情感发展。自戴明（Deming）消除泰勒主义以来，还从未有人对突出组织绩效的传统观念提出如此深刻的挑战。"

——哈里·斯宾思（Harry Spence）

马萨诸塞州基层法院管理者

"在不断变化的世界中，面对日益增多的挑战，公司需要学习如何释放员工的全部潜能。凯根和莱希阐释了组织如何通过"关注发展"来提高员工满意度，同时获得巨大的商业回报。"

——丹尼尔·魏思乐（Daniel Vasella）

医学博士，诺华公司（Novartis AG）前任董事长和首席执行官

中文版序

我代表我的合作伙伴及我本人，很荣幸为《人人文化：锐意发展型组织DDO》（后文简称为《人人文化》）中文版写这篇序言。自从我多年前第一次访问中国，以及在之后的几次访问中，我一直被在这片土地上见到的人们对成人发展领域的思考与共鸣所折服和鼓舞，特别是人们对工作场所改变的需求，以及将组织的成功和人的发展视为相辅相成的，而非相互抵触的。

我并不是中国传统文化领域的专家，但我是一个不折不扣的中国文化崇拜者。我认为，一个拥有数千年传统文化与智慧的东方国家，与一个怀揣着年轻的思想、拥有广博知识且截然不同的西方国家所呈现的这种亲和力，是非常具有启发性，且鼓舞人心的。它告诉（或提醒）我们，在丰富且宝贵的文化差异之下，存在着跨越海洋大陆和世纪的通用人类动力学。

大约50年前，在我刚从哈佛大学毕业的时候，在西方的哲学体系中，从未有人谈论或研究"成人发展"这个话题。那个时期，如果你说想要学习"发展心理学"，那么这意味着你对婴儿、儿童或青少年发展感兴趣。我们将心智发展和生理发展配合来看，仿佛我们会不断长高，直到大约20岁时停止生长，这样的认知让我们认为一个人的心智发展也会在某个时候（像是20岁）就会停止生长，从而定型。

当然即使在那时，人们也认同，有些成年人看起来要比其他人更聪明，但这并不因为他们的智力本身得到进一步进化，而归因于他们从同样的智力中获得了了更多的能力与发展。他们和其他人一样，在人类生命的前20年中发展出这些能力。

在20世纪80年代，通过纵向研究，我开始提出针对心理生活课程的后三分之二或四分之三（！）的另一种讲授方式，于是我开始受到邀请，将我的作品介绍给学术界。我通常会被邀请在不同的活动中尽早发言（也许是因为我的话题更令人振奋），之后我不可避免地会听到我的脑科学同事随后走上讲台，用最亲切的方式表达他们对此的反对，他们认为，尽管我的观点确实很有趣且鼓舞人心，但这不过是一篇"观点性的文章"或"挑衅性的建议"，几乎可以肯定的是，这是不正确的。他们表示，与像我这样的"软科学家"相反，他们所谈论的并不是像"思想"这样的形而上学。他们谈论的是物质，可测量的事物，即大脑。并且，据他们所见，在生命的前20年后，大脑没有进一步的质变。他们说："如果要证明凯根博士所建议的说法是正确的，必须有神经学方面的力证。我们看不到任何类似的东西。他实质上是在对人们所说的内容进行分析的基础上做出关于大脑的推断。我们正在研究事物本质。"

如今，当然了，如果每当我听一场神经科学家狂热的谈论——"大脑惊人的神经可塑性"——便可得到一块钱，那么我很有可能已经变成富翁了。他们很明确地表示无法支持我的观点和主张，但问题是，他们在那个场景下并没有获得足够的视角和资源。在之后的几年里，他们的系统得到了改进和升级，今天他们看到了我们艰苦而平凡的"磁带录音机式的研究"，从而获得了本质的转变。

这是现代西方少数几个称为"软科学家"领先于"硬科学家"的例子之一［一个令我感到欣慰的故事是，当德米特里·门捷列夫（Dmitri Mendeleev）第一次提出他关于元素周期表的想法，凭直觉根据几个条目推测整个表格时，他那个时代受人尊敬的科学家们曾轻蔑地回答："为什么我们不按字母顺序排列元素呢？这将与你呈现的内容一样具有科学依据。"］。与此同时，东方的传统智慧中的圣人——孔子在《论语》中说："三十而立，四十而不惑，五十而知天命，六十而耳顺，七十而从心所欲，不逾矩。"这已经是一个实实在在的关于成人发展的理论了，它表明，不同的生活阶段可能有不同生活行动的任务，或者有关注点的改变，还涉及我们心智认知的改变。也许中国之所以对所谓的西方成人发展理论能找到如此共鸣，是因为中国的哲学在"人类意识的进化"领域的探索远早于"西方文明"。

如今，关于成人发展的学术研究在世界各地（西方和东方）蓬勃发展，这个理论基础影响着人类活动的每个可想象领域的实践。仅以在哈佛的专业学习为例，你会发现，比如，我早期的书籍《变革免疫》在哈佛的包括医学院、政府、教育和商业学校领域都有关注和实践。

任何在中国企业或中国家庭待过的人，正如我有幸经历的那样，都不难得出这样的结论：对增长和发展的渴望是中国基因的一部分。正如几代人以来，中国人在子女的教育和成长方面投入了大量资金和心力一样，世界上没有哪个地方的员工像中国这样，为了实现公司雄心勃勃的增长目标而加班加点。与此同时，我听到中国的高管们表示这些担心，这些非凡投资的回报可能不足以满足未来的需求和机遇。他们在问自己和他人："我们是否在竭尽全力确保自己的可持续成功与发展？"

这是一个公平而明智的问题。事实是，世界上只有少数领先的企业或组织充分利用了 20 世纪以来开发的人力资源知识库。在大多数情况下，这些学习往往处于观望状态。它们未集成到我们日常的活动和业务中。一旦领导者认识到他们的企业能走到他们的员工接受的范围之内，他们自然会问自己这样的问题："如果我们想让我们的公司成为世界上最大的人才孵化器，科学界将如何建议我们以不同的方式设计我们的工作方式？""这实际上是什么样的？""有什么证据表明这些不同的工作方式实际上带来了更大的成功？"您现在手里拿着的书（或在屏幕上阅读的）就是在试图回答这个问题。

这是一本关于不同寻常的商业管理类的书籍。不同寻常，但并非不符合中国特色。"DDO（锐意发展型组织）"的生机勃勃与活力，同孔子的精神不约而同：个人的成长和教育不仅仅在为成年做准备，不断的成长和教育应持续成为每个成年人重要的组成部分。我认为在我们这个时代，人们倘若能够更好地将自己的文化与这种智慧——东西方相容的智慧——结合起来，这样的工作环境将是最成功的。

我和我的合著者们希望，这本书能进一步加强我们的共同认识，即跨越文化、地域和世纪，让我们一起从事一项共同的事业吧！

享受你的阅读！

罗伯特·凯根

哈佛大学

2020 年 4 月

译者序

一本让务虚变务实的组织文化经典

陈颖坚 (Joey)

future shapers academy 创始人
《领导者的意识进化》译者

首先，能够跟两位好友——小飞与韵岚——一起参与翻译这本被大家期待已久的名著，实在是我的荣幸。小飞与韵岚本身都是非常有才、专注且独当一面的专业工作者，是组织进化新生代的代表性人物。事实上是她俩分担了整本书的翻译工作，是真正意义上的幕后最大功臣。在此特别感谢她们，邀请我，作为老一辈的同学，代表翻译团队来写一个总序。

令人景仰的企业文化的内涵到底共享着什么东西，从而意味着这就是好的组织必须建构的内核元素？搞清楚这一点，你的组织便能加入属于你们自己的东西，成为一家既富竞争力，又有独特色彩的组织。没搞清楚这一点，随时会搞出一个四不像。

在国内，一说到有独特文化色彩的成功企业，华为、阿里巴巴、海底捞等总是最容易成为标榜的对象。各种组织总会争相从这些龙头企业的表面学习他们种种的"套路"，以简单粗暴的方式搬到自己的组织中。然而，文化是内生的有机过程，哪怕海底捞将自己内部文化说清楚了，同时还会跟你说"你学不会的"。难道这些成功的组织只能令人膜拜，却不能让人学习？

我有幸走进某互联网企业，做了好几年外聘的独立组织发展顾问，让我能近距离解析这家组织的文化底蕴。用这家企业的土话说，他们是一个"既要，也要"的文化。我就在其中一个业务场中，听到一句很好的"既要，也要"式的总结：既是一个"情义场"，也是一个"学习场"，同时又是一个"战场"。这样一说，相信很多听过它们故事的同学们都不会陌生。作为今天中国企业的楷模，其文化也不是什么不为人所知的秘密了，问题就是，虽然其文化已经变得人所皆知，但大多组织只学了它的形，却遗失了它的"神"，结果什么都不是。问题是，它的"神"到底是什么呢？

我经常说，顾问的工作不是改变一个组织的"血型"，但可以改变组织的互动模式（mode of interaction）。因此，我的工作是介入很多组织的互动惯性中，尊重他们的文化之余，也改变组织的互动模式，从而产生不同的结果。凯根与他的作者们在这本《人人文化》中提出，建构人人都能成长的文化，将我的想法推得更激进一些，他们高调宣称它也是一种文化。往深层上看，互动的模式也确实是文化建构的一种。重点是，这些互动模式，相较于很多组织非常独特的文化，是更能言说的，也就是说，它更能被学习，以致被复制。的确，在 VUCA（易变性、不确定性、复杂性、模糊性）的时代面前，有些互动模式，在今天与未来是不得不学的。

在这家互联网企业，领导们都需要有勇气担起比他们的心智承受度"大"很多的战场，而且都是"荷枪实弹"的"短兵相接"。这些年来因为有越做越大的场境，逼着业务大佬们不得不推自己心智的"边际"之余，放下自己过往成功的一套，更虚心求教于他人。凡是身在这家企业的人，无论是 OD（组织发展）、HR（人力资源），还是业务前、中、后台的同学们，都非常重视团队的"温度"。就"温度管理"这一项来说，同学们都算是好手，这是很让人大开眼界的。当然他们在没有阅读凯根与莱希（及几位共同作者）这本《人人文化》时，并不会特别意识到，这些温度是团队视企业为"家园"的一种重要感知。我惊觉于这家企业的文化有着"锐意发展型组织"（DDO）所主张的三元素的雏型，也揭开了它们文化为何如此令人向往的面纱。重点并不是所谓的独有文化，而是他们的互动模式。

当用凯根等《人人文化》中的 DDO 框架来看这家互联网企业的种种文化做法时，我们便可以穿透它们的文化密码，让它们多年来成功的"互动符号"浮现出来。这与凯根研究多家非常成功的企业而拆解出来的 DDO "三元素"——建"家园"（home）、推"边际"（edge）、打"木人巷"（groove）——可谓是同一结构的。

留意"木人巷"的特殊属性

虽然这家互联网企业文化令很多组织向往，但其互动模式也不尽完美，仍然需要新一轮的学习。就如很多国内惯于"打仗"的企业一样，这家企业习惯"以战养兵"这种训练领导的套路，认为抛给业务领导们一场又一场"战役"，领导们就可以在战场中自己成长起来，这种将市场竞争作军事化借喻当然有它非常可取的地方，比如，能一直带兵打仗的将领们都是有经历、有战功的大将，因而更容易令人服从，士兵们也更能发挥将命必达的执行力。同时，我也强烈地感受到，战功文化衍生出了"英雄主义"。在战功等同话语权的文化下，只要战略方向没有犯大错，企业会悍将辈出，成为令人敬重的企业。但是，这种文化会过于简陋地将这些"战役"等同于凯根所指的"木人巷"。

木人巷的原文是 groove，有沟巷的意味，同时它是关于每天都必须要练习的指定动作，因而我们借用了少林寺练功每天都要经过一排木人桩的"木人巷"予以译名。按照书中的说法，战役并不等同于木人巷，战场也非大学。这两个概念务必要分清。我们都知道，战争，大部分时候都不会有"养兵"之用，它带来的是一种消耗，耗人耗时耗钱。今天的企业在新冠疫情之后，想更有效地拥抱 VUCA 时代所代表的易变性、不确定性、复杂性、模糊性，就更需要像军队一样，在平日进行大量的训练，这样军队才能更有效地调动组织力量来面对战役中有机会碰到的种种不确定性。平日大量的训练是什么？这就是 DDO 所指的"木人巷"。否则，没有平常的训练就派军上阵，在沙场上因缺乏训练而被干掉的，可能是很有潜力的将才。以战养兵其实是一件很耗人才的事。同样的，有些企业马上又会很高兴地宣称，自己建立了号称"企业大学"的专属内训场域。可惜的是，以我所见，没有几家企业能在所谓的企业大学，做出一个飞行模拟器，来帮助业务为行军打仗做恒常的训练。

假如我们认同组织将来会在越来越不确定的环境下竞争的话，我们需要问，组织的飞行模拟器在哪里？我们很难想象，没有经过飞行模拟训练的飞机司长能直奔大飞机而去。我相信这样的领导不会让自己坐在这架飞机上吧。但讽刺的是，我们大部分组织工作中的主管，都是没有经过任何帮助他们对抗 VUCA 的训练，就直奔战场了。而你，和一众同学们，就是坐在这样的飞机上。

可见，木人巷这个概念真不好理解。我在此特别想强调，木人巷其实有一个更为重要的功能，它除了要为组织的实务工作带来非常明显的训练之外，还是针对团队成员的心智复杂性的成长而锻造的。这也是另一个符合阿里文化的"既要，也要"精神，但它要比"借事修人"多一层意义。它特别强调提升心智复杂性的训练。谈到心智复杂性的成长，又引领我们回到凯根与拉海原来的强项上，这就是如何去"推"个人心智成长的"边际"了。这，也是整本《人人文化》的核心主张：人人发展，在 VUCA 面前，是前所未有的重要。

从推动人人发展，到领导者的意识进化一路走来，我非常喜欢凯根与莱希等人的这本《人人文化》，虽然我认为这本书远未完成，它仍然处在现在进行的建构过程中，但我认为它是我读过有关建构组织文化最为务实的一本著作，能将心智成长与组织文化两大"务虚"之地，以如此实在的方式表达出来，本身已经成为一部经典。

另一种幸福

倪韵岚

毕业于伦敦政治经济学院，美国系统变革学院特聘讲师
管理大师及《第五项修炼》作者彼得·圣吉中国合作伙伴

非常感谢颖坚邀请我参与本书的翻译。作为一个致力于推动"系统思考"的实践者和讲师，也作为家族企业经营的参与者，我有很多机会到不同企业的业务和组织发展的现场，也特别能够体会组织文化"虚中生实，无中生有"的价值。因为它往往是"隐而未现"的，所以我们特别需要有一套操作系统，作用于企业经营发展中异常重要但不容易被看到的方方面面，而《人人文化》这本书，就提供了这样一个"学得会"的系统。

从个人层面来说，在第一次阅读这本书的时候，我就与它产生了深深的共鸣，也就是作者提出的"另一种幸福"。我觉得在某种意义上，这本书超越了组织发展的领域，指向我们每一个个体的生命与使命。"诗与远方"的话题在这个"996"的时代能格外引起共鸣，好像所谓理想的人生被分割成了努力工作的上半段和财富自由的下半程。可是，我们的工作仅仅是为了可以更好的在退休之后就再也不用工作了吗？而《人人文化》有着如此清晰的路径，让每一个普通人，也可以经由自我反思和基于觉察的行动去封"神"。这个"神"就在我们的心中，让我们可以去超越充满无常变化的外部环境与人生际遇，做到在每一个当下精进、成长、进化。

当然，组织层面与个人层面从来都不是孤立的，在我的工作实践中，就有这样的见证。比如，贝塔斯曼亚洲投资基金（BAI）的核心团队有着每年深度对话的组织建设传统，2019年，以《人人文化》的三元素为框架，他们在青城山脚下展开了这样的"心智成长"之旅，让我得以看到，企业里的"另一种幸福"来自成长，来自经历了挑战、纠结和痛苦之后的绽放。2020年是一个"大年"，希望在这一年拿到这本书的你，能够开启一种更为有意识的生命之旅，愿我们能够穿越风雨，抵达更为纯净的心。

来了一个"人"!

薛阳（小飞）

/me 我斜杠之创始人
繁荣进化型组织联合创建者，组织进化核心推动者
《重塑组织》译者

《人人文化》的英文版，我几年前看完就爱不释手，没想到去年有幸收到来自颖坚的邀请翻译此书，我觉得这个缘分或者说惊喜真的是很美妙的。我与颖坚、韵岚几个月的配合，向二位学到很多。

我平日里工作的核心是帮助组织更加自主管理、敏捷弹性和更大的意义感/使命感驱动。也因此，我对组织的底层假设是，不再将组织视为一个大型运转的机器，而视为一个有机的生态体，这其中，人不再是一个冷冰冰的零部件，而是人为人，很鲜活，富有生命力。若我们能够转换视角，有这样的"看见"，那么每一个人都可以拥有潜能，可以持续成长和发展。

关于 DDO 拉宽文化的视角，本书有非常多的呈现，同时，你会发现那些真实的故事都是聚焦到某个人的。我想与个人分享的是，在看文化变迁的同时，领导者需要有看见每个"人"的能力。看见的不仅是他的专业技能、工作任务、绩效产出、优势缺点，更需要能够看见他的驱动力、情绪表达、恐惧担忧，以及对成长的诉求。只有这样，我认为 DDO 才有可能在组织里被人们所接纳和呈现。

福特曾经说，我只雇佣了一双手，却为什么来了一个"人"？

今天我想说，DDO 来了，您组织里的"人"来了！看见他们，爱他们吧！

目　录

前言

文化，就是战略

在一般的组织机构里，大多数人都在做"第二份工作"，只是这份差事是没有酬劳的。在世界上任何一个国家，无论是在大型企业还是在中小型公司中，无论是在政府机构还是在学校、医院里，无论是在商业机构还是在非营利组织中，大部分人都花费不少时间、精力去掩盖自己的短板，积极经营自己的"粉饰管理"，确保在人前展现自己最好的一面，搞搞办公室政治，掩盖自己的不足与局限性，掩盖自己的不知道。在组织里，"掩盖"就是那第二份工作了。

这是组织每天都在面对的最大的资源浪费。员工如何分配其精力，不正是一家公司如何分配最有价值的资源吗？这项浪费产生的费用计算起来是简单明了的，而当我们细细思量，不禁会感到这是十分惊人的浪费：它妨碍了组织和供职于组织的个人实现他们的最大潜能。

而本书中将要谈及的几家公司，若读者们把它们放在一起进行对比的话，便会看到一种专注于人的发展之全新模式的出现。作为成人发展心理学家，我们认为这种新管理模式的出现，是现时所知道的最能在组织中释放员工潜能的有力途径。

那么这些对比得出了什么结论呢？整体来说，这些企业典范展示了以下的得益处：

- 利润增加了，员工稳定性提高了，晋升速度加快了，沟通更为直接了，运营与战略设计过程的错误更容易被察觉，更有效的授权，更强的责任感；

- 成本降低了，办公室政治减少了，跨部门冲突化解了，员工工时呆滞及消极怠工现象也相应减少了；

- 对棘手问题的解决更为有效，例如，如何将更多关注自身利益的领导者转变为更有价值的团队领导者；如何提前预知无人经历过的危机，并施以积极管控；如何找到并实现从未体验过的新可能性。

简言之，这本书既关涉组织潜力的实现，也关涉个人潜能的发挥。而重要的是，本书描述了一种全新的方式，能让两者互相促进——组织与个人相互成就彼此，使个人的才华得以绽放与成长。

现在先看看在传统公司里，人人都在忙于掩盖自身不足的第二份工作的情况。从公司的角度来说，这等于是为每个员工每天的兼职工作支付着全额工资。更为糟糕的是，正因为员工们掩盖了自己的短板，也就代表着他们看到或发现这些短板的机会也降低了。而公司将不停地为由此产生的局限与盲点付出代价，这正是每一天在你我身边默默发生的事。

现在从员工的角度出发，当工作上需要兼职另一份差事，每一天要带着"双重身份"上班，心里明白知道那个人不是真实的自己时，员工们又付出了什么代价呢？诚然，人的天性是自我保护，但是，难道我们不也为心智的成长、进化和发展而活吗？事实上，研究表明，工作中最大的倦怠，并非来自超负荷的工作，而是因为长久的工作中都未能经历自我的发展。想想看，不断掩饰弱点而不是利用机会去克服它们，将给个人成长带来多大的掣肘。

在日渐 VUCA（动荡、不确定、复杂和模糊）的当今世代里，机会与挑战并存，对组织和个人的要求也日渐提高。而我们所熟知的一般组织的组织设计根本无法应对这些全新的挑战。

那么我们是如何观察到传统组织里每个人那第二份差事的呢？这是否

对一般组织定睛地盯着就能看出来呢？事实并非如此。如果我们拼命观察一家一般的企业，除了觉得一切正常之外，大概什么都看不出来！

而我们在真正仔细观察那些没有人会做第二份工作的企业时，才会发现过往的所谓"正常"其实反而有些奇怪。本书研究的三家企业，尽管看起来不尽相同，却有一项惊人的共通点：它们在发展员工能力方面提供了最强有力的环境。之所以能够如此，是因为它们塑造了一种文化：这种文化既是足够安全的，又是异常具有挑战性的，能够让每个人从躲藏的暗角中活出来。我们把这样的企业称为锐意发展型企业（Deliberately Developmental Organization，简称为DDO）。

人人成长的文化

本书的作者终其一生的志业，就是在学习和推动成人发展理论。这一理论阐明了人们的意义构建系统和心智能力如何不断地进化。成人发展理论的实践者，多年来致力于向人们提供专业的支持，但往往是在个人提供上一对一的支持。将相关原则与方法运用于整个组织的实践并未受到太大的关注。

本书的核心是对三家DDO进行调研，但从开始我们就被三个现象所打动了。首先，这些企业的实践与成人发展科学所推崇的非常一致，尽管只有一家公司正式研究过成人发展理论，但它们都能够设计出独特而有效的方式在企业里来践行成人发展理论。对于如何加速人的发展与成长，它们有一种兼备直观与务实的实践分寸。

其次，这几家公司竟能将成长理念用规模化的方式，让公司里的每个人——员工、经理、领导层——均有机会经历成长。在接下来的章节中，作为读者的你不仅会与这三家非比寻常的公司相遇，还会学到成人发展的相关理论，以帮助你更好地理解这些组织的企业文化是如何影响其员工的。理论的学习也可以帮助你穿透各项工具方法，更深入地了解这三家企业到底是如何支持员工发现并最终超越自身的局限性假设和组织的"习惯性防卫"，让人人都有机会超乎预期地发展自身的能力。

这样的话，我们希望当你有意愿塑造一家 DDO 或为任何一家 DDO 效劳时，本书可以支持你的，不仅仅是拷贝一些范例做法，而是真正地掌握个中的指导性原则。最终希望你拆解到 DDO 的底层密码并有更深睿的理解，能协助你创造出尚未存在的实践方法。

最后，这三家公司有意识地且持续地滋养这样一种文化：将公司和个人的发展以及二者互为支持的关系放在非常重要的位置上，实现一种"人人参与、日日实践"的文化。透过自行开发的、夯实的日常实践体系，企业文化不断地在个人发展与商业战略的设计中取得突破。

DDO：21 世纪心智发展的孵化器

读者们也可以将本书视为 21 世纪的企业对"在职场中发展人的能力最有力的方式是什么？"的一种回应。事实上，在人才发展的领域里已经有了高管教练、高潜人才项目、导师制、企业大学、人才拓展、闭关及领导力发展项目林林总总的方法，但它们也分享着不少共性（与问题），让我们不得不将之归类为 20 世纪的人才发展方法。

它们有哪些共同的特质呢？首先，它们给予人的输入是间断性的，而非持续性的。只任由参与者自行地发生改变，往往不够频繁，或是强度不够。我们得需明白，从根本上发展人，本来就是一项艰巨的任务，因此这些干预往往显得过于薄弱。

其次，这些实践对组织构成的是"某种额外"的、在常规工作流程以外的东西，这就难免会引起本来就困难的能力转移问题与成本问题。就算它们能支持人们在工作之外的场景下进行有效的学习，如何能保证员工将新的知识与学习带进顽固而持久的业务场景内呢？而公司又如何能够持续这样的双重成本：当中包括额外的培训费用与员工额外花费的时间成本。

最后，而且最重要的就是，20 世纪发展人类潜能的方式，都是更加相信个人——而非组织——是改变的有效切入点。也就是说，当组织想有力地去影响个人以及提升个人的能力时，它需要在外部找来一些新的力量，一个教练、一个项目、一个课程、一个导师才能达致它的效果。然而组织自身并没有改变过。这就好像我们加了燃料在个人身上，但用之发动引擎的组织依旧如昔地没有改变过。

可有其他出路吗？想象一下，若组织对发展人的能力足够重视到一个地步，能够设计出一种将每个人都包含进来的全覆盖式的文化，并从日常工作的过程中展开持续的心智发展之旅，那会是一个怎样的景象？

再来想象一下，帮助这样的组织打造出一个能力培养的孵化器，但它必不是一种与业务分离的额外福利；想将员工的心智发展与企业的收益形成强挂钩关系，也就是不仅关心企业文化是否支持着商业的各个方面（比如毛利率或品质一致性）的成功，同时也要求该企业文化作为一个整体，使用企业日常运营的可见性，持续推动员工主动地克服自身的局限性与盲点，提高他们对越加充满挑战的工作的把控度。

想象你自己置身于一个充满信任的环境里，一个能够包容你的弱点与短板，甚至希望你能将自身的弱点晒于人前，从而使你的同事可以在你克服这些短板的过程中支持到你的成长；想象企业能够重新汲取员工的所有精力与专注，让员工全心地参与为组织的使命而奋斗。

你正在想象的这种组织，就是通过锐意发展的文化，成就人人成长的孵化器或加速器。简言之，你正在想象的，就是一家DDO。

成为一家DDO，并不是简单地在聚焦个人与聚焦组织两者之间二选一。在DDO里，过往的教练、领导力项目等都还存在，只是它们成为更为锐意发展的文化底色中的一些元素。发展，尤指是心智上的发展，不是一个附加项或副产品。这里认为，燃料与引擎，形成了一种互为因果、发挥彼此效用的迭代关系。

本书将向你展示如何在21世纪创造出强有力的孵化器来服务于企业中的人人成长。

一种打造文化的战略性进路

本书所展示的每一位 DDO 领导者，都带有一个异常清晰的意图：致力于打造一种能同时提高业务表现与员工能力的文化。这些领导者并未将两者分别对待。他们没有将之看成是两种文化或两种使命，而是要求将这两者统一起来，当作是一回事。实现这种文化将是一段持续辩证的旅程，用以辩清每个人的潜能发挥与组织的潜力之间的关系，而非认定它如一般企业接受的妥协关系。因而我们相信这几家企业展现了一幅令人兴奋的新图景，指导我们以新的路径走向商业成功。

你将看到 DDO 如何帮助员工不断成长，而且还会发现 DDO 的文化能不断生产具有原创性且有效的方法，来迎接艰难的挑战，并将之转化为机会。比如其中一家企业，它所在的行业有着非常高的员工流失率（平均在百分之四十左右）。但这家企业可以通过一种方式，通过年复一年的努力，终于将此数字控制在单位数上；另外一家企业，以惊人的速度，进入了一个崭新的行业；第三家企业，则很有可能是唯一一家能预见 2008 年全球经济危机的金融公司，并成功渡过难关。

在 VUCA 时代里，商业挑战很多时候呈现出突出之处，这就是它们不再只是一种技术性的挑战，同时还是一种调适性挑战。技术性挑战尽管也不代表它是容易的，但这些问题还是可以透过固有的组织设计与思维模式来应对，并得到化解；然而调适性挑战，则要求组织及其成员做到超越自我，挑战固有的习惯与模式。我们深信，DDO 是最能够应对调适性挑战的组织方式。

也就是说，你将会读到这些企业是如何做到将其企业文化转化为一种商业战略的。

如何阅读本书

让我们建议一下，作为读者的你，可以有哪些阅读本书的方式。第一章使你直接置身于DDO的体验中。我们将带你"参观"三家DDO，让你全方位地感知这三家公司的方方面面。这里的目的不是提供全面或系统性的介绍，而是让各种新奇要素向你扑面而去，让你有一种"刘姥姥进大观园"的感觉。

第二、三章提供了从空中俯瞰DDO的视角，包括其中涉及的理念和公司间的共同特质。其中第二章深度探讨我们所指的"心智发展"究竟是何意。第三章则涵盖了12项DDO的共同特征，按照发展愿景、发展实践以及社群感三个方面进行分类。

如果你的习惯是从局部到整体，喜欢先感知细节，再考虑整体概念，那么你大可以按照本书排列的自然顺序，归纳式地从第一章读到第二章、第三章；而如果你的学习方式是从整体到局部，喜欢先看大的画面，再了解具体案例，那么你可能更喜欢演绎式的顺序，可以先读第二章、第三章，然后再回头读第一章。

第四章是对三家范例公司各项实践做法的深潜研究。如果先读了第二章，对成人发展理论已有一些了解，那么你能更好地理解这些方法背后的设计。但如果你对DDO公司实地发生什么特别感兴趣，你也可以直接从第一章跳到第四章，再阅读第五章。

第五章聚焦探讨DDO的商业价值。"是的，我同意这样的企业对员工将会大有裨益，但用这种方式运营一个企业真的可行吗？"你可能会有这样的疑问。这一章主要探讨范例企业的成功是否来自它们对人人成长的关注。

第六章将会给你一些直接的体感来看看自身的成长边际。你会发现假设你在一家DDO里，可能经历怎样的学习、鼓励和支持。而如果在阅读第四章后你对自己的盲点和非舒适区有所好奇，你也可以直接从第四章跳到第六章，再返回去阅读第五章。

假设上述章节令你产生兴趣，想将自己的工作场所——你的团队、你的部门或整个公司，往 DDO 的方向去发展，那么在第七章也就是最后一章，你将了解到那些选择启动 DDO 的组织如何开启这一努力。

一种全新类型收入的崛起

我们生活在一个前所未见的时代里。在 VUCA 带来突然而巨大的时代变动的同时，人们每天工作是为了什么，背后的意义也经历着重大的转变。过往工作将人看作为所谓的"经济人"（Economic Man），单纯看重物质收获和外在成就的日子将一去不返。在那个时代里，传统意义的收入，比如工资、医疗保险、朝九晚五的工作时间，可以满足人们的需求。

而现在我们看到的是对一种新类型收入的追求，这包括个人的满足感、意义感、幸福感。这些是对人作为"心理人"（Psychological Man）的另类报酬。满足的是看不见、属于内在心理世界的充盈感、成就感。当然，工资、奖金、福利，仍是同样重要的，只是这些报酬越来越不能满足人类越加发展的内心需求。19 世纪崛起的劳工运动，其"劳动—报酬"关系一直在变化，我们这里所谓的新收入的出现，意味着这一组关系正在经历一场巨变。很多国家甚至联合国，都开始探索采用"国民幸福指数"（GNH）的可行性，而不再是单纯依靠"国民生产总值"（GNP）来衡量进步与发展，这一趋势也反映了对新收入的需求甚殷。

那么，幸福又是什么呢？一直被正向心理学运动所影响的主流定义，是将幸福看作一种状态（a state），即以追求愉悦的感觉为特征；痛苦、纠结和无聊感是需要被消除的；并透过正向情绪的维持与可供抗逆的心理韧性资源，感受到一种参与感和意义感。在很多被广泛宣扬的"最佳雇主"中，这种幸福正是人们追求的新收入的主流版本。它体现在企业的弹性工作制、乒乓球桌、飞镖镖靶和高大上的全天候餐饮、小憩区域、思想领袖举办的讲座、无限制的假期等。

然而在相关的研究文献里，幸福还有另外一种定义。这与主流的定义既有相同，也有重要的差异。在这里，幸福同时可以被看成是一个绽放与苗壮成长的过程（a process）。这一幸福"过程"的概念源自亚里士多德与希腊文明中的原文 eudaemonia，它一方面包含了积极参与具有意义感，但这更多的是透过自身的不断成长与展现而带来满足感，不断超越自我，成为一个自己也未曾想象过的自己。

每个人发展的过程，发现并克服自身局限，都有可能是痛苦的，就正如分娩的痛苦是新生命诞生所必经的一样。若将幸福只视为一种状态，那就容易让人体验单局限在所谓的正向情绪上。但幸福可被视为包含多种丰富感受（如分离、痛苦、纠结等不必然对立的体验）的成长过程。

在今天这样追求及时行乐、充斥着各种刺激并尽量避免痛苦的时代里，后一种的幸福显然不太流行。但如果有人曾经经历过这种幸福的话，正如 DDO 的伙伴们所体证过的，人们会在未曾到过的领域里感到新的生命力与乐趣，并能在最为艰难的时刻体验到全新的觉察力和当下的存在感，这种新收入就有着非凡的价值了。

我们称为 DDO 的企业，提供的是与第二种幸福相关的新收入，它们塑造出专门关注企业内人人成长的环境，其企业文化将每个人都包容到这一发展过程中——人人都体验着自身的变化，而同样重要的是，人人都见证着、支持着，并适时驱动着他人的变化。尽管人们面对旧有的、无效的模式或弱点有时候是艰难的，但总体来说人们体验到共同的兴奋和能量的流动，感受到自身的、伙伴的和组织的向上成长与向前发展的力量。

作为重新设计职场工作的实验，也不应过早地局限在狭隘的幸福概念上。我们可以尝试一个让才华得以绽放的职场实验，与一个让员工身心健康的职场实验并肩前行。这些职场也许在将来会融合到一起，也许不会，但它们应当相互支持，从而将共同形成一场运动，鼓励以一种新类型的收入，来回报我们在劳动中带给组织的礼物。

给予员工身心全方面发展的工作场所的想象，已经开始进入大众的思想空间。但那犹如筑建大厦只建了一半。我们邀请你通过这本书，参观那些能让才华得以绽放与成长的职场，那样你就会看到足以构建人类幸福大厦的另一半。

1

走进 DDO

你知道有一种人会在认识到弱点的重要性之后直面弱点吗？当然，首先，我不是这种人；其次，我甚至没有与这种人打过交道！……弱点既是羞愧、恐惧与挣扎的根节，也是快乐、创造力、归属感和爱的源泉。

——布琳·布朗（Brené Brown），休斯敦大学

在本章中，读者将了解三个锐意发展型组织（Deliberately Developmental Organization，后文简称为 DDO），还会认识一些以此类组织为家园的人——领导者、新员工和老员工，其中部分人在本书的后面章节中会再次出现。你将不会看到我们全面和自上而下对公司或对 DDO 一般概念的介绍。取而代之的是你将通过阅读本书，获得最贴近快速沉浸感的体验，即想象瞬间抽身进入其中一家公司的中层时，你可能会目睹的真实状况。

在本章开始前，我们先来做点准备：你是不是布琳·布朗（作家兼休斯敦大学研究员）所描述的那种罕见的、会重视和直面自己弱点的人？[1]如果你是，那么你在往后阅读本书时所面临的唯一风险，就是你会对于自己将要读到的内容有过分的信心，认为这些你都全知道了；或者你过早悬置了你的批判思考，自动地、笃定地认可了你自以为认识的做法。

但是，如果你像大多数人一样，对于展现脆弱、羞愧和无价值感（尤其是在工作中）更为警惕，那么在开始阅读本书时，你可能很快就会感到惊慌失措。特别是如果你碰巧是一位组织中的领导者，并且认为自己不拥

有展现脆弱这样的奢侈品（"大家指望着我的，他们需要我和他们在一起"），就可能只会出现这一情形。无论如何，没有人想要主动选择或决定惊慌失措，这一情绪会在无意中出现。一旦感到惊慌失措，我们就会像神经学家所说的那样，自动开启了自我保护机制。

如果你感到惊慌失措，你可以通过"跑开"来保护自己——也许是放下本书，找点别的事情来做。但更常见的是，你会将注意力从正在阅读的内容中转移开来，但同时依然继续进行阅读。你可能会开始寻找理由，得出书中内容实际上并无新意的结论："这听起来很像我们已经在做的事情"或"我以前听过这些内容"。或者你可能会发现自己在想："这种工作方式就像无法在其他土壤中生长的奇花异卉，因此不值得再去思考，因为这对于大多数人或组织来说是不可能的。"

你也可能会通过"抗争"来保护自己，你会发现自己不宣而战。在你意识到之前，你的思想就会莫名其妙地采取一切方法去推翻本书在你面前构建的理念。你的思想可能会认为"这些人都疯了"。或者是，"这太极端了"，"这太 X 了"，"这违反了 Y 信念，或我对 Z 的价值观"。

所有这些反应都是正常的。事实上，你在阅读本章的过程中提出的许多想法都是值得仔细考虑的，为此，我们在下面的章节中留出了空间。重要的是，你要意识到，当那些想要跑开或者抗争的想法多自动产生时，实际上你并没有主动思考这些想法。你甚至以为自己"没有"这些想法。你可以说是这些想法抓住了你，这些想法将你绑架了。

你不用试着改变它，我们只希望你能"看见"这些自动反应，知道自己会在之后的章节中探讨这些自动反应，并在我们请你进行探讨书中其他内容时，不要仅局限于被这些自动反应影响。

从某种意义上说，如果你发现自己有这些反应其实是很棒的，因为你将开始体验在锐意发展型公司中每个人都必须做的第一个任务，就是对我们自己的思维方式负责任，这样我们才能专注当下，才能够继续帮助我们打开并进行改变。

同样重要的是，这几家典型的样本公司彼此之间在许多方面存在着很大差异。它们来自不同行业：娱乐，房地产，电子商务，以及对冲基金。每家公司给人的感觉和运作模式都有天壤之别。如果说桥水基金（Bridgewater）的显著特点是商业与海豹突击队的结合，那么帝客赢公司（Decurion）则可视为商业与东西方传统智慧的结合。跳跃科技（Next Jump Inc.）实行"不解雇"政策，明确承诺在任何情况下都会站在员工这边（其领导者查理·金[Charlie kim]常说："你不会把你的孩子从家里解雇掉"）。但桥水也同时明确表示，"我们的目标是培养发展个人，而不是修复他们；因而有些人不得不离开"。而在公司的运营理念方面，桥水经常用机器（Machine）来进行比喻，而在帝客赢却绝不会听到类似的比喻。跳跃科技在某种程度上以其"反特权主义"为傲（该公司的两名高层领导说过，他们从小到大在自己的家里或学校中成长时期并非耀眼的明星人物）；而桥水的领导者则认为，只有聘用万里挑一的人才，才可以成为一家顶级优秀的公司。

简言之，锐意发展型公司是多种多样的，不一而终。然而即使每个锐意发展型公司都给人不一样的感受，有的可能已经走上了与其当前文化境遇不同的道路，有的可能独立发展其自身的理念和实践，但它们的共同点依然是多得惊人。想要发展为锐意发展型公司并无捷径——在项目、政策、激励措施和额外津贴方面，并无简单的秘诀——但有的是一套底层的假设与信念贯穿所有锐意发展型公司：关于成人发展的可能性和价值的假设；直接在工作中重构人人成长的假设；帮助人人从给予和接受反馈与指导中收获更多；催生人人成长和商业发展互融为一体的假设。

锐意发展型公司的工作环境旨在促进个人的发展。其工作环境支持人克服自身的局限性，从而促进企业盈利能力的提高。同时锐意发展型公司也专注寻求盈利，以支持企业营运，帮助员工突破自身的局限性，赋能成长。（这里需要说明的是，这些公司并非我们的客户；我们与这些公司分别建立了研究关系，而非服务关系。）

最后，读者在了解这些锐意发展型公司的同时，可能（也许不可避免地）会通过自己的反应，开始"看见"自己的某些信念或想法。这也恰好与

DDO 的精神完全一致。正如帝客赢的首席运营官布莱恩·昂格(Bryan Ungard)所说:"在这里你的确无法袖手旁观。自从进入公司的那一刻,你就成为一名参与者。欢迎加入我们!"

跳跃科技下一个跳跃的故事

> 除了首先采取行动之外,没有其他办法能够"变得更好",无论你在采取行动的过程中表现得有多差。因此,开始吧;采取行动,出去踩坑吧!我们擅长变得更好,因为我们擅长失败。
>
> ——查理·金,跳跃科技

这是纽约的一个星期六早上,跳跃科技的会议室里挤满了众多二十岁出头的年轻人。他们大多是即将毕业的大学生,他们来自麻省理工学院(MIT)、卡内基梅隆大学(Carnegie Mellon)和佐治亚理工学院(Georgia Tech)等名牌大学,并即将获得工程或商业学位。年轻人们紧张地聊着天。他们在前一天晚上坐飞机来到这里,衣着端庄,等待着在这一天中不断的面试、自我介绍和在团队挑战中展示自己的智慧和思想。

这是电子商务科技公司跳跃科技的"超级星期六",该公司每年用两个星期六来进行面试、测试,以及选拔新员工。跳跃科技的高级副总裁兼联合创始人格雷格·金克尔(Greg Kunkel)挤到房间的前面欢迎应聘者。金克尔告诉大家,在校园里筛选出的 1000 名应聘者中,有 44 人已经晋级,并获得了面试的机会。这些人即将体验一种独特的招聘方式,这种方式能够让他们体验到跳跃科技的文化。

"各位今天将开启探索自己和认知跳跃科技的旅程,"金克尔说,"把今天想象成一次长达九小时的相亲,一次时间充足,足以让真相浮出水面的相亲。"应聘者们紧张地笑了笑,交换了一下眼神。"这将是漫长的一天,到最后你们会感到筋疲力尽,"金克尔继续说道,"但请记住,想要伪装和隐藏真实自我所需要的精力,是保持坦率和真诚自我所需精力的两倍。"

金克尔随后介绍了软件工程师纳扬·布萨(Nayan Busa),让他分享在跳跃科技的一些工作经验。布萨从容淡定地开始分享他的工作经验。

"我从 2010 年起就加入了跳跃科技,"他对满屋的应聘者说道,"刚来时,我缺乏自信,没有安全感。我很担心我的同事会如何看我。要克服这种担心并不容易。我不得不努力锻炼自己。我意识到自己在生活中的各个方面都缺乏信心,即使在选择家里的家具或去餐厅时也是如此。"布萨解释了他如何通过工作变得更加自信:"我通过在公司同事面前讲述我的成长来锻炼自己。正如我现在在你们面前分享我的故事一样,当你开始进步时,就会提高你的收入和为业务带来价值。但我还有很长的路要走。"

布萨说话的语气和内容说明了跳跃科技的运作方式不同于应聘者面试的其他公司。"所有这些成长都源于一个核心原因,"他解释道,"我们的目标是建立一家全球前十的科技公司。我们希望通过改变职场文化来改变世界。"

跳跃科技通过为员工提供独特的分销渠道,每年可以产生数十亿美元的销售额。跳跃科技还通过其 PerksAtWork.com 平台建立了一个市场,该市场连接着 3 万名商家以及来自 4000 家大型企业(包括 700 家"财富"1000 强的企业)和 10 万多家小型企业的 7000 万名员工。跳跃科技通过整合企业员工的购买力,针对各种类型的产品和服务提供员工折扣和特权。

布萨领导着 PerksAtWork 电子商务市场的业务,他的角色承担着很大的责任,他知道这对于像他这么年轻(28 岁)并且相对缺乏经验的人来说实属罕见。"我在 2009 年获得了康奈尔大学(Cornell)的硕士学位,"他告诉应聘者们,"我的很多朋友都去了亚马逊(Amazon)、谷歌(Google)和彭博(Bloomberg)等公司。他们现在仍然在做他们五年前做的事情,用的还是相同的代码。当然,他们的项目可能有所扩大。他们中有一些人可能正在领导一两个人。但他们都并未在某种程度上经营一家公司。查理·金(跳跃科技的 CEO 兼联合创始人)邀请我们来制定公司的战略。甚至邀请我们参加董事会会议,我当时的感觉就像是,'见鬼!有哪家公司会允许像我这样年轻的工程师坐在董事会面前谈论战略?'"

跳跃科技与另外两家锐意发展型公司一样，将员工放到他们尚未准备好接手的岗位上，以此考验员工，然后不断为员工提供反馈，帮助他们成长以能够胜任这些岗位。在这三家公司中，如果你完全能够履行自己岗位的职责，那么这个岗位就不再适合你；这个岗位就没有所谓"发展空间"了。曾经，在一次 MV21（跳跃科技内部由同事选出的 21 人领导团队）的集思会上，布萨向其他领导者讲述了一个篇幅冗长且杂乱无章的故事；然后他就听到了有关改善讲故事技巧和演讲技巧的反馈。从那时起，他只要有机会就培养自己的这项技能，逼迫自己定期在公司同事面前进行演讲，要求他人给予反馈，并从获得的反馈中学习提升自己。

在"超级星期六"向 44 名应聘者发表讲话的这个场合也不例外，布萨发言结束后，在应聘者们鱼贯而出，准备进行首轮面试时，布萨收到了 CEO 等人提供的详细的长篇反馈。"我能感受到你的焦虑，"查理·金告诉他，"你太专注于自己了，应该更关注应聘者。"一名听众则向布萨提醒了他遗漏的材料。

布萨仍然镇定自若，点头以示同意，最后对他们的帮助表示感谢——这是跳跃科技的员工接受强烈反馈时的常见反应。布萨将这些进行锻炼和获得反馈的机会视为学习机会。"这基本上是对'失败'追加投资，"他在接受采访时这样表示。这句话是跳跃科技的标准，借用绩效教练乔希·维茨金（Josh Waitzkin）的话。维茨金说，当我们承担风险并遭受"损失"或失败时，我们创造了学习的条件并提高了我们的灵活性。从这个意义上说，在追求卓越时，只追求赢的价值远不如我们通过失败吸取教训的价值。[2]

但布萨并不总是这样认为。当最开始在跳跃科技工作时，他认为所有关于自我提升以及通过提供反馈互帮互助的谈话都只是空谈而已。当布萨开始发现反馈是他人向自己表达关心的一种方式时，情况便出现了转变。之后他表示，他开始接受"我可以做得更多"以及"我有弱点"这种观念。而对他来说，接受这种观念的那一天就是布萨在跳跃科技的转折点。

"超级星期六"：跳跃科技的招聘流程

跳跃科技于 2006 年开始在大学招聘工程师，同样进行招聘的还有谷歌

（Google）、脸书（Facebook）和微软（Microsoft）等技术巨头，这些公司拥有更多能够投入到大学招聘的资源。"我们像其他公司一样招聘拥有类似特征的人，即最聪明、最有干劲的人，"金解释说，"我们寻求最具竞争力和最有干劲的人。最后我们聘到的都是我们后来所称的'一流的混蛋'（brilliant jerks）。"

该公司建立的员工队伍中有太多的独行侠，他们十分聪明，却又极其傲慢。跳跃科技的领导者面临着一个选择：是应该继续雇用这些可能会因挖墙脚而跳槽的一流混蛋，还是应该更注重建立一种不同的职场文化和选择一种不同的员工？"2008年的某一天，"金回忆说，"我们解雇了一半的工程人员。"

该公司的创始人做出了一个无所畏惧的决定，"超级星期六"在不久之后便诞生了。

在"超级星期六"这一整天中，75名跳跃科技的员工随身携带着装有定制应用程式的移动设备四处走动，收集对应聘者的印象和评价的信息。团队成员尽量不动声色地记录"绿灯"和"红灯"、"肯定"和"否决"等评价。即使在非正式的场合，跳跃科技的员工也会收集关于应聘者是否仔细倾听他人，以及是否粗暴无礼或自以为是的信息。评估人员不断发送评论，并对应聘者进行快速评定。

每名应聘者的综合形象随着时间都渐渐地展现了出来。在专门整合资料的"超级星期六作战室"中，招聘团队清楚地了解到应聘者在最重要的素质方面的得分。

- 根据前几轮招聘筛选，"超级星期六"当日的每名应聘者看起来都有很强的技术能力，但他们在现实环境中是否也拥有能落地的硬性技能？

- 他们谦虚吗？他们是否愿意通过向他人学习来促进自己的成长？

- 他们是否有意志力，意思是他们是否有通过挑战和挫折找到真我的毅力，而非选择放弃？

• 他们是索取者吗？他们加入公司是否只是为了自己？或者他们
是否有能力成为施予者来帮助他人成长？

跳跃科技的领导们表示，他们希望了解每名应聘者的特征。与所有公
司一样，领导者必然找出应聘者与公司文化和目的之间的真正契合点。但
与其他锐意发展型公司一样，跳跃科技的要求更高，即那种能够在反复练
习、不断失败和持续获得反馈的环境中成长起来的人才。

在行政人员根据"超级星期六"当日所收集到的结果进行分析讨论并做
出选择后，招聘团队仅向获得一致肯定评价的应聘者发出录用通知书，这
部分人或许只占应聘者总人数的十分之一到三分之一。新成员在加入跳跃
科技之后将获得他们在"超级星期六"当日的面试资料。他们会在上班的第
一天就收到具体反馈，然后让他们可以立即着手进行改进。

恭喜你！欢迎来到训练营

入职培训为新员工深入介绍了跳跃科技的文化。由于跳跃科技的文化
与其他组织的文化截然不同，跳跃科技发现帮助员工在入职后尽快适应环
境是促进其成长的最佳方式。

在入职后的前三周中，所有新员工（包括已具备多年工作和成功经验
并正朝高级领导层迈进的员工）均需参加个人领导力训练营（Personal
Leadership Boot Camp，简称为 PLBC）。该项目首先让参与者学习认清自
己的性格弱点，即跳跃科技所说的"反手"（backhands）。这一比喻来自网
球：每个人都有自己的优势（正手），但要成为一名优秀的网球运动员，还
必须努力锻炼自己的反手，也就是那些感到不太舒服、不太自然、不太熟
练的领域。

在经过长篇幅的心理和性格特征表确定员工的反手之后，跳跃科技发
现大多数人的更深层次的局限性最终都绕回到过于自信（公司将此简称为
"傲慢"，该词并非贬义）或过于谦虚（即"不自信"）。在跳跃科技，克服各

个方面的"性格失衡"是从联合创始人到新任工程师都需要努力完成的事情。

每个人都知道其他人的反手，或者，如果他们不知道，直接询问对方也是司空见惯的事。对于傲慢的人来说，努力锻炼自己的反手可能意味着要等45分钟才能在长达一小时的会议中首次发表意见。相反，在同一次会议中，不自信的人可能会在前15分钟内提出意见。每个动作都代表着为锻炼某个人的反手所付出的努力，即通过锻炼，每个人都努力克服自己根深蒂固的思维模式。

在训练营中，参与者会花三周的时间从事客户服务工作，即与个人客户保持关系的基本工作。由客户服务团队管理的咨询服务包括从安全和登录问题到订购问题，再到客户可能对电子商务公司提出的几乎所有问题。

跳跃科技的新员工每天都会接到与客户沟通接触方面的工作任务。公司希望他们承担风险，反思自己正在学习的内容，锻炼自己的反手。公司还希望他们参与"加1项目"（plus-1 project），即他们需确定一种有助于改善客户服务流程的方法。这种个人项目成为一个重要的锻炼机会，让新员工能在团队中锻炼领导能力。训练营参与者会定期收到其他人（同事和经理）的反馈意见，以便帮助他们认清弱点，培养领导能力。

在为期三周的训练营结束时，每位员工都会在同事和高层领导委员会面前分享自己学到的知识和经验，描述过去数周中高效的，但往往也是痛苦的学习过程。委员会根据同事、教练和领导的反馈，决定该员工是否能从训练营毕业。如果投票结果决定你能毕业，你就会收到一个绣有你名字的跳跃科技团队定制的上衣。此后，你在公司的旅程将进入下一个阶段。

如果你未能毕业，那很可能是因为从你在训练营参加训练的过程中获得的证据表明，你并未全身心地参与其中。大多数情况下，无法毕业的人会被认为是在弄虚作假，或者无法证明他们正在努力了解自己。格雷格·金克尔解释说，这些人从未"面对现实"。如果大家一致认为你只是在走过场，你可以拿着5000美元的补偿金离开公司，也可以返回训练营，直到毕业。

在面对不足之处并尝试新的工作方式之后，跳跃科技的员工将重新回到其主要工作岗位，并制订一个锻炼反手的计划。每个离开训练营的员工都制订了这样的计划，并关注有针对性的情况，以便主动进行锻炼。公司会为他们安排伙伴导师，这些导师会指导他们，让他们负起责任，并帮助他们坚持实施锻炼计划。如果这些员工在获得所有这些支持之后，仍然未能不断锻炼反手呢？如果他们选择继续努力，他们可以期待新一轮的训练营。

更好的我＋更好的你＝更好的我们

跳跃科技用以下等式总结了其企业文化背后的信念体系：

更好的我＋更好的你＝更好的我们

"更好的我"表明了持续改进的重要性，你已经在训练营体验的活动中看到了这一点。跳跃科技希望员工直面自己的不足之处并努力克服这些不足。在拜访该公司总部时，我们可以明显地感受到，持续的自我改进不仅超越了员工对工作所持有的心态，同样有助于培养健康的生活方式。公司提供营养丰富的免费小吃和餐点，以及内部健身房和健身教练，希望员工养成良好的健康习惯。

"更好的你"指员工通过帮助公司内外的其他人从工作中获得意义。跳跃科技的领导者对这项表明人类乐于服务他人的研究表示十分惊讶。当工作没有意义时，员工更有可能通过工作之外的志愿活动获得这种使命感。跳跃科技有何反应呢？它将服务他人和从中获得的意义融入工作中去。"将其融入公司文化中。"金说。

作为工作内容的一部分，跳跃科技的员工、领导都参与数十次的贡献回馈活动（giving－back initiatives）。例如，他们可以为一系列项目提供专业知识，工程师可以为一项感召而编写代码（code for a cause），每年花长达两周的时间为有需要的公益组织提供帮助。因此，带来"更好的你"的文化活动对公司的员工也有利。这些活动让跳跃科技的每位员工都有机会在一个有更多的失败与学习空间，同时不会对公司的盈利造成过多风险的环境中，锻炼其领导能力。

"更好的我们"指围绕"更好的我"和"更好的你"，向公司、社会和整个世界提供回报，这是公司内部人人都在更深层次的意义上变得更充实和更优秀的结果。在跳跃科技，这些项目背后的组织信念是当人人都感受到自身的成长，以及当人人都参与帮助他人的活动（包括帮助我们的同事成长）时，组织内人人都能持续地得到愉悦的感觉，同时体验到真正的财富。这种财富是无法从薪水中获得的。

当然，跳跃科技支付给员工的薪水也相当丰厚。但高管们坚持认为，只有让工作更有意义的文化才能带来长久的快乐。为此，跳跃科技在薪资审查过程中，对营业额所做贡献的权重是 50%，对文化所做贡献的权重也是 50%。

跳跃科技的领导者还指出，并非只有慈善组织或非营利组织，才会为员工带来有意义的工作。该公司的文化活动为帮助他人创造了机会，并给予认可。这些活动从组建为跳跃科技同事提供早餐的团队，到制定内部工程师技能发展简报，再到开展"供应商评估日"活动。文化活动不仅为工作赋予了意义，还为员工提供了一个场所，让其提升自我，锻炼领导能力，甚至让他们在公司主营业务以外风险较少的业务范畴下尝试失败的滋味。

<h3 style="text-align:center">采用"追随者－领导者"模式的组织：培养领导者</h3>

为了促进员工的成长，跳跃科技在开展文化活动的领导团队中采用了一个职责明确的系统，并将该模式称为采用"追随者－领导者"模式的组织（Follower－Leader Organization，后文简称为 FLO）。

"追随者－领导者"模式的组织包含四个关键角色：队长、教练、右手和左手。队长的角色是领导文化活动。处于该 FLO 的核心则是教练的角色，该角色由刚在同一类型活动中担任队长的人来担任。教练最重要的工作是就领导能力方面为队长提供指导，并提供能够帮助队长改善其反手的反馈。

右手是与队长密切合作，并且知道自己很快将在某一天进行角色轮换时接替担任下一任队长的团队成员。最后，左手是另一名能够促进活动的成功，并将随后接替右手的团队成员。

跳跃科技的联合创始人梅根·麦森哲（Meghan Messenger）表明了FLO最为独特之处就是教练的角色。"这是在牺牲你手下最优秀的人才，让他们从切实做实（doing）转为提供教导"，麦森哲解释说。毕竟，新任教练也不过是刚刚学会如何领导活动。如果在队长熟悉其角色后，继续让其带领项目，以便充分运用其经验，事态是不是会有所好转？

当你在认识到采用FLO的主要目的，并不是为了帮助员工了解领导的特定活动或项目的细节后，这种看似牺牲专长的做法就能被理解了。其真正的目的是让每个项目都成为员工努力消除其作为领导者的盲点的锻炼机会。一个接一个的项目，就是为了员工在不断尝试的过程中，验证出能加强文化的新方法。例如，采用FLO的目的通常是培养每个人的领导能力和教导能力，而不是培养队长来负责"超级星期六"，即越来越善于主导"超级星期六"的人。

麦森哲承认，当由一名新任队长来负责一项活动时，"一开始的工作进展会很慢"。但这种权衡是另一项"对失败的投资"。教练在通过轮换完全退出一项活动之前，必须将另一名队长培养成教练，并且要保证在其退出时，该项目的情况比其加入该项目时更好。随着时间的推移，麦森哲看到采用FLO带来的始终都是一致的结果，并指出，"从长远看来，我们拥有了一个更强大的组织和更强的替补力量"。

杰姬的旅程

杰姬（Jackie）知道自己在跳跃科技需要努力锻炼的反手是什么。但情况并非总是如此。

作为一名在公司工作了十年的老员工，杰姬已经成为营销团队的主管。她要强好胜，目标明确，在推出大甩卖活动等独自完成的工作中表现出色。她在与商业合作伙伴共同携手推动公司的企业福利项目方面尤为成功，同时在销售业绩方面也取得良好的成绩。

但在我们与她首次见面前的数月，杰姬十分震惊地发现自己被投票淘汰出了公司的领导团队MV21。该团队的成员并非由高管选出的，而是由同事选举产生。未能获得足够选票或被同事免职的成员可能会被投票淘汰出MV21。成为MV21的一员是一种荣誉，这体现出了整个公司的看法，即希望加入MV21的员工能够帮助其他人获得成功。该公司的高层领导谈到对"中后卫球员"的重视要超过"四分卫球员"，即奖励帮助他人获胜的员工，而不是被认定为正式领导者的明星员工。杰姬可能是一位明星级的交易谈判专家，但她逐渐被视为一个未能为他人提供足够帮助的人。

杰姬得知自己被淘汰出MV21是"一个沉重的打击"。但是，其他人对她的工作模式所提出的反馈一直在积累。她的同事认为她完全为自己而工作。她并不是一个可以被指望伸出援手的人。虽然她也会回答问题或做出回应，但她并没有刻意地留出时间帮助他人。

一开始，杰姬在试图理解同事对她的否定时，并未先从自己身上找原因。她拒绝反省，并且认为："噢，MV21的那些新手？他们会失败的。我可能会在三个月、六个月或者十个月后重回MV21。"并且她以此类想法来降低投票对她所带来的负面冲击。但很快她就看到新的MV21小组在没有她的情况下蒸蒸日上。

经过大量反思，在公司高管和同事的指导下，借助若干文化活动提供的锻炼机会，杰姬终于了解了自己根深蒂固的思维方式的局限性。杰姬从其他人那里知道了自己的"反手"（back-hand）是什么，那就是没有主动地对他人提供帮助。但这些"都只是别人说的，并不是我自己的感受"。杰姬获得的支持来源之一是她的老板大卫。他们两人彼此开诚布公地告知了彼此的短板，这为杰姬在跳跃科技内提供了另一个可以允许质疑自己行为模式的环境。杰姬终于开始不再套用他人的话，而是用自己的语言来描述自己的反手。

哪些事情会让你感到痛苦或者尴尬，但却更有意义呢？我认为这就是你真正开始意识到自己的反手的时候。而对我来说，我的反手就是将自己的成功置于他人的成功之前。我一般不想帮助别人。我希望看到自己向前进步。我始终对那些于他人有助益的分享并不太慷慨。

在一次名为10X活动（该活动是一次全体员工大会，与会者在会上介绍自己对公司做出的贡献并获得实时反馈。第4章中将介绍更多有关该活动的内容）中，杰姬与跳跃科技的所有员工分享了她在进行自我改善的过程中对自己曾经所看重事情的感悟：

> 我意识到我需要面对真相。我很自私，我将自己的成功置于他人的成功之前。事实上，过去十年，我一直试图爬升到最高层。当我直面现实时，我发现在我想要爬到最高层时，我已将数百名跳跃科技的同事抛在自己身后。
>
> 现在我变得更能觉察自己。我正在进行一些刻意练习，锻炼自己成为一名仆人式的领导者。
>
> 这里有股很大的驱动力让我必须这样做，同时也是满怀恐惧的，因为我的两个孩子（说到这里她的声音哽咽了，她花了点时间让自己平静下来）。我生命中最害怕的事就是他们也会出现与我相同的反手，也就是他们会将帮助自己置于帮助他人之前。
>
> 我需要帮助他人发展，因为我知道这是我自己成长过程中不可或缺的部分。若是过去的我，可能只会关心如何"尽快让我回到MV21"。

在向公司发表这次演讲后，杰姬开始投入到更多锻炼自己如何帮助他人成功的活动中。她试着从小事做起，每月指导其他人一次。"即使一开始这对我来说很痛苦，"她承认道。但很快地，她已经开始每周为她的直接下属团队以外的员工和办事处提供指导，例如伦敦办事处。以前她是不会留出时间来为伦敦办事处提供指导的。

不久，当杰姬将她每逢周一提供一次指导的时间延长为一天的研讨会时，她的同事开始看到她为了同事以及公司的利益承担风险和拓展自己。杰姬说："大家看到了我将自己的时间花在何处。但同时，我仍然能够完成我的工作。在以前我认为这是不可能的。我以前真的认为，如果我花太多时间在其他人身上，我就不会获得成功。"不到一年时间，MV21 的成员投票让杰姬重新回到了这个团队，而她曾认为这种情况永远都不会发生。她很确定她知道原因：因为她开始展现出另一种完全不同的成功。她不仅花时间促进他人的发展，而且她和跳跃科技的其他员工也能看到她的全新工作方式为整个公司的员工所带来的好处。

杰姬的故事只是跳跃科技中众多类似故事中的一个。贯穿每个故事的是一条共同的主线，每个人都努力在工作中改善自身，以作为改善团队的其中一分力量。杰姬总结了她因公司而成长的原因，并相信其他人也是如此。

> 人生总是起起伏伏，但我认为这就是伟大之处。这可能听起来有点陈词滥调，但跳跃科技确实为员工提供了一个不断锻炼自己的"木人巷"。如果我度过了糟糕的一天，那么第二天就会是美好的一天。我真的没必要如此担心失败。

帝客赢：创建让员工成长绽放的乐土

> 要么尽情享受自己的不完美，要么保持对自我的渴望。
>
> ——布莱恩·昂格，帝客赢

某天清晨，员工们在 AL 好莱坞影城顶层的主会议室附近漫步，欢快地谈论着 101 高速公路的交通情况，并在会议开始之前倒杯咖啡，拿上一块松饼。首席运营官娜拉·达什伍德（Nora Dashwood）将来自总部的主要领导与每个地区的总经理聚在一起。这个场景是一个名为影院工作小组的定期会议。

如果你在电视上看过关于娱乐业动态的报道，那么你可能见过 AL 好莱坞作为星光熠熠活动的背景出现在报道中。这一旗舰店位于历史悠久的好莱坞（Hollywood）中心日落大道（Sunset Boulevard）和藤街（Vine Street）相交处附近的购物中心内，为其母公司帝客赢公司的房地产部门所有。这座拥有高耸玻璃大堂的影院正面是一个入口广场。广场面积很大，足以容纳电影首映时举行的红毯仪式，或容纳想要先睹为快的粉丝参加大型的预映。如果好莱坞是一个属于电影工业的城市，那么 AL 影院就是在好莱坞欣赏电影的最佳场所。

加入大家庭：影院工作小组

今天早上，大约 20 名影院工作小组的成员聚首在会议室里，但室内并没有会议桌。椅子被摆放成一个大圆圈，这样每个人都可以看到彼此的面孔。正如你将看到的那样，为员工创造条件让他们在工作中感受到大家庭中的团结，是帝客赢每次会议的基础。

贴在房间四周的海报向员工提醒公司的信念和价值观。帝客赢将这些信念和价值观称为"公理"（axioms），即对该公司"关于人和工作的最基本信念"的陈述：

1. 我们相信工作是有意义的，还相信工作赋予人们生命的意义。对于我们来说，意义来自三方面：发展自己，创造优秀和持久的事物，为他人做贡献。

2. 我们相信人并不只是达成目标的手段，同时也是目的本身。大多数企业将人（员工、客户、供应商等人）视为达到某种目的的手段，例如，完成交易或实现目标。我们认为将人简化为某个过程中的某个角色会剥夺的人性。在尊重每个人所扮演角色的同时，我们将人视为人类同胞和最终目的。

3. 我们相信个人和社会会自然发展。许多关于发展的文献只研究到了人的青少年时期。但我们知道成年人也会继续发展。我们公司的结构和实践为此创造了条件，推动人们发展到更加复杂和更为完整的层次。

4. 虽然我们最初并非出于这个信念，但我们的经验告诉我们，追求盈利和人的成长是同一件事。它们都是一个整体的组成部分，而不是两个需要权衡的事物，也不是一条"双重底线（double bottom line）"的两个元素。我们将该公理理解为就只有一条底线，没有其他了。

这些公理对公司的基本原则进行了统一说明并提供了检验标准。并非公司的所有成员（此处"成员"是指代员工的首选术语）均需相信这些公理是正确的。但是，公司希望每名成员，尤其是每名经理，将按照这些公理行事，并作为其工作职责的一部分。

这些信念将会体现在今天早上进行的讨论中。达什伍德知道影院工作小组必须进行一次具有挑战性的对话。随着大家各自就座，房间变得安静起来。围成一圈的人们看起来很轻松。没人在偷看手机或笔记本电脑。有些人明显很放松，他们沉浸在沉默的反思中，正在从片刻之前喝着咖啡闲聊的状态中转换到当前情境中来。

达什伍德让大家来签到，以此将所有人聚在一起。在帝客赢，大多数会议都是从"人到心在"的"签到"（check-in）开始。对于这么大的一群人来说，这可能需要花上长达一小时的时间。

在"签到"时会发生什么事？首先，当人们选择发言时（所有发言都是自愿的），他们通常首先说出自己的名字（"嗨，我叫卡洛斯"），虽然很少有人不知道另一名团队成员的名字。他们这样做是为了提醒自己及队友，这次发言是出自他们自身而不是他们的角色。

然后他们会表达自己想要说的话，好让自己能够全身心地投入这个工作会议的空间中去。他们可能会分享如感到兴奋或紧张等内心状态，或者他们可能会汇报在实现属于内在目标的过程中自己所处的位置——例如，他们该如何将此次会议视为一次机会，让他们能够更好地倾听他人的不同观点。他们也可能会让小组了解自己家中发生的事情，这些事情会不可避免地影响他们当天的"工作状态"——例如，将为女儿的首次圣餐举办庆祝会，或者来访的家人让他们筋疲力尽。首席运营官（COO）布莱恩·昂格对这种做法进行了解释："重要的是，个人需要做什么才能完全投入工作之中——这是不能照着稿子念的。一旦开始照着稿子念，就失去了意义。完整的全人是必需的，而想要拥有完整的人性，就必须真诚地参与。"

"签到"强调"人到心在"的手法是践行帝客赢公理的一部分。如果人们不只是被视为达到目的的手段，还是值得被无条件地视为成长中的成年人，那么"签到"就会不断穿引机会，将人性和每名成员的内在世界置于能被看见的位置。整个文化将内心体验置于职场生活的范围内，而非工作以外。帝客赢揭露并推翻了这样一个假设，即工作是公开的，但个人是私密的，所以个人不应成为工作的一部分。同样，帝客赢不认可将工作与生活的平衡（work-life balance）作为一个简单的目标或口号的方式。毕竟，如果你的生活就是职场之外的一切，那么就会产生一种惨淡的概念，即被迫在工作与快乐的生活之间进行权衡。

每个曾在某处工作过的人都知道，工作是非常个人化的体验，每天都有机会经历痛苦、兴奋、自我怀疑和意义，每天都会将完整的自我带到工作中："无论你走到哪里，你都在。"在像帝客赢这样的锐意发展型公司中，像"签到"这样的做法就是每天公开欢迎每个人全身心地投入工作中。

在每次会议结束时，成员们还会进行"退场感言"（check-out），这种退场常常更简洁，但也是一个重要的仪式。在进行"退场"时，成员们同样是在有感而发时进行发言，分享能够让大家皆大欢喜的个人反思或感受。发言内容无论是表达对未来工作的兴奋，还是在某些具有挑战性的事情上取得突破性的感受，抑或需要更多来自其他人的支持，"退场感言"通过再次关注人们的个人存在和人性来为会议画上句号。帝客赢成员通过在每次会议中进行"签到"和"退场"的方式，确保让注重个人心态和成长成为一种习惯。更重要的是，这种习惯是创造和保持良好团队意识的必要因素。

就在当日于好莱坞召开的会议中，随着大家的相互交流以及对话的推进，达什伍德继续为真实且卓有成效的对话创造条件。帝客赢成员称之为"搭场子"（Setting the field），这一术语借用对帝客赢有深刻影响的约瑟夫·贾沃斯基（Joseph Jaworksi），凯茨·高茨德（Kaz Gozdz）和彼得·圣吉（Peter Senge）。[3]大多数会议都采用这种做法，具体包括花时间帮助人们了解当前的业务挑战与个人意义如何相关，以及与小组的集体力量如何相关联。

达什伍德的发言虽具权威性，但她本着邀请大家参与讨论的精神。她完全参与其中。她还呼吁人人一起与众同行地完成未来的工作：

> 今天早上我们彼此会进行互相练习。我们将面对着一个真实的工作场景，需要以一个集体的方式来解决问题。而且我认为我们可以借此来不断提高我们作为企业所需的能力，以便实现来年的业务目标。
>
> 这与我们在最近的帝客赢业务领导力会议（DBL，该会议为全公司范围的会议）中谈论的内容密切相关。作为一家公司，我们有以下要求：业务蓬勃发展，我们取得优异的成果，我们开展必要的调适性工作，我们为影院客人提供的体验质量让他们的生活往更好的方向发展。我们在开发一种在市场上具有独特影响力并且绝无仅有的产品。
>
> 在做这一切的同时，我们努力地变得更加自主，体验我们自己的圆融，实现个人和职业的进步，朝着我们每个人想要的生活探索前行。因此，我们制订了一项重要的业务计划，客户忠诚度计划。这是实现明年需要实现的额外收入 300 万美元这一目标的关键。但是，我们似乎没有在领导层面或作为一个集体，对这项工作的进展情况进行过专门的对话。

达什伍德针对此次对话搭场所需要开展的工作，旨在为若干事物的出现创造一个空间。毫无疑问，影院工作小组的成员认为他们的首席运营官正在号召他们团结起来作为一个集体展开工作。但帝客赢的这种体验与仅仅只是制定明确的议程或重申会议的目标有何不同？

在这种情况下，互联网技术(IT)部门和营销部门的成员以及该区的影院运营主管正在努力淘汰现有的会员忠诚度计划，以及开发新产品，其中包括全面改善客户忠诚度体验。但在这一过程中，该组织的内部沟通已经破裂，现在需要大家通力合作解决这一问题。来自各方的状态更新、批评、定向解决方案都无助于实现达什伍德刚刚请房间里的所有人共同守护的心智成长目标。

"金鱼缸"对话

相反，达什伍德所做的事在帝客赢很常见。小组成员并不会立即去解决问题，而是尽量让问题来揭示比实际情况更深刻的问题和思维模式。达什伍德邀请运营方面的高层领导鲍勃(Bob)来推动"金鱼缸"(fishbowl)对话。她请几位同事(事先邀请的参加者)走上前来。这四个人是与工作组中重复出现的冲突和误解模式具有最直接关系的人。他们将椅子拉到房间中央，在圆圈中组成一个更紧凑的小圆圈。这个小组包括来自营销部的忠诚度项目的负责人、技术部主管、影院运营部门的一名总经理和鲍勃。

其他同事坐在外圈作为见证者，通过积极的倾听和出席参与其中，并在必要时自发加入到内圈的对话。坐在"金鱼缸"内外的所有人都应该更努力地发现机会，一抓到机会便全力介入，克服限制发展的行为以及导致这些行为的潜在思维定见。

鲍勃提醒所有人注意对话的共同原则，并以此开始了此次的"金鱼缸"对话。他们是一个学习型群体。鲍勃强调了开启健康对话的若干基本规则，包括根据自己的经验发言，以及不要对他人的想法做出推断。他将这种对话视为对人们是否目标一致的讨论："我跟不同的人对话，就会听到不同，甚至是相互矛盾的说法。我很担心我无法判断这个项目是否已走上正轨。"

鲍勃要大家将注意力放在发现隐藏的数据上，而非关注那些量化的指标，但是不同视角的证据有助于小组厘清正在发生的事情和原因："我们如何才能通过研究数据来得知我们是否已走上正轨？作为着手点，我们可以分别询问在内圈和外圈的同事，哪些方面表现良好和哪些方面表现不佳。让我们首先来看看各位认为哪些才是真实情况。"

随着谈话的深入，鲍勃身体也靠前了，连同"金鱼缸"里的四个人似乎试图将注意力集中在彼此的眼睛上。处于外圈的人似乎都能感受到"金鱼缸"里的张力与坦率。然而这并不是互相竞逐的"创智赢家"节目，而是一个充满敬意和满怀勇敢的空间。对于房间里的每个人来说，此时此刻占据了他们的所有专注力。

"金鱼缸"对话揭露了一系列复杂的感受和坦率的洞见。营销经理分享了自己的观点，认为自己对忠诚度项目的设计和开发过程让她感觉到被孤立。"几个月来"，她说，"我觉得我一直在被拷问与指责，就像我被送到了荒岛上一样。我感觉自己没有得到大家在这方面提供的任何支持。当我试图提出问题时，我感觉自己并没有取得很大的进展。"但她也承认自己未能明确地就自己正在经历的事情进行有效的沟通，从而造就了今天无效的互动。"我应该坚持自己的立场。"她说。

影院总经理承认，他与技术部进行对接时，感觉互动被屏蔽了。他说，他们的电话交谈总是很匆忙，而且未能切中要点，这让他无法提供基层的运营信息来加强影院客人对忠诚度项目的体验。他还承认了自己在这种情况下的角色和需求。他说，直接与主要供应商合作对他来说是很陌生的项目。他认为自己需要更多的提问探询，需要他人倾听他的问题。他还需要感受到自己与大家在一起共同努力，并且他还意识到若不能与他人协作，他会有多灰心丧气。

技术部主管分享了他急切需要完成技术工作的紧迫感。他正努力解决履行职责和保持影院经理与项目的紧密联系之间的紧张关系。在谈到他们的电话交谈质量时，技术部主管提出了自己的看法。"我现在进退两难。我们是应该'重置'项目以便让你参与进来，还是应该帮助你赶上我们的进度？"他承认，要想建立信任，他还需要做得更多。尽管已经制定了相应的工作计划和例行程序，他还希望更好地了解他是否并未适当进行电话沟通，或者他是否并未仔细倾听他人。

随着对话的展开，达什伍德坐在外圈的其他工作组成员中间，一直在沉默地倾听着。现在她站起来，将椅子拖到圆圈的中心。"我觉得有必要加入进来，"她说，"我一直尽量避免贸然干预。"她补充并笑着承认只倾听"金鱼缸"对话而不加入其中是一件非常困难的事。在第6章我们将介绍达什伍德的内在状态。作为领导者，在她的个人"课程"中，有一课就是了解应该何时行使权力，以及应该何时放开对他人的控制和责任。

现在她开始进行总结。"我听到大家说我们未能有效地组织工作，以便制定最好的忠诚度项目。但有没有人想在此时拉响警钟说：'我们碰到了状况？'"在谈话结束之前，她继续确保每个人都同意需要立即对在线体验进行额外的客户测试。

随着"金鱼缸"讨论接近尾声，一名营销经理呼吁同事们更深入地思考此次"金鱼缸"讨论："我们有时认为我们应该低头工作，并认为是我们用心工作便足够了。但这可能会对业务造成破坏性的影响。我认为这次讨论对业务是有好处的。忠诚度项目对我本人和整个集团来说都是一个极重要的发展机会。但是，在从一开始就以适当的方式让适当的人员参与进来方面，仍有一些内容有待我们去思考。"

另一位影院经理以类似的反思结束了对话："我在这里感受到了领导力。我们正在处理一个棘手的问题，但我们只有这样做，才能迈出业务所需的下一步。"

帝客赢的经营之道

帝客赢在现任总裁克里斯托弗·弗尔曼（Christopher Forman）的领导下，最近十年慢慢发展至彻底地采取此类方式运作。该公司的运作方式在商业世界中是相对罕见的异类：作为一家家族企业，该公司已经成功实现了持续三代的传承和发展。帝客赢的总部位于洛杉矶，拥有约 1100 名员工，下设跨越影院、房地产和老年公寓等多个行业的一系列子公司。

影院业务是该公司的发家之本。太平洋影院（Pacific Theatres）成立于1946 年。数十年来，该公司从未改名。作为西海岸和夏威夷地区的主要区域放映商，太平洋影院甚至因其开创性实践获得了电影科技成就奖（一项奥斯卡奖项）。该公司是露天汽车电影院和影城的主要所有者和开发商。由于露天汽车电影业务下滑，该公司投资发展露天影院，并且持有让人眼馋的房地产资产，包括位于加州大都市区、太平洋西北地区和夏威夷中心的大型免下车式露天商场。帝客赢旗下的罗伯森地产集团凭借这些地产发展壮大。2011 年，《零售人潮》(*Retail Traffic*)杂志将其评为美国百家最大的购物中心所有者之一。

AL 好莱坞影院成立于 2002 年，是一家新的子公司，旨在提供一种重新思考观影质量和体验的产品服务结构。客人从始至终的体验始终是重中之重——从为客户服务的敬业程度到每次放映的预留座位，再到票价优惠、酒吧和餐厅产品。AL 的成功并非一日之功，但弗尔曼与其高管团队（包括达什伍德）坚持这一理念，并见证了这家公司的腾飞。从 2009 年到 2013 年，该公司收入增长了 72%，达 8100 万美元。现在太平洋影院与 AL 好莱坞影院在北美地区合计拥有最高的场均毛利。2012 年《福布斯》(*Forbes*)杂志将 AL 好莱坞影院评为美国十佳影院之一。

弗尔曼称创建 AL 好莱坞影院的早期阶段与土星公司（Saturn Corporation)的早期阶段相似，土星公司也是摆脱了通用汽车（General Motors）文化的影响（后发展起来的）。弗尔曼试图在 AL 中创造一个采用新型经营方式的地方，远离太平洋影院集团的影响。弗尔曼解释说，当他于 1989 年在太平洋影院集团的领导层中想要发挥更大的影响力时，这个家族企业的经营，就缺乏一种企业原则的方针：

> 从商学院毕业之后，我带着预算（公司从未做过预算）、战略规划和统计分析等各种新工具，回到了公司。我怀着巨大的热情，使用了这些新工具。然后我带着同样巨大的失望看到公司的其他人拒绝了这些工具。他们不了解这件事的意义。实际上，这有两个方面的原因。他们并不觉得用上这些工具能为他们带来更多的利润。这还反映了公司缺乏使用这些工具的环境。我们为什么要做这些事情？这些工具适

合哪些大局？第二个问题实际上更重要。

　　一段时间之后，我开始将我的目标定为为员工提供一个让其绽放的环境……这就是帝客赢中具有启发性的目标。我喜欢像《妙想天开》(*Brazil*)和《影子大亨》(*The Hudsucker Proxy*)这样的电影，因为此类电影拍摄出了太多企业中剥夺人性的现实，并向我们发出警示。帝客赢是一个注重完整性和连接感，追求卓越，又充满意义的地方……但这并不是一夜之间就可以实现的。（在那些日子里），尽管公司中存在这些价值观，但我对表达这些价值观的方式并不满意。关心他人最终却发展为家长作风，我看到了对家人和同事的忠诚，而不是对原则的忠诚。所以，我想，我对此并不满意。这种情况必须改变。

对于弗尔曼所描述的变化，首席运营官昂格是有所共鸣的。关心他人的主旨不再是公司和员工之间的忠诚度，也不再是保护他人；相反，帝客赢的目的，也是其存在的理由及最深刻的"为什么?"，是为员工创造一个让其茁壮成长的环境。但让员工绽放并不是为了让他们享乐或保护他们免受对自我的威胁、挑战或风险。昂格解释道：

　　加入帝客赢的员工对于今后的生活都会有所想象，但是三四个月后，每个人都会想，"这和我想象的不一样"。

　　当人们听到"绽放"时，他们会想到欣赏和美好的感受。但是，成长和发展并不总会让人"感觉愉快"。我们的文化并不是要尽量延长你在工作中感觉愉快的时间。我们并不是用欢乐的时刻来定义绽放，而是要求人们能做出看似不可能实现的事情。

　　我们也都知道，当我们将他人纳入我们的文化中时，我们必须降低期望。我们会说，"这并不容易，但会非常值得。你无法立即实现目标。而且你也没时间坐在场边旁观。从一开始你就要加入我们，并会被要求立即加入进来，即使你还在想'但我还什么都不知道呢!'的时候"。没有人可以袖手旁观，你必须加入进来。集体的建设意味着包容，因此，新成员会受到欢迎和肯定。

在帝客赢中的职场生活围绕着这种社群的理念展开。这里依然存在层级制度；这是一家营利性的私营企业，而非合作社。每个人也必须对影响业务的决策负责。

即便如此，帝客赢又有何不同呢？该公司成员会加入影院工作小组等共治组织，是因为这些组织为个人学习的深入和公司业务决策的改善提供了一个环境。这些组织不仅为个人成长提供了必要支持，也是挖掘集体智慧的一种形式。尽管个别业务的领导负有责任，但这些团队也需对业务的成功负责。团体因而有发言权；公司希望这些团队抓住机会，并从源头发现问题。

帝客赢高管表示，社群的集体智慧也会随着时间而增长和发展。人们仍然有各自的汇报线，有人会被解雇，也有些决定会被他人推翻。但像影院工作小组这样的学习团体目的是推动每名成员去"了解整个业务"和"首先成经营者"，将目光放在公司取得更广泛的成功上，而不是目光短浅地限于特定的角色或功能。

昂格强调了帝客赢社群的力量，他提醒道，局外人可能会试图将这个理念简化为熟悉的"团队"或"委员会"概念，然而这样会遗漏一些重要的内容。

当真实不虚的社群组成不同的学习团体时，学习就会自然而然地发生：集体智慧得以呈现。学习团体与"委员会"是完全不同的物种。学习团体能起到"1＋1＞2"的效果。与一群杰出人士走在一起相比，学习团体能够处理更复杂的情况。在公司中随处可见的学习社群，神奇而重要的事会自然发生：学习团体自有其方法，也存在建立学习团体的方法。学习团体会经历各种特定的阶段，并且也有实践学习团体的方法，那就是学习团体的原则、实践和指导方针……我们利用社群既同时实现了共治的目标，也实现了层级化的目标。

对学习社群的重视促成了帝客赢文化的另一个特征。由于人们会在共同负责经营业务的过程中联合起来，因此大家可以更加能抽身于各自的头衔和角色。在参加会议时，人们通常不会听到有人提及他人的头衔。并不是说角色和头衔不存在，而是帝客赢强有力的风气反对认定某人的专家角色，尤其是在学习社群的背景下。

在帝客赢中有一种说法，成员们应该想要"把自己的职位做没了"。每个人与其拘泥于专家的权威形象或头衔，不如尽量分享来之不易的智慧。这种观点替代了"自己拥有知识就是力量"，以及人们应该利用信息不对称在企业竞争中赢得个人的优势等观点。这种主流的"定框"无论多么适用于对诸多商业环境的描述，对帝客赢的领导者而言却是令人反感的说法，这甚至可以说是一种组织未能履行公司信念的失败征象。但并非大家对权力与地位的天真想法激发了这种观点。相反，公司希望帮助每名成员尽可能摒弃囤积信息的本能，并通过保护自己的权威和权力基础来寻求优势的本能，以及摒弃将时间浪费在给他人留下良好印象的本能。在这里，工作的设计并不会让某人变得不可或缺。

就她而言，达什伍德看到了通过将对等社群与等层制领导编织在一起实现商业成果方面的力量，因为每个人都能放下成为不可或缺的专家所索取的安全感。

这种做法将许多能量，以及浪费在那些并未完全投入工作中，却感觉自己工作是"正常"的人身上的能量收集起来，将焦点放回到对业务、客户和工作环境的影响上。不过，这种做法能起到让人们做出更好决策的效果。这是一个健康的环境。在加入帝客赢之前，我在职业生涯中从没有经历过这样的环境。这是一种完全不同的存在方式。这种工作环境要求经理、高管、董事和副总裁努力建立对彼此的信任，努力不与他们的角色、身份和负责领域联系起来，并且不要将自己的利益置于业务需求或他人和团体的效能之上。

达什伍德的挑战

在我们所参加的影院工作小组会议期间，达什伍德也锐意寻求她自己作为领导者的个人成长。值得称赞的是，即使从事电影业近40年，达什伍德依然努力想要发展自己的能力。这就是我们所研究的锐意发展型公司的一种统一标志：老员工依然像刚入职的员工一样积极致力于个人成长。在帝客赢的工作经历帮助达什伍德探索造成其日常行为的思维方式，并且她还在一个学习社群的帮助下，经常采用新的存在与观察定见。在某种程度上，她正在努力彻底弄清自己对于自己背后的阴暗面，也恰恰是这股自信让她来到了帝客赢。

达什伍德于2000年受聘领导太平洋影院，随后很快就被调去创建AL好莱坞影院。此前她从一家大型全国连锁影院公司跳槽至帝客赢，她在该影院工作了23年。她高中毕业后的第一份工作就是在电影院的小卖部上班，一直到成长为高级运营主管。克里斯托弗·弗尔曼注意到有人称达什伍德是全国最好的影院运营主管，而这就是弗尔曼所寻求的监督公司影院业务的人选。

在加入帝客赢后的数年内，当AL好莱坞影院成为创建新公司文化的试验场时，达什伍德得到了关于其局限性的反馈：

> 我开始遇到问题。我开始收到克里斯（Chris）和我周围其他人的反馈，他们反映说我的领导方式实际上是在阻碍他人的成功。说起来很难为情，当时我42岁，却从未获得过任何反馈说我在工作上有些事情做得不够好。不得不说，当时我又踢又叫。我数次不愿意接受这种反馈和指导，就这档事我恨不得把自己炒掉五次。我的意思是，我听到了所有的反馈，但我无法理解。我不知道该怎么做。

她回想起之前进行的一次交流，那次交流是在一个与影院工作小组非常相似的社群环境中进行的，而那次顿悟对她来说标志着一个转折点：

我当时正在开会，一位 20 岁出头的影院助理经理告诉我，他觉得当事情没有按照我希望的方式进行时，他能感觉到房间里的气氛变得僵硬起来。

她哽咽了一下然后开始继续诉说：

为了我们能够形成有效的业务社群，帝客赢允许并且要求成员之间——不论是何职位或工龄——提供反馈。若不是这样，他绝不会说出那样的话。我将那名助理经理称为我的"警报器"。那位助理经理的观察改变了我看到并理解世界的方式，原来还有其他的方式，那些理解的方式让我领会到我的领导方式对他人造成了障碍。在房间里气氛变得僵硬时他的感受不同，因为事情没有按照我希望的方式发展，原来是因为我收回了自己的善意，向他人关上了我的心灵。

我不知道自己能否做到，但我现在知道，要想成为一名更有效的领导者，成为我想成为的人，我需要在其他人开展自己的工作时与他们站在一起。为了让成员能够绽放性地发展，他们需要以自己的方式去工作，而不是按照我认为的方式。帝客赢的业务要求和做法让我了解了自己内心对成为领导者、成为导师、与社群在一起和依靠他人所意味的假设和信念。

我的父母是移民，他们极富爱心，意志坚强，独立自主，在他们身边长大的我理解了这样一个一贯的强烈信息，那就是你要照顾好自己。因为其他人不会照顾你。如果你想要生活中的一切，你需要依靠自己并由自己掌握。如果你无法名列前茅，你可能就会失败。我变得极为擅长掌控和依靠自己的能力获得我想要的东西。但是带着这种心态，一个人也只能走这么远。

现在，我可以看到更多，并且成为一个更好的倾听者。我变得更明白。我有一个集体支持着我，并向我提出挑战。我在帝客赢学到的是，我可以成为某个团队的一分子，而这带来的结果比我自己所能产生的结果要好得多。这是我所做过的最艰难的事情，也是我所经历过的最有意义的成长和发展。

在为影院工作小组社群创造"金鱼缸"的空间时，达什伍德继续领导着其他人，并且在他们没有按照达什伍德的方式看问题时，达什伍德也不会"收回她的善意"。换句话说，她努力解决的问题是："我如何才能在始终为实现业务上的卓越表现而坚持高标准的同时，让其他人能够提出自己的想法和解决方案，即使他们的想法和解决方案不符合我的直觉和完成工作的首选途径（'以娜拉的处事方式'）？"

达什伍德也一直在其他情境中检验自己的假设，即除非其他人按照她的方式来行事，否则他们无法成功；以及她只能依靠自己。在她对公司网站的设计越来越失望时，一个检验自己模式的机会出现了。她的第一直觉是将所有人聚集在一起，深入设计一个更好的网站，然后让每个人迅速予以落实。但她抵制了那种冲动，而是将这个问题作为委托和授权一个团队来制作新设计的机会。

她与同事们进行了对话，讨论了她的期望和标准，但自己并未插手他们的工作。她意识到，赋予团队权力并不意味着她不会就不断展开的工作提供反馈。事实上，当第一个网站设计"勉强可以"时，达什伍德再次忍住了加入进去的冲动，而是努力帮助指导小组如何找到更好的解决方案。最后同事们带来了更好的设计，她承认这款设计令她惊讶，因为她习惯性地认为她不相信别人能够自己找到一个很好的解决方案。

关于她自己，达什伍德发现了什么？她了解到，她可以让其他人承担工作并为此负责，而不是在面临重要事件时，认为唯一可行的选择就是自己负责。

对包括达什伍德在内的所有参与者而言，用帝客赢的话来说，"金鱼缸"对话是另一个"演练场"（或所谓"木人巷"）。这既是推动业务发展的一种方式，帮助团队消除协作的障碍；也是帮助人们成长的一种方式。为了自己的成长，达什伍德利用"金鱼缸"对话探索自己如何平衡两个方面：一方面作为领导者要有明确的目标并对业务负责，另一方面让影院工作小组的成员作为个体和集体对设计优秀的忠诚度产品负责。达什伍德通过允许他们以个人的方式与以学习社群的方式解决企业的现实问题来为他们创造成长的环境。他们则反过来为她提供了一个让她作为领导者可以不断超越自己极限的环境和可能性。

这就是公司通过采取"没有工作是额外的"的方法所表达的意思（这是凯茨·高茨德引入的一个术语。凯茨·高茨德是一名值得信赖的顾问，弗尔曼认为他是公司转型的架构师）。人们努力克服自己的局限性，将之作为解决当前业务困境（他们所面临的工作）以及追求卓越绩效的一部分。这就是帝客赢的日常节奏。这就是努力创造人们成长空间的公司的样子。

桥水：追根究底地挖掘事物最根本的本质

你更在意自己表现得有多牛，还是成长的速度有多快？

——瑞·达利欧（Ray Dalio），桥水

如果你坐在桥水位于康涅狄格州韦斯特波特的总部的会议室里，你会明显地发现自己所处的环境是为透明而设计的。落地窗不仅让阳光直接照射进来，还可俯瞰穿过园区中间的绍加塔克（Saugatuck）河。会议室设有同样对走廊敞开的窗户。任何人都可以看到谁在开会，而且不存在私人会议这种情况。全球表现最佳的对冲基金桥水的员工用阳光来比喻他们重视的"通晒"文化，这种文化将透明度作为最佳消毒剂。

当你与桥水的一些人开会时，你会发现对真理（包括通常令人痛苦的关于自身局限性的事实）的不懈追求是每次会议的核心，其实，桥水人在每次进行思想交流时都是如此。该公司的领导者会告诉你，这种对根本真理和透明度的追求不仅仅是该公司文化的一个重要方面，更是该公司文化的核心，以及该公司获得空前成功的原因。

塞乔(Sergio)与失败的会议

在冬天一个阳光明媚的周五早上9点，桥水培训团队正在召开日常会议。这个由十多人组成的小组直接向创始人瑞·达利欧汇报工作，并负责为公司的每个人创建案例研究材料，这是员工参与的旨在加强公司文化和强化公司价值观的日常学习经历的一部分。该小组正在创建的交互式视频案例和自我评估工具可以帮助员工(从新聘人员到最高层的管理委员会成员)解读公司的核心原则并将其应用于现实工作中。课程团队中的大多数人都是20岁出头的年轻人，这是他们从常春藤大学毕业后直接就职的第一个工作岗位。他们每周通过周五的会议，来诊断团队中遇到的问题，这些问题发生的原因值得探讨。这一任务被称为诊断。

诊断是五步流程的其中一步，该流程对于持续的个人发展至关重要。达利欧认为如果一个人想要从生活中获得其想要的东西，持续的个人发展是必不可少的，同时这些步骤截然不同，不能混为一谈，例如，问题的诊断就有别于解决方案的设计。他们首先根据自己的价值观来设定目标开始：

1. 设定目标。你几乎可以拥有自己想要的任何东西，但却永远无法拥有自己想要的一切……为实现自己的目标，你必须确定事项的优先级，甚至包括拒绝好的替代方案。

2. 识别问题和对问题零容忍。大多数问题都会向你呼喊的，若你能听到那些问题便是一个潜在的改善机会……越是令人痛苦的问题，呼喊的声音会越大。因此，为了获得成功，必须(1)察觉问题和(2)不容忍问题……因此，要克服直面问题时的痛苦，知道自己最终将会变得更好。

3. 诊断问题。你必须保持冷静和厘清事情的因果关系……你必须找到根本原因……导致问题行为背后的深层原因……认识自己和其他会影响结果的人的错误，并从中汲取教训对于解决问题是至关重要……最重要的是，自己的潜力能否发挥出来，在于他们是否愿意用客观中立的方式来看自己与他人……要想成功诊断问题，最重要的品质是具有逻辑性，看到多种可能性的能力和为克服阻碍寻求真理之路的自我突破，以及敢于触及他人痛处的勇气。

4. 构建计划（确定解决方案）。构建计划就像编写电影剧本一样，需要设想为了实现目标，什么人会随着时间的推移做些什么事……在设计解决方案时，主要目的是改变自己的工作方式，以免问题再次出现或频繁再现。将每个问题视为根本原因的产物（就像一台机器生产出的产品一样）进行单独考虑。然后考虑应如何对机器进行改造以便产生良好的结果而不是坏的结果……先进行设计，再着手行动！

5. 完成任务。若无法贯彻自己的计划，再优秀的规划者都最终将一事无成。你需要"推进"才能实现任务的目标……擅长本阶段的人能够可靠地执行计划……如果他们发现日常任务让其偏离了计划的执行（即他们发现了这个问题），他们会对其进行诊断并设计如何在处理日常任务的同时推进计划。

在五步流程中，诊断问题是了解自己的局限性来源的关键所在。在桥水中，仅仅认识到自己或其他人犯了错误是不够的，尽管这是一个开始（正如达利欧所说，这意味着你至少表现出了"不能容忍不良问题"的一些迹象）。你首先要系统地发现隐藏在错误背后的自己和他人思维中的局限性，而不是立即发现错误并马上提出解决方案。通过不懈地专注于行为背后的根本原因而非行为本身，你对桥水的员工所说的"更深层次的原因"（the deeper whys）能够了解多少？

该团队今天早上对问题的诊断主要围绕塞乔进行。整个小组刚刚花时间讨论了塞乔最近的考评。所有员工会在任何一天中，从多个来源得到并提供有关其工作进展的反馈。在正式考评中，出现任何反馈都不应感到意外。但是，公司也希望每个成员能够与整个团队坦率地讨论人人考评。该公司管理委员会的前成员尼可·坎纳（Niko Canner）正在主持这次会议。

一年多以前，塞乔告诉达利欧，他有意离开桥水去就读医学院。达利欧对塞乔的坦白表示了感谢，并肯定地对塞乔说，如果塞乔选择留在桥水，他一定可以干出一番伟大的事业。塞乔很坦率，他说，他不由自主地会去想，如果他在 45 岁醒来时，依然在从事管理理财人员的工作，那么他会对自己感到很失望。

在今天早上的会议中，塞乔分享了他因为这个事情所感受到的挣扎。他承认，"我几乎能随时感受到对取悦他人的急迫需求。这可能会让我朝着一个我不想去的方向发展"。他告诉他的同事，他觉得自己陷入了困境，在取悦达利欧留在桥水和进入医学院并开始新的职业生涯之间左右为难。

塞乔坦诚了自己作为一个讨好者的感觉。"我担心的是，"他说，"我会讨好我面前的任何人。"

诊断开始后，塞乔在另一次会议上所做出举动的原因成为讨论的主题。本周开始的时候，塞乔负责主持了一次会议。在筹备会议时，他将创建会议幻灯片的任务交给了另一名团队成员弗吉尼亚（Virginia）。但参加这次围绕幻灯片所组织的会议的同事并没有对会议留下深刻印象。这次会议"脱离了正轨"，因为幻灯片中包含的材料不足以帮助塞乔成功举办会议或在当时不能妥善应对。

作为会议的引导员，坎纳询问塞乔是否意识到幻灯片有多差。"你当时到底知不知道自己需要的是什么?"他问道。"你有多大程度将那份幻灯片作为一个幻灯片来看待?"塞乔的同事们也加入进来，并指出幻灯片中的内容有多么不符合会议的目标。他们都没有关注如何提高弗吉尼亚的工作质量。这不是现在的重点。

坎纳和同事们继续提问并进行观察。塞乔承认他在上一次会议上花了时间来为那份幻灯片进行辩解，尽管他在会议后意识到那份幻灯片显然不够好。"我发现自己是在为一份文件辩解。"他说。但为了了解深层次的原因，该小组需要了解是什么导致他这样做。

塞乔提供了一个自我剖析。首先，他未能提供一份适当的思维导图来说明在会议中需要哪些材料来帮助推进工作的开展。他与其他人在期望方面也没有达成"同步"(这是桥水的一个重要术语)。他没有清楚、细致地了解成功所需的要素。"我忘记了会议的目标,"塞乔说,"瑞(达利欧)谈到了在担心自己是否照顾自己的形象与实现目标之间做出选择。而我当时在为那份幻灯片的信息进行辩解。"现在塞乔已经找到了根本原因,实际上他自身面对着"照顾自己的形象"和"取悦他人的需求"的权衡,这些需要在会议中绑架了他的行为。

塞乔要求获得更多地在类似情况中进行练习的机会,在此情况下,团队会议圆满结束。塞乔告诉坎纳,他想在成长和发展的道路上再迈进一步,并在稍后与他核对一下。塞乔说,这并不是为了让坎纳再"授之以鱼",而是为了学会钓鱼。

最后,坎纳为塞乔和整个团队总结了一些要点。"失败的经验就像是燃料一样"。坎纳说。

坎纳赞扬了塞乔让学习完成它的"闭环",从而让自己有更多演练的机会,以及对团队成员不愿做什么(其中包括在未明确了解良好成果的判定标准的情况下指派任务)有更透彻的了解。

在结语环节中,塞乔承认,"我们应算是达成了一致了"。结语环节是公司会议结束时的特有环节,也是对旨在获得真相的高能苏格拉底式对话的收尾。

追求优先理念的制度

桥水管理着纯粹超额报酬策略基金(纯粹超额报酬策略,Strategy)和常胜策略基金(常胜策略,Strategy)两家对冲基金,共计约1650亿美元的全球投资。该公司为外国政府、中央银行、企业和公共养老基金、大学捐赠基金和慈善基金等机构客户提供服务。桥水最初于1975年在瑞·达利欧的两居室公寓中成立,目前仍是私营企业,并且拥有约1500名员工。

成立40年来,桥水一直被公认为是表现最佳的资金管理机构;仅在过去的5年间,桥水就赢得了40多个行业的奖项。在撰写本书时,纯粹超额报酬策略基金仅有一年亏损,并且自1991年成立以来平均每年盈利14%。

立志在经济繁荣和萧条时都保持盈利的常胜策略基金自 1996 年成立以来每年增长 9.5％。即使是在对冲基金行业的整体表现落后于标准普尔 500 指数的 2009 年到 2011 年，常胜策略基金也实现了高达 34％的回报率。2010 年和 2011 年，桥水被《机构投资者的阿尔法》(*Institutional Investor's Alpha*)杂志评为全球规模最大、表现最佳的对冲基金管理机构。而在 2012 年，《经济学人》(*Economist*)杂志称该公司为其投资者带来的回报比历史上任何其他对冲基金都多。

联合首席执行官格雷格·詹森(Grey Jensen)解释说，所有这些成功都源于公司对其原则的态度，而这些原则随着时间一路走过来，就像复式利息的指数效应一样，成就了公司的"复式理解"。

> 我们发现……在我们的业务中，我认为在大多数行业也是如此，我们必须拥有比其他人更好的理念。我们正在与市场中的所有其他人进行竞争。市场价格是对未来即将发生事件的加权平均看法。更好地了解事物的唯一方法就是更好地了解未来可能会发生些什么。因此，这是一种"更优秀的想法高于一切"的完美表达。对我们而言，创建更优秀的想法的基石就是拥有一套共享且透明的原则，以便每个人理解自己的角色和公司的构成……我们认为公司章程就是原则。因此，我们会反思每一个决策，"哪些原则在发挥作用？如何就这些原则做出这个决策？"当我们的观点发生改变时，我们会在公司章程中做出改变，这样人们就可以不断地从这种"复式理解"和公司过去 35 年的经营经验中学习……如果你不同意这些原则，你就得努力奋斗去改变这些原则。在这里，我们杜绝背后的秘密谈话。

该公司在其专有系统的算法中，记录了公司所有的技术投资知识，这是一套指导投资的原则。桥水多达 98％的金融决策是根据这套编制的市场决策规则自动执行的。相比之下，该公司所有员工都努力维护(或者如果他们不同意这些原则，也可以努力奋斗去改变这些原则)这些原则文件，即桥水的章程，并不是关于金融、市场经济或投资的规律，而是为了促进和保持追求真理和透明的文化，规定员工的行为方式。这些原则为所有决策制定了明确的卓越的标准，也是每一位想要以有原则的方式行事的桥水员工的共同书面和概念参考。

这些原则有两百多条，分为多个类别，每个类别通过一系列相关思想构成一个核心理念。以下总结了一些基本理念：

- 相信事实。完全透明，极度开放，对不诚实说不。

- 创建一种文化，在这种文化中可以犯错误，但不可以拒绝承认或拒绝分析错误，以及从中汲取教训。不要为自己或他人的错误感到沮丧。爱他们！不要担心看起来是否好——专注于能否实现目标。你在经历痛苦时，要记得反思。

- 保持同步。要问"这是真的吗?"和"这有意义吗?"，同时保持自信和开明的态度。不要认为所有意见都同样重要。考虑一下你自己和他人的"可信度"。将大量时间和精力用在保持同步上，因为这是你的精力可以做得最好投资。

- 识别那些会努力让事情变得与众不同的伙伴。切记，几乎一切美好的事物都是优秀的人才在伟大的文化中创造出来的。首先，为计划找到合适的人选。

- 认识到每个人都是不同的。了解每个为你工作的人有何特征，以便确定可以对其抱有怎样的期望。不要隐瞒这些差异。公开探索这些差异，弄清楚你和你的员工是怎样的人，这样你就可以将合适的人员安排到正确的工作岗位上，并明确责任。

- 像设计和操作机器那样来进行管理以实现目标。不断将产出与目标进行对比。当发生问题时，在两个层面进行讨论：（1）在"机器"层面讨论机器产生该结果的原因，以及（2）在"手头案例"层面讨论目前该如何处理该问题。让人们负起责任，并感谢他们让你负责（安排）。在进行决策时，逻辑、理性和常识是最为重要的。

• 努力进行深挖，了解对"机器"所产出的结果可抱有的期待。不断对经常向你汇报的同事进行深挖（probing），并鼓励他们也同样对你进行深挖。切记，很少有人能够客观地看待自己，因此，欢迎他人的深挖和深挖他人都很重要。不要"挑活来干"，要全力以赴。要保持深挖过程的透明性，不要私密化。

• 对人员进行准确地评估，而非"友好地"评估。要知道你和你管理的人员将经历个人发展的过程。帮助人们克服探索其弱点所带来的痛苦。

• 运用经验培训和考察人员。切记，一切都是案例研究。授人以渔，而不是授人以鱼。

• 将人员分配到桥水的其他工作岗位，或将其开除。若发现某人不适合某个岗位，尽快将其调离。不要降低标准。

• 了解如何有效地发现问题。要知道问题是推动改进的动力。对不良情况说不。不要使用"我们"和"他们"这种不明确的指代，因为这掩盖了个人的责任——直接使用明确的名字。

• 进行诊断，以便了解问题的症状。要知道所有问题都只是其根本原因的外在表现，因此要进行诊断，了解问题的症状。切记，合理的诊断需要合作进行高质量的诚实讨论以了解真相。

• 设计机器，以便实现目标。切记，你正在设计一个能产生结果的"机器"或系统。最重要的是，要围绕目标而非任务来构建组织。要以自上而下的方式构建组织。

• 认识到如何应对自己不了解事物的能力。切记，你的目标是找到最佳答案，而不是提供你能给出的最佳答案。始终注意自己的不足之处。

• 总之，要了解并连接每个点。抵挡诱惑，不要在不能妥协的方面妥协。不要试图取悦每个人。

正如上述原则所述，桥水对最极致的根本真理的承诺立足于通过不断改进来实现卓越的需求。公司领导者通过"机器"（一种难免不完美但可以改进的系统）的模式来看待所有流程。

在桥水，外部经济固然被描述为一种"输入—输出"型的生产机器，并且公司已经对经济作为一种机器的运作模式，发展了不少重要的见解。同样，在公司的层面上，公司内部人为设计的流程也被视为机器的一种。从招聘新员工到桌面技术支持团队管理软件安装的方式，再到制作培训案例视频的方法，每个流程都实现特定的目标，并旨在以或多或少有效的方式运作，从而产出结果。公司许多流程的加强需要不断寻求关于事物的实际发展方式以及如果存在问题，哪些人员需要进行哪些方面的反思，以及如何帮助他们更好地探究真相。

深挖和开放透明

在桥水，"深挖"是了解更深层原因的一种方式。在进行深挖时，你会询问某人有关特定流程的设计、某个难题或该人的作为或不作为的问题。

在这种以深挖为本的文化里，深挖能让人们确保他们在查看相同的数据，以及关注于在因果解释时能够保持一致。这是一种实践团队从而弄清楚什么是真实可靠的。深挖还揭示了关于人们真实形象（WPAL）的信息，这有助于管理者了解问题的根源是由某个人引起的还是机器设计的，以确定角色和工作流程。

该公司对完全透明的承诺打造出来的文化，远比在办公室安装全面透明玻璃墙要深刻得多。每次会议都会被记录下来，组织的每名成员都可以查看会议记录（会上讨论了专有客户信息的情形除外）。每间办公室和会议室都具备录音技术。例如，如果你的上司和你上司的上司正在讨论你的绩效，而你未被邀请参加会议，那么你可以查看录音。而且你不必为了确定这是不是某次非公开对话的主题而查找每个音频文件。如果录音中出现了你的名字，你很可能会收到提醒，确保你会查看该文件。实际上，根本就没有非公开对话之类的事情；所有内容都是"对事实的历史记录"的一部分。

联合首席执行官詹森说，一开始，该公司的律师对会被记录下来的会议"气疯了"。但在桥水被起诉数次并使用录音带作为证据后，詹森解释说，"我们赢了所有的案件。我们之所以赢，是因为录音带明确表明我们一直在按照自己所说的运营方式进行运营"。日常商务对话随时会变成坦诚对话和集体学习的机会。另一种常见的情况是在会议进行到一半时，暂停会议，通过"暂悬时刻"评估错误，诊断导致人们惯性行为和惯性思维的根本原因，确定个人如何从自己的防御性反应中吸取经验。自身局限性的言行也会受到详细评估，参与者可能会被鼓励通过利用可靠的同事或领导者，或制定"防止"失败的流程，"围绕"这些思维方式进行"设计"，而不是假装这些局限性不存在，人们需要主动弥补自身的不足之处。

在桥水，每天都会进行"行动后回顾"（After Action Review），但这个过程比通常的典型的事后总结要深刻得多。这种特定的谈话会持续进行，直到人们了解了所涉及的人员。所发生的问题反映了你身上存在什么问题（或者你的思维方式存在什么问题）？你能否站到一个更高的有利位置（即比当前具有反应性和防御性的自我更高的位置）俯瞰那个不出所料反复陷入混乱的自己？这个"身处更高层面的你"（更深层的真实自我）如何看待你的行为、失误或成功？每次提出这个问题都有一种紧迫感，因为如果你（以及与你共事的其他人）没有弄清楚更深层次的原因，那么你将继续做同样的事情，带来同样令人失望的结果。

可以想到，所有这些对于那些刚进入桥水不久的人（尤其是那些在其他公司就职过，曾作为模范的明星人物和工作成功的典范的人）来说可能会让其迷失方向。在桥水，人们开诚布公地谈论密切关注自身的内在障碍和工作中发生事情的根本原因所引发的痛苦。他们用一个方程式来提醒自己和彼此为什么每天都要这样做：

痛苦＋反思＝进步

员工甚至还有一个名为"痛就按"的应用程序，这是公司提供的 iPad 上的标准配置。该工具允许员工记录和分享工作中经历的负面情绪，尤其是当他们的自我防卫机制在与他人的互动中被激活时。对此类经历的公开分享随后会引发各方之间的后续对话，因为他们想要探索真相，确定为直接解决潜在的个人问题，个人可以采取哪些行动。

这种做法的目的是帮助人们"到达彼岸"。桥水用该短语代指解除自我防卫机制，消除自己的思维定式经常受到质疑的痛苦，以及积极管理阻碍个人成长的情绪性的自我保护模式。由于从自身的错误中吸取教训是一项工作要求，在足够时间之后无法到达彼岸的人不是自己离开桥水，就是被桥水开除。

约翰·伍迪(John Woody)的可靠性问题

约翰·伍迪(以下简称为伍迪)与他人共同主持桥水的招聘工作。如今30岁出头的伍迪在进入桥水工作时就加入了一个为瑞·达利欧提供直接支持的团队。

伍迪在与我们会面时曾出现在 2013 年哈佛商学院对桥水进行的案例研究中。他分享了他的成长故事。[4] 如今伍迪已经到达了彼岸，能够直接与公司里的任何人讨论他的局限。但有一段时间，伍迪无法面对他所听到的关于自己的事情。在公司工作了几年之后，达利欧直接解决了他所谓的伍迪的"长期可靠性问题"。因为桥水记录了所有相关对话，我们可以分享伍迪与达利欧之间进行的一段对话：

达利欧：他告诉过你要进行每日更新。我也告诉过你要进行每日更新。

伍迪：我同意进行每日更新。没有问题。

达利欧：那么有两个问题，你不仅没有进行每日更新，而且还存在一个一直以来的可靠性问题——在完成被指派的工作方面，你不值得信任。

伍迪：嗯……如果你把这个事情提高到这个层面，那么，我不同意你的看法。但是当我们讨论——

　　达利欧：那是你的问题。

　　伍迪：嗯，我们能深挖一下吗？

　　达利欧：当然可以啦！

　　伍迪：我认为我承担了大量的责任并要求履行所有这些责任。有些事情是……

　　达利欧：不，你没有履行你的责任。你的可靠性和可靠程度只是一个笑话。你被分配了工作，但你没有完成工作。你被要求进行每日更新。你被要求去完成这项工作。这是你的问题。你不接受自己的问题。

　　伍迪的本次会面以及随后数周的反应仍然是拒绝这种严厉的反馈。用桥水员工的话来说，就是达利欧"戳中了他的痛点"。伍迪反过来立刻进行自我防卫。

　　在桥水，我们为自己能够保持明智和面对真相感到自豪，但我最初的反应是："你是错的！"我变得不讲道理，因为我甚至没有问他为什么认为我不可靠……我以为自己是真的心胸开阔，因为我能够（坦率）承认自己在某些情况下是错的这一事实。我很快意识到事实并非如此。当我受到挑战时，这实际上会在情感上影响我与他人的互动方式。我会变得激动，我会失去理智。我认为人们在质疑我的想法时，这几乎是对我的冒犯。

　　但是在达利欧和其他人的推动下，帮助伍迪"放下了自我"并继续探索自己的行为。随着时间的推移，伍迪开始慢慢地看清自己的一些模式，而不是将自己的缺点视为例外或特定情境下的产物。他开始"意识到这不仅是一个职业上的问题。对我个人而言，这实际上是一个可以追溯到我八岁时候的问题"：

所以，我不得不问自己："怎么会有一件事在我还是一个八岁孩子的时候就开始一直深深地影响我，一直到我30岁面对同样的问题时依然坚定地否认问题？……我想要成为什么样的人？"我想要成为一个你会在两码线处传球给我的人。"我们需要得分。我们必须把球传给最可靠的人。你就是那个人。"那就是我想成为的人。[但]我当时面对的却是某个人说着："你不是那个人。我甚至都不知道当我试图把球传给你时，你是否会在附近。"那很伤人，对吧？

伍迪感谢有"一个极为强大的社群"可以帮助他面对这样的一个事实：他很容易就会愤怒并且进行防卫；他会习惯性地开会迟到和推迟履行其他承诺；并且他是一个人们无法信赖他会自始至终完成工作的人。目前他在桥水中所处的阶段是，他正试图"对此进行调适，而且我正在尝试改变自己身上某些导致问题的个性，但在意识到这一点后，我也感到更加自在了"。

伍迪看见了自己在可靠性问题上取得的进步，但他坚称自己还有很长的路要走。很明显，他已经走出了很远的距离。"（现在）我会更坚决地对事项进行优先排序，"他说，"在向别人做出任何承诺之前，我会先停顿更长时间，进行更周到的考虑，更细致地想象我将如何完成某件事，带着更多问题与要我开展某项工作的人进行更频繁地核对，并且比以前更明确地依赖我周围的人。"

对像伍迪这样在桥水的员工绩效孵化器中茁壮成长的人来说，到达彼岸并非旅程的终点，而是从彼岸出发去享受更丰富的景色，他们带着来之不易的能力去更深入地观察和理解自己。对于如伍迪等大多数人来说，痛苦＋反思（＋"一个极为强大的社群"）＝进步。

总结

有一点是可以肯定的：这三家公司都没有正式从事人类潜能发展方面

的经验。它们不是拥有众多专业教育工作者的大学，不是拥有心理学家的诊所或个人发展中心，也不是管理咨询公司。这三家公司都没有提供与帮助人们克服自身局限性相关的服务，它们分别是从事对冲基金、电影院和电子商务交易管理的业务。这三家公司与人类潜能的发展工作距离之遥远，绝不比这三个业务性质之间的巨大差异来得少。可以这样说，如果想找人类自然而然地进行文中所述的持续自我反思，那么宏观经济投资者、软件工程师和电影院运营商肯定不是你的首选。

这就是重点。尽管这些公司已经发展出一套投身在业务中并能形塑成就业务主力贡献的变化，但它们还是拒绝将构成业务的人员与业务本身分开。它们对锐意发展型公司的文化所下的重注源于不可动摇的信念：企业是可以成为人人成长、发展和繁荣的理想环境。而这种人人成长的文化可能是未来商业成功的秘密武器。

在跳跃科技、帝客赢和桥水这三家锐意发展型公司中，我们都可以看到对两种追求的无缝结合，就好像这两种追求本来就是同一个目标一样。这两种追求就是：业务卓越和通过业务的运作培养更有能力的人才。每个公司都有自己的方法，但有趣的是，每家公司强调的内容在其他公司中也能找到。跳跃科技的文化明确地将帮助他人放在首位，包括突出将辅导作为一种实现成长并同时服务他人的方式的重要性。帝客赢将建立下一代学习团体（实际上是发展团体）的优势作为一种为人们创造条件使其实现个人成长和充分抓住商机的方式。桥水代表着对真实的追求，无论其让员工何等不舒服。桥水将这种追求作为金融市场中开展业务的必要条件，以及一种实现个人发展与文化完整性的方式。

但这些方法的基础都是对一般组织生活中最基本的共识进行惊人的逆转：将个人与公共区分开来。一般组织就像本章开头部分所述的"过去的布琳·布朗一样"：这些一般组织不会去"应对"自身的弱点，或者根本不会与那些这样做的组织打交道！一般组织认为员工心灵中的不完美之处、弱点、羞耻和没价值感等远离工作的领域不值一谈。

实际上，一般组织会这样说："如果弱点的确会不时影响工作，那么我们将就此做出规定：让弱点继续保留在私人空间里，其他人则会将自己的所见所听埋在心里，让弱点尽快过去，我们则假装弱点从未发生过。"换句话说，正如有些人认为我们对待哺乳期母亲的方式应该保持一致。

毫无疑问，你会对本章中所述内容出现各种各样的反应，但几乎可以肯定的是，无论这些反应是什么，其核心都是一回事，那就是你对弱点的看法。你的反应可能是你关于自己对经历公司其他人的弱点的感受；你在面对他人的弱点时的感受；以及最重要的一点，你对工作中所发生的任何事项的感受。你可以放心，无论你目前的想法和感受是什么，锐意发展型公司中的员工都已分享过，或者正在分享每个想法和感受。通过这种方式，本章可以帮助你以多种方式认识 DDO。

既然你已经产生了各种各样的第一印象，接下来的两章为帮助你抓住这些印象，把握这些印象，以及在 DDO 的基础理论的背景下思考这些印象留出了空间。我们首先探讨在 DDO 中发展意味着什么。有一套描述心智结构在不同阶段发展的成人发展理论，在过去 40 年有长足的发展，我们相信该理论有助于你理解 DDO 的深层结构。本质上，DDO 正致力于探索方法，让人们能够尽量获得可能有助于其继续（当其准备就绪时）进行成人发展的经验。

注释

[1]Brené Brown, *Daring Greatly*: *How the Courage to Be Vulnerable Transforms the Way We Live*, *Love*, *Parent*, *and Lead* (Garden City, NY: Avery, 2015).

[2]Josh Waitzkin, *The Art of Learning*: *A Journey in the Pursuit of Excellence* (New York: Free Press, 2005).

[3]Joseph Jaworski, *Synchronicity*: *The Inner Path of Leadership* (San Francisco: Berrett—Koehler, 1996); and Peter M. Senge, *The Fifth Discipline*: *The Art and Practice of the Learning Organization* (New York: Doubleday, 1990).

[4]Jeffrey T. Polzer and Heidi K. Gardner, "Bridgewater Associates," Case 413—702 (Boston: Harvard Business School, 2013).

2

我们如何理解"发展"?

在商业和其他专业领域，诸如"发展"和"成长"这样的词汇层出不穷。无论你是一家公司的股东、领导者，还是员工，你都希望这家公司或你在此的职业生涯有所发展。

人们在谈及公司的发展或成长时，通常指的是收入、利润、股价、人员、市场、营业范围、地域或子公司这些方面的"规模"有所增长；而当人们谈及自身职业的发展或成长时，通常他们会希望在职级、责任、权限和报酬这些与职位相关的方面有所提升。以上两方面自然也是 DDO 所必须关注的，否则它们无法持续运营，也找不到合适的员工。

但需要指出的是，在谈及 DDO 时，对于"发展"这一术语的运用有其专门的定义。这里（发展）所指的并非职业生涯的发展，而是指职业生涯背后的那个人，他自身的发展；也不单纯意味着生意要越做越大，而是不断提升成为更为优秀卓越的企业。也就是说，一家锐意发展型公司生意的兴隆、雇员的职业生涯成功，都不是我们所指的发展，而是此种特别的"发展"之结果。

那么，什么是"发展本身"呢？近百年来，研究者不断致力于理解人类如何构建现实，并在观察中发现，人们可以通过努力使自身的现实构建更加全面，更少扭曲失真，更少以自我为中心，以及更少被动反应。研究者从对幼儿的研究开始，尝试去梳理。①幼儿运用什么样的底层逻辑来理解自身和周遭世界；②这些逻辑又通过怎样的原则和过程逐步演进，来支持成长中的幼童克服认知扭曲，更深入而精确地理解自身与世界。在对该逻辑的一致与其发展的阶段顺序做出各项测试后，研究者发现其中的基本模式跨越性别、文化和阶层。

40年前，对于成人发展的科学研究见证了一场重大且颇具争议的转折。包括我们在内的不少理论家和研究者有了这样的理解，即后青春期的发展遵循一连串更为复杂的心智逻辑之发展路径。对研究对象的长年追踪启发我们，即便在成年后，人们仍旧有可能去突破理解自我与理解世界的能力限制。当然，并不是每一个成年人都可以跨越全程的发展轨迹。[1]

成人的发展轨迹

在我们最初进入成人发展的研究领域时，学术界对于心智发展的公认设想，基本上与对身体生理发展的理解类似，认为人本质上在20多岁便定型下来。也就是说，人一旦过了40岁，无论是身体还是心理，都不会再"长高"了。如果在40年前，用"年龄"和"心智复杂度"（在下文中，心智发展度、心智结构、心智复杂度、心智水平、心智层次等用语均为mental complexity的翻译）分别作为横与纵的坐标轴，然后请相关领域的专家按照其对发展的理解画一个曲线图，你会得出一个类似图2-1的图像：在20岁前是一条不断向上的斜线，在20岁之后成为一条 ii 平线。而专家们对这幅图形的表达，均表示信心满满。

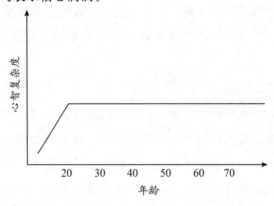

图2-1　年龄与心智复杂度：40年前的认知

20 世纪 80 年代的时候，我们开始分享我们的研究成果，提出有部分(尽管不是全部)成年人的心智复杂度会经历"质性"的跃升，而这与人们从幼年早期到幼年晚期，以及从幼年晚期到青春期这两个发展阶段中的经历相类似，均呈现思维复杂度上的量子式跃升现象(即跨越式的突破)。当我们向一群杰出的研究者发布此成果时，那些属于脑科学的研究专家们通常会报以礼貌的鄙视。

他们会说，"你们可能认为从纵向式访谈研究中可以推导出这样的结论，但是扎实的自然科学是不需要所谓推论的。我们研究的就是实实在在的东西，是什么就是什么。大脑的'心智容量'在青春期过后便不会再经历任何有意义的变化了。就是这样"。当然了，这些科学家并没有否认随着年岁增长，人们会较年轻的一辈变得更加睿智，更富有能力，但他们将此都归因于经验附带的益处，也就是说人们在有着相同"心智装备"的前提假设下，学习如何挖尽自己装备的潜力，而不是在装备上出现"本质上"的变化或者升级。

40 年后呢？哎呀！原来大家(哪怕是那些只关注生理特质的脑神经科学家们)一直都在做各种各样的推论。今天，由于有了更好的工具手段，脑科学家不再像 40 年前那样来看待大脑了。今天，他们提出"神经可塑性"，并开始承认大脑具有在一生中不断适应与变化的非凡能力。

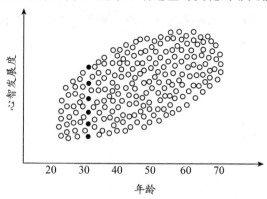

图 2-2　年龄与心智发展度：当今的认知

如果我们现在再来为"年龄"与"心智发展度"制作一幅彼此发展的关系图，那我们会看到什么呢？我们实际得出的是图 2-2 这样的结论。这是基于 40 年的纵向研究，在这当中我们跟踪并深入分析了上百人的访谈记录，每隔几年他们都会接受访谈并被细致地记录下来。这个图表呈现出两项明显的现象：

- 在一个样本数足够大的研究里，我们能够发现一条轻度向上倾斜的曲线。也就是说，纵观整个人群来说，心智复杂度倾向随着年龄而增长。这个趋势会从年少延续至老年阶段。当心智复杂度从一个水平进化至更高的水平时，成年人会表现出更多心智发展的积极影响，比如，对自己的思考和感受活动负起更多责任，能吸收更多维度的信息，也能够考虑更长远的未来。以上都只是大量完整的心智发展研究的部分成果，也足以说明心智复杂度的发展不会止于青春期了！

- 任一年龄段内不同成人的发展水平变化不一。比如图 2-2 中的那些深色圆点代表着六位 30 岁的被访者，他们的心智复杂度就分布在不同的水平，当中有些人 30 岁时的水平，可能会比另一些在 40 岁时的被访者的心智水平更为复杂。同时，人们也可以以不同的速度来进行进化。而我们当中很多人，甚至说是大部分人，都会在某个点上经历某种发展停滞，因而无法发展到心智复杂度的最终阶段。

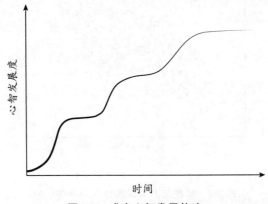

图 2-3　成人心智发展轨迹

如果我们来描绘一个成人个体心智发展轨迹的图表，则可能看起来像图 2-3。

这张图显示了如下几个重点：

- 心智发展过程呈现出几个明显而性质不同的"稳定状态"；而划分不同心智层次的界限并不是任意的。不同层次代表着认知世界的方式会有很大不同。

- 心智的发展并不是以渐进的方式展开的；它会经历几个稳定期和变化期。当到达一个新的稳定状态时，心智便会在那一水平上停留相当一段时间（纵使在同一稳定状态内会出现不同程度的"同构式伸延或者深化"）。

- 向新阶段转变的时间间隔——停留在某个稳定状态的时间——会变得越来越长。

- 图中的线条随着时间也变得越来越细，表示发展程度越高，进化至更高水平的可能性会越小。

那么成年人的不同心智层次分别表现出怎样的样貌呢？我们能否清楚地说明一个处于更高心智复杂度的人，能看到或者能办到一些在他之前的层次（即在心智较低的复杂度水平）所不能做到的事情呢？的确，今天我们已经可以对这些层次有更清楚的描述，而且不会再用一般的"你有多聪明"来定义它：心智复杂度不代表通俗意义上的高智商或高知识水平，不意味着你建构出对世界日益深奥的某种理解，这里的复杂指的不是如同物理学家在黑板上写满的复杂公式。那它究竟意味着什么呢？我们马上揭晓。

成人心智复杂度发展的三个不同层次

首先我们纵观成人发展的三大阶段，如图 2-4 及表 2-1 所示，这三种不同的意义建构系统，帮助成人以截然不同的方式来理解世界并以这种世界观运作日常生活。它们分别是：规范主导的心智①(the socialize mind)，自主导向的心智(the self-authoring mind)以及内观自变的心智(the self-transforming mind)。这些不同阶段表现出来的差异性也反映在工作中，当我们聚焦于组织日常生活中的某一具体方面时，我们可以观察到，同样的现象(比如，信息如何在企业里传递这一现象)对于处在不同发展阶段的人，其理解是完全不同的。

表 2-1　成人发展的三个不同层次

规范主导的心智

• 你我乃由个人外部环境的种种定义与期望形塑而成；

• 我们的自我意识基本上是与我们认可的人与事"镶嵌"(embedded)在一起的，并对其保持一致与忠诚；

• 自我感主要通过与他人，或与外部各流派的理论、理念、信念的关系得以表达。

自主导向的心智

• 处于这个层次时，我们能够从社会环境中的一定程度抽离出来，形成内在的判断或自主的权威，并借由这些来对外部预期做出评估和选择；

• 自我忠于个人自身的信念体系、意识形态或个人准则规范的整合，同时有能力基于自身的意愿进行自我指导，坚守自身立场，设定界限，创造并调整边界。

内观自变的心智

• 我们可以进一步从自身的信念与个人权威的限制中抽离出来进行反思，体认到任何一种单一系统或自组织都是局部的或不够完整的。友善地对待不同观点，甚至对相反观点能够更包容；寻求并接纳不同的系统，而不是只用单一系统来套用所有；

• 在这一层次，自我的和谐源于有能力区分内在的完整性与全面性。更能够利用辩证法来整合，而不是非此即彼地看待人与事。

---

① 按英文原文亦可翻译为"社会化意识"，但本书各项心智层次相关的翻译与陈颖坚先生所译的《领导者的意识进化》一书保持一致。

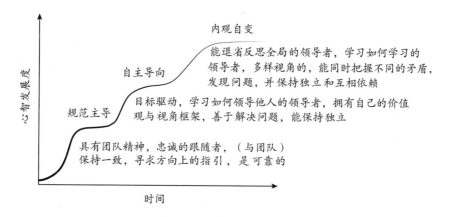

图 2-4　成人心智发展的三个不同层次

信息如何在企业中流动（或无法流动）——人们会传达什么样的信息，信息对象是谁，人们怎样接收信息、如何处理收到的信息——这无疑是所有系统如何运作的关键特征。而由于锐意发展型公司对透明度的强调超出一般企业，信息如何流转对于锐意发展型公司来说尤其重要。不少组织文化、组织行为和组织变革的专家对于信息流动问题的解读和处理，更多地聚焦在系统如何影响个人行为这个方向上，但往往对于个人持有的心智复杂度水平这一重要的影响因素，如何反过来影响其对组织文化的态度，则几乎是没有什么深入的理解的。

规范主导的心智与信息流动

具有规范主导的心智对工作中发出和接收信息两个方面均有重要影响。处于这一心智层次时，我决定发出的信息在很大程度上取决于我认为他人想听到什么。经典的集体迷思（groupthink）研究表明，团队成员会在集体决策的过程中隐瞒关键信息，主要原因是参与者认为，"尽管我觉得计划几乎不可能成功，但我意识到领导很需要我们的支持。"

最初，不少这样的研究是在亚洲文化背景下展开的，参与者提及给领导"留面子"这种处事的习惯，就算可能会让公司走上一条失败之路，也不能羞辱老大。这些研究的调性多是去呈现某种特殊的文化现象。类似的研究如史坦利·米尔格伦（Stanley Milgram）知名的"威权下的盲从"（obedience-to-authority）研究，最初就是试图弄清楚所谓"善良的德国人"到底有着怎样的心理状态，以及德国文化中有什么元素，导致原本正派、善良的德国人，会在特殊时期执行了屠杀灭绝几百万犹太人的命令。实际上米尔格伦在去德国做研究前，已经开始运用他的数据收集方法，且惊讶地发现美国的大街小巷也遍布着所谓"善良的德国人"。另外，虽然我们认为爱面子是亚洲文化的独特特征，但 Irving Janis 和 Paul't Hart 的研究也表明对"留面子"的敏感不仅存在于亚洲文化中，集体迷思的模式在得克萨斯州与多伦多的顽固程度，基本上与东京或台湾的差别不大。[2]总结来看，集体迷思与盲从威权更可能是心智复杂度的结果，而非特定文化的原因。

规范主导的心智不仅会影响主体发出什么样的信息选择，也会影响信息如何被接收，以及如何被关注。一位处在这种心智的人普遍认为，能够与他们认为重要的对象和被他们珍重的"外围"保持和谐是非常重要的，他们因而也会变得异常敏感，容易受到所接收信息的影响。而这种加强的敏感性会使得他们过度解读，以致花费很多精力在一些想象出来的潜台词或暗示上。（"他的语调说明他很不耐烦了。""她每次这种姿势都在说明她不同意你的方案。"）而对于发出信息的团队成员或领导者来说，可能并没有那么多其他意思，这也就让信息发出者感到惊讶而沮丧，他们无法理解下属或其他团队成员怎么会在自己原本单纯的沟通中加上这么多"佐料"。

记住，心智复杂度层次与我们通常说的智商水平也就是所谓 IQ 是两码事。处于规范主导心智的人 IQ 水平各不相同，有些在这个层次的人有很高的智商。比如，第一章提到的桥水的塞乔，他很可能有较高的 IQ。在第一章里，他很有可能经历着从规范主导层次向更高层次转变的过程。他说他随时都会感到强烈的取悦他人的需求，然后又会纠结于到底该留在桥水，以此取悦其创始人瑞·达利欧，还是离开桥水去学医。他说，"我最关心的就是如何取悦我眼前的人"。

作为成年人，我们会有相当一部分的生活经历处于规范主导心智复杂度上，而在任何组织包括锐意发展型公司里，一个大比率的群体会依据该心智逻辑来安排自己在企业中的活动。但我们注意到，就像塞乔的情况那样，锐意发展型公司的文化可能可以有效地质疑这样的心智层次并支持人们向更高层次发展。

就算塞乔在取悦老板，他也会发现达利欧更希望自己能如实表达自己的真实想法，即便这些想法真可能会令达利欧感到不舒服。所以当一个企业锐意打造的文化，能够颠覆我们现有的心智层次，并要求他们以更高一层的方式表现时，哪怕这个人是在服务于当下的心智复杂度（力图与组织所要求的价值观以及领导作风达成一致），我们都会说这个组织的文化是一种锐意促进发展的文化。

所以我们会看到这样的文化在塞乔身上的影响。在这里，塞乔在工作中运用他的规范主导的心智，同时他有机会站在"客体"的位置去识别该心智如何运作，又在哪些方面不那么有效。他现在能够说"这种心智有时也为我带来一些困扰"。虽然他还没有完全超越该心智层次，但规范主导的意识对他来说已经不再是根深蒂固的了。过去，他并不意识到自己是一个急于取悦他人的人，而现在至少他有了这样的认知。真正的发展就是这样的。曾经"驾驭"（subject to）我们、令我们受制于它的心智结构（即"主体"），逐步成为可以被观察到的对象［即"客体"（object）］，我们不再经由这种心智结构的透镜去看待周遭，而是终于可以看到这个透镜本身，也就是能看到那个心智结构是怎样运作的。

假如我们所说的锐意发展型公司将发展这档事变成比比皆是的机会，让不仅仅处于规范主导的人往上发展，还让所有任何一个层次的人都得到意识上的发展会怎么样呢？

自主导向的心智与信息流动

接下来我们对比一下自主导向与规范主导的心智。这是一个更高的层次。我发出的信息更有可能取决于"为了达成我给自己设定的目标与使命"，我认为其他人需要或应该知晓些什么。无论是已经意识到的还是在潜意识里，我心中已经有一个方向、一个议题、一种立场、一项策略，或一项分析判断，也就是说在沟通前，已经存在一种带有前设的背景。无论我的计划和方向是完美的还是漏洞百出的，不管我是不是有能力号召其他人跟我一起干，这些取决于我的其他能力，但我的心智层次的高低会决定我进行信息传递的方式：到底是由我来握住方向盘决定往哪儿开（自主导向），还是拱手让别人来开而我只求能坐在车上跟着走（规范导向）就好。

同理，接收信息时，自主导向的人也表现出类似的倾向性。我会有一个筛子用来应对将要接收的信息：对于那些我主动寻找或对我的计划、立场、观点有帮助的信息我会优先接收，那些我并没有主动要的资料，是我认为对我的计划不那么重要的部分。

所以通常我们会赞赏自主导向的人那种聚焦的能耐、区分轻重缓急的能力，以及在有限的时间内对进入他视野的各项任务快刀斩乱麻地处理的能力。这展示了自我主导的心智在发展层次上高于规范主导的心智。但与此同时，该心智水平也可以带来灾难性的后果，比如，计划不足或立场有偏颇，抑或是信息筛子把一个重要因素排斥在外，也有可能是外在环境的巨变使得整个信息过滤系统不再行之有效。

在第一章里我们描写过跳跃科技的杰姬，以及她如何应对外部环境的变化。她告诉我们，"实话实说，一开始公司倡导对文化的贡献时，我真的把它当耳边风了。这关我什么事？"她这么说不仅表现了一种少见的诚实，更传达出一种长期形成的内在自主权威性，可以直接忽视自己公司的新目标和公司对什么是成功的新定义。正如她自己说的："不，这不符合我的过滤器，直接扔进垃圾桶就行！"

想象一下一个规范主导的人，当他应对公司的新标准时，反应必定有不同。在他得知公司开始提倡"如果想在公司获得认可和尊重，就得在重视你的行为对收入贡献的同时，也更多地注重对文化的影响"之后，我们预期他会立马转向，开始重视企业文化。

而杰姬就不会，促使她成为一个成功的市场营销负责人和各类项目的独立负责人的那种方向感、聚焦力和主动性，也意味着她更会独立自主地思考、评估接收到的全新的、与她过往认知不同的信息。如果这些信息对她设定的目标没有价值，就不会进入她的系统里。除非它已经产生了一些负面的后果。比如杰姬的情形，就是在她被踢出公司最有地位的管理委员会时，她自主导向的意识所编写的成功定义才真正被撼动。

正像之前塞乔的案例向我们展示了不同的心智层次在现实生活中的表现不同一样，这些真实的例子让我们了解到锐意发展型公司致力于"锐意发展"的努力是深思熟虑的。只要人们愿意，无论现阶段员工处于心智层次的哪个水平，锐意发展型公司都透过直接干预邀请员工扩大他们的成长边际。

杰姬的案例值得我们进一步细看。她的确可以通过强化自主导向的心智结构来设定"贡献于企业文化"的新目标。她可能重整雄风地对自己说，来吧，我做什么都是做到最好的。现在考试方式变了，而我现在的目标就调整为"重夺最高管理委员会的一席"，接下来我将制订一个新计划来贡献于企业文化，这不是因为公司的要求，而是因为这是我现在想要的。

可能这也正是杰姬最初的反应与行动。并不是每个人都愿意开启攀越下一座山峰的转变之旅，所以就算杰姬仍以自我导向为拉力来调整自己，这对她，对公司，或对锐意发展型公司的目标来说，都未必是坏事。毕竟，成长也可以是横向的。可以横向地平行发展出更多自主导向的方式，增加更多的目标或创造更多样的信息过滤器，这也不失为一种成长。

只是，锐意发展型公司会鼓励一种特别的、与刚才描述的横向发展不同的调整转化，促使杰姬超越自我导向的心智层次。也许最初她咬紧牙关花了更多时间去帮助团队其他成员，无非是为了完成自我实现的目标，但这个过程会给予她更多机会看到自我所具有的不同面向来定义成功和满足的多种可能性，这些新的看待世界的方式超越了以自主导向为中心的视角，能带来真正的无私。如果杰姬转变想法，认为成为一个全新的自己比继续当选管理委员会的一员更为重要，那就说明心智层次的转变已经切实发生了。

塞乔和杰姬的故事可能让我们过于轻易得出这样的结论，即跳跃科技是通过提升安全感来帮助规范主导的人迈向自主导向去成长，以及通过减低傲慢度来帮助自主导向的人向内观自变的层次去成长。但事实并非如此简单。比如，有些表现出傲慢倾向的人，可能还处于规范导向的层次。他们之所以表现出信心满满、过分确定，也许是因为他们知道自己在公司里的人情关系四通八达，各方都惹不起。同样的，有些自主导向的人也会表现出低安全感。这可能是因为他们的心智结构或人生观高度重视的是不要被看作是一个"被需要"的人，也不要被看作是一个会感情用事的人，所以从外表看起来他们有着某种习惯性的谨慎，他们的激情是相对温和低调的。综上所述，理想中行之有效的锐意发展型公司会针对不同的心智层次提供相应的发展支持和干预，无论个体的表象是傲慢还是不安。

内观自变的心智与信息流动

内观自变这一心智层次也有一个信息的过滤器，但与自主导向不同的是，这个滤网与他本人并不是镶嵌在一起的。内观自变的人可以退一步来观察自己的这个滤镜，而不是只能透过这一种视角来看待世界。他为什么要这样做呢？因为他不仅重视一种立场、分析或目标，而且对这些立场分析和目标保持警觉。他意识到某种设定即便是非常有效的，也难免会忽略什么，所以一个内观自变的心智结构明白自己生活在不断变化的世界中，今天的正确有可能是明日黄花。

因此，一个内观自变的人在沟通的时候，不仅会倡导自己的目标议程与构思，也会留有修正和扩展的余地。跟那些自主导向的人一样，内观自变的人在发起沟通时，会对一些信息提出探询和进行更多的挖掘。但不同的是，他们不只是从自己的设定出发，寻求对自己达成目标有利的信息，也会对目标和构思本身进行反思。他们寻求全方位的信息来帮助自己或团队提升、改进，甚至改变原有的计划，或邀请更广泛的成员参与。与规范导向的人只考虑怎么上车、自主导向的人只考虑怎么驾驶不一样的是，内观自变的人会思考是否需要重新绘制地图或重新设定行车方向。

同样的，内观自变的人在接收信息时，具备与自主导向的人一样拥有信息过滤器的优势，却不会成为过滤器本身的囚徒。他们一方面有能力聚焦、选择，并在认定地图还不错时驱车前进；另一方面会对那些警醒他们重新审视原计划或原框架的信息格外关注。他们既尊重自己的信息滤网具有去芜存菁的能力，同时也清楚这个滤网有时候确实会隔离掉一些珍珠：就是那些关注点之外的、异常的、看上去不重要的微弱讯号。而这些资料可能可以使人完全改变思路，并将事情带到一个新的高度上。

有内观自变心智结构的人更有可能考虑到这些信息，也在于他人更有可能向他们透露这些信息。为什么这么说呢？因为这些拥有内观自变的人不单对来到自己这一端的信息本身很关注，而且非常清楚自己的行为会极大地影响拥有信息的人会不会决定接近自己来透露信息。也就是说人们不需要猜测自己的信息到底是重要的还是毫不相关的，都会选择把信息传递给内观自变者，因为后者的行为明确表达出，不确定的信息也将受到重视。

比如桥水的瑞·达利欧，非常重视他称为"极度开放"的特质。这对他来说意味着："我需要对自己有可能是错的或我有不足的这一点时刻保持开放性，同时我要鼓励他人愿意前来告诉我。"这就超越一般意义上愿意去倾听不同观点的那种开放了。

第一章里来自帝客赢的娜拉·达什伍德，她的发展之旅对我们很有教育意义。她清晰且有意识地致力于探索这样一个成长问题："我的自我早已与我个人职业的成功和个人的幸福感融为一体了，我还能超越这个自主导向的自我吗？"这个问题也可以表达为："当他人看到的世界与我看到的世界不同时，我还能够带着良好的意愿来领导他们吗？"或"我能够一边保持公司对卓越的高要求，而一边允许别人呈现他们与我的直觉背道而驰的想法与思路吗？"

在第一章中，达什伍德在谈及她作为一个领导者的成长时谈到，一个职位较低的员工曾告诉她，只要会议里的事态没有按她的想法发展，整个会场的氛围都会变得很尴尬。这使得达什伍德很惊讶，甚至一度愣住了。她追溯自己作为一个移民后代的成长经历，发现这种掌控一切的习惯源自很小的时候。她的移民父母告诉她，自己必须照顾好自己，因为没有人能照顾她，不管她想要得到什么，只能靠自己，靠负起责任。如果她不能当最优秀者，就是弱者。但帝客赢的惯例是让人们成为一种不同的领导者，成为导师，成为团队的一员，成为可以信任和依靠他人的力量。她变了，她说："我现在是一个更好的聆听者，我可以察觉到更多。我有一群人来支持我、挑战我。在这里我学会了一点，那就是我可以成为更大整体的一部分。这个更大的整体创造出我个人无法达成的成果。这个成长过程是我人生中走过的最难的一段经历，但同时也是我体验过的最有意义的成长与发展。"

她的这番话描述了一段超越自主导向的成长之旅，也向我们展示了一个锐意发展的组织，是如何通过社群的互动与实践，润物细无声地支持那些准备好向更高心智层次进化的员工。

心智复杂性与绩效表现的关系

上述对于三个重要的心智层次的描述是围绕着组织生活中的某一重要的面向展开的。即从"信息如何传递，如何流动"的角度展示出 DDO 对于"发展"这回事是何等重视的。它们同时展示出一个组织是如何通过行动（社群的互动与实践）来影响个人的成长与发展的。

很显然，这些描述有一个内置的价值主张：每一个心智层次都比前一个"更高"（但不是更高级）。理论上说，任一心智层次都是"超越并包含"了前面所有的心智层次的，也就是说能够自如运用前面和当前的几个不同的心智层次。

事实是我们不仅在讨论心智发展水平在理论上的特性和功能，还表明每一个层次所生发出来的实际行动，都会对组织行为以及工作能力产生相应的实际效应。这其中的重要含义是：拥有更高心智层次的员工在绩效水平上是胜于较低心智层次的员工的。

那么这只是一个貌似有理的假说，还是已经被测试并系统地证实过？目前有多个研究在考虑心智层次与工作成效或者说绩效结果的关联，而其中对后者展开的评估是独立进行的。现在让我们来看看这众多研究指明的一些趋势。

领导力研究者基斯·埃格尔（Keith Eigel）评估了 21 位大型成功企业 CEO 的心智复杂度。这些公司均为行业领导者，平均年收入在 50 亿美元以上。[3]基斯·埃格尔运用独立的绩效评估，对 CEO 们在以下几个能力项上表现出的有效性做出了评估：

- 对既有程序进行挑战
- 激发共同愿景
- 管理冲突
- 解决问题
- 授权
- 赋能
- 建立关系

为了进行对比，埃格尔将上述评估流程运用在同样的公司的中层经理人身上。经理人名单由 CEO 提名。图 2-5 总结了他的发现。

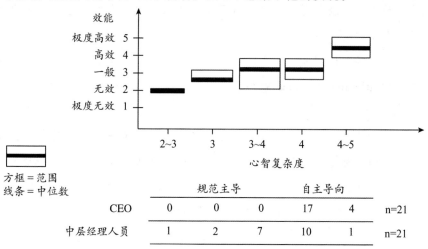

图 2-5　个体心智复杂度与商业效能：埃格尔研究成果

注：3＝规范主导；4 ＝ 自主导向；5 ＝ 内观自变

Sources：K. Eigel，"Leader Effectiveness"（PhD Dissertation，University of Georgia，1998）.

有几项结果很突出。首先是一条可清晰辨识的向上倾斜的线条，代表着心智复杂度与经过多维度考量下的工作绩效，都属正向关联关系。所以对于 CEO 或中层经理人而言，向更高的心智复杂度发展不仅是可能的，而且会为工作带来效能上的提升。该研究也同样应用于更具体技能的细颗粒度评估上，这些追加的数据同样支持我们的结论：心智复杂度越高，对于复杂性高的工作的把握和管理越驾轻就熟。[4]

对追随者与领导者要求的转移

在生活变得越来越不确定、复杂、模糊的 VUCA 环境里，对领导者与下属皆提出了一系列新的要求。我们因而可以采用更具有广泛意义的观点来审视同一议题。我们再次回到图 2-4 来看一下成年人的心智层次。

现在我们来看看，组织，泛指任何组织，在过去与当前的时代里，对其员工的要求有着怎样的变化。在过往的组织里，员工只要具备良好的合作意识，尽职尽责，忠于企业，认真执行上级与领导的指示，基本就是一名优秀员工。也就是说，过去应对下属的要求，规范主导的心智意识已经绰绰有余了。

但今天情况已经变得大不同了。早在 1995 年，心理治疗师纳撒尼尔·布兰登（Nathaniel Branden）就写道：

> 过去二三十年里，美国和全球经济都见证了非凡的发展。美国从以制造业为基础的社会转向为信息社会。员工的主要行为从劳动力工作转变为知识工作。当前全球经济的特点是变化的迅捷、科技突破的加速，以及前所未有的激烈竞争。这些趋势提升了对就业群体的教育水平和职业训练强度的要求。当然，这一点已经是老生常谈了，但我们还未能足够理解，这些趋势对一个人的内在心理资源也同样产生了新的要求。或者更具体地说，新的发展要求人们有更强的创新、自我治理、个人责任，以及自主发展的能力。而且这些新的能力要求不止

步于高层领导者，也适用于商业组织里各层级的经理、一线领导者，甚至新入职的雇员。所以，今天的组织不仅需要所有从业者皆具有更高水平的知识和技能，还要求他们比以前更独立，更能依靠自己，更信任自己，更自主。[5]

如果将布兰登及很多相关方面的专家对职场新要求的观察，与心智层次的研究结合起来，我们可以得出这样的结论：过去，规范主导的心智复杂性足以应付工作；而现在，时代要求每一个人至少提升到自主导向的心智层次，以更高的心智复杂度来理解自我和世界。

如果我们先将焦点放在高层领导者（而不是他们的下属）身上，情况又会怎样？无独有偶，组织发展的理论家克里斯·阿吉里斯（Chris Argyris）也提出过类似的观察：当前沿用有关组织管理与领导效能方面的既有思想与理论，远未能应对当前的挑战，但这些思想却主导着这个年代的管理者。他指出，可能曾经有一个年代，高层领导者的任务就是树立恰当目标、构建合理规范、形成结盟，在界定好的范围内保持组织的绩效表现，与此同时，在面对反对力量时，领导者始终能展现人格魅力，破除万难地坚守自己的主张与立场。[6]

但即便某个领导者能够娴熟地运用上述领导技能，这些能力本身也已经不足以支撑当前的领导挑战了。除了一般的运营，领导者需要应对快速变换的大环境，从规则到使命，再到文化要不断地重新构建组织。如果一家企业原本提供低成本的标准化产品，而现在需要转型进入定制化的市场，或成为一个全流程解决方案的提供商，那么它在个人和团队层面都需要发展出一套全新的能力。

阿吉里斯与舍恩（Donald Schön）描述了这种剧变所面临的挑战：

> 它要求企业的成员采纳新的营销、管理方式，以至广告策略；他们得能够适应更短的产品周期，以更迅速的方式改变整盘生意的定位和形象。而这些变化的要求无疑会与希望维持稳定性的企业氛围相冲

突。期望在既有规范下提高效能的那一派，最终必然会与既有的规范本身爆发冲突。[7]

阿吉里斯(与受他影响的整整一代学者们)一直在呼唤着一套我们认为属于不同心智结构的新能力。这种新的心智结构必须有能力创造出新的组织运作方式，并有勇气坚守它。更重要的是，这种新的能力意味着领导者必须能够后退一步，在检视自身框架的局限与缺陷的基础上不断进行试验、迭代与升级。这也可能是阿吉里斯希望在领导者身上看到他们的是：能运用内观自变的心智意识来赋予意义的学习者。

综上所述，组织要求那些曾经以规范主导的员工，从所谓"好兵"转变为自主导向型的员工；或要求曾经是自主导向的领导者，从笃定自信的"队长"转变为内观自变型的领导者。简言之，组织其实要求分布在各个层级的所有人，其心智复杂度在本质上实现量子跃迁式的提升。

满足需求

人们的实际心智水平与组织对人的心智能力的要求之间有多大差距呢？有我们想象的那么大吗？毕竟，过去50年来，世界变得越来越复杂，这也意味着人们沉浸于一个训练心智复杂程度的孵化器中，也许在这个过程中心智复杂度也随着要求的提高而提升起来了。

目前有两个高级、可靠并被广泛运用的测评体系来评估心智层次。(这与此前我们提及的IQ测试很不一样。IQ与心智复杂度之间只呈现中度的关联关系，即三种心智层次虽然各有高低，但与智商没有必然的对应关系：一个智商水平125的测试者，有可能处在任一心智层次中，并以该心智层次来理解自我与世界。)它们是"华盛顿大学造句测试"(Washington University Sentence Completion Test，简称SCT)和"主—客体访谈方式"(Subject—Object interview，简称SOI)。

在对运用上述方法之一展开的两次大型(百人以上)研究进行整合分析后，我们得出图2-6总结的结果，从数据中可以观察到两项突出的资料：

•两次研究的样本是不同的，但发现结果是一致的：大部分应答者都未能达到自主导向的层次。有58%到59%的受试者都位于规范主导的心智层次。这两次研究的主体对象以中产阶级、拥有大学学历的专业人士为主，故总体人群中心智水平低于自主导向层次的实际百分比可能更高。

•超越自主导向层次的人数比例相当少。

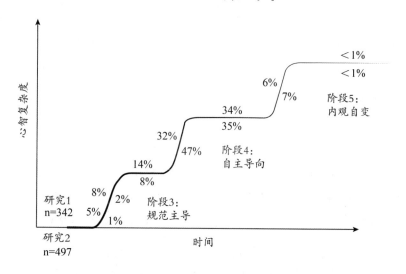

图 2-6　针对成人心智发展层次分布展开的两次大型研究的成果

Sources：Study A：R. Kegan, *In Over Our Heads*（Cambridge，MA：Harvard University Press，1994）. Study B：W. Torbert, *Managing the Corporate Dream*（Homewood，IL：Dow-Jones，1987）.

这些数据提供给我们的启示是：人们的实际心智水平与组织对人的心智能力的要求之间有相当大的差距。我们希望大部分员工能自主导向，但实际并非如此；我们希望大部分领导者超越自主导向，但也只有少数人能做到。

这些宏观调查得出的趋势与之前我们在埃格尔的更为微观的研究成果中所见到的完全一致。回看图 2-5，我们会发现只有大约一半的被 CEO 视为可塑之才的中层经理人表现出自主导向的心智层次（这部分经理人的表现更佳），而处在行业龙头级公司的 CEO 们，21 人中仅有 4 人超越了自主导向的心智层次（同样，这四位 CEO 的表现更佳）。

我们如何理解锐意发展型公司所说的"发展"？

我们回到锐意发展型公司如何定义"心智发展"这一问题。

1. 心智的成长是一项具体的、可描述的、可被觉察的现象（它指的是思维模式，或者说赋予意义与建构意义背后逻辑的迭代；是"更清晰的和更深入的认知自我与世界"这一能力素质上的提升；它是一个发展过程，蕴含了持续"看见"前提假设与不被前提假设限定的能力）。

2. 心智的成长有着厚实的科学性基础（这背后是来自全世界的研究者 40 年的研究努力、广泛的样本基础和可靠的衡量体系）。

3. 心智的成长有其商业价值（组织需要它的雇员拥有更能应对复杂问题的思维模式，而这一需求在可见的未来将越发凸显）。

上述具体的、可衡量的、厚实理论的、商业上极具价值的现象，如同一条流经锐意发展型公司的暗河。在第四章，我们会详尽描述三家锐意发展型公司内部的一些惯常作法，看它们如何支持我们所定义的这种心智发展在组织内部的发生。但仅仅通过第一章对锐意发展型公司的大略了解，读者也能感受到锐意发展型公司所表现出的"疯狂"其实是自成一体的，且有相当内功于其中的。

乍看起来，锐意发展型公司不断给员工批评式的反馈，一旦员工坐稳在某个岗位后就折腾他们换岗，这颇为奇怪，甚至可以说不太友好。但这一章我们试图提出另一种可能性：这些在野蛮环境中成长的锐意发展型公司，在经年累月的错误中练就出来的实践方法，恰恰与时下科学观点同步的成人发展理论相一致！

实际上，对于成人发展理论和我们的研究工作，帝客赢的领导者们一直都有相当深入的了解；桥水最初完全不熟悉；跳跃科技对管理科学如饥似渴，因此也有初步的认知。所以说，这几家锐意发展型公司的共同点不在于它们对理论的明确掌握程度，而是直觉性地、独创性地把握到在实践中，如何用前所未见的方法塑造组织文化，从而加速个人心智复杂度的发展。

我们将在第七章向读者介绍几家致力于成为锐意发展型公司的新手公司，我们正在帮助它们找到成为锐意发展型公司的独特路径。理论只是一个开始，测试与强化属于每个组织的发展文化，使其深入人心而多元、丰富，这才是我们寄希望于潜在的锐意发展型公司去创造的。

成长孵化器

接下来我们运用理论工具来拆解一下这三家典范级的锐意发展型公司来之不易的发展智慧。你会发现这些源自实践的真知在理论框架下仍然是接得上的。

首先我们接着上面反馈的话题展开，三家锐意发展型公司在进行反馈时，其"穿透力"是非常强的，这涉及这些组织对什么是反馈的本质有着与一般企业不同的认知。后者很少会给员工提供持续性的反馈体验（在一些行业反馈甚至是一年才搞那么一次），而且主要作用是跟踪和纠正员工行为。然而在锐意发展型公司里，这样的反馈被认为是流于形式且不完整的。反馈必须穿透表面，洞察行为背后的假设和思维模式（桥水使用"深挖"这样的语言来描述反馈的过程）。锐意发展型公司的文化内核是锐意发展、人人成长，正是因为它们能够将个体的内在世界与外部行为中可改进、可践行、可管理的部分结合起来，从而发展人的心智层次。

留意这类反馈对于成长所带来的历久不衰且普遍的作用。一个发展到规范主导"边际"的人，可以把反馈视作进行自我认知的好机会，而不是单纯地被反馈的结果所定义；一个成长到自主导向边际的人，可以利用该机会重新审视自己的理论是否有被推翻的余地，而非只利用反馈来强化自己理论的完备性。所以在锐意发展型公司里，反馈的体验，尽管对于处在不同成人发展层次的员工来说有着不同的意义，但均构成了一种持续而丰富的课程。好的课程安排是学习者每天都可以与之互动的，而不是一年才搞一次的"年度总评"。

锐意发展型公司文化实际上是多界面、多阶段的多元成长孵化器。现在我们看看反馈之外的做法。桥水运用了"机器"（the machine）这一隐喻（metaphor）。起初，这一隐喻带来的感觉可能让人不以为然，甚至让人误以为这是个非人性化的机器人一般的怪物，但如果细究桥水使用这个隐喻的意图，就会发现这个词从发展的角度来看是一个恰当的多义词（plurasignative，属于符号学上的一个说法，意指一词多义）。

比如说，用机器这个隐喻来反映个体对现实的建构——其任何结果或现象的发生（无论是外部事件还是内部结论）都可以被看作背后有一个更大的系统在产出这些结果。其意思就是有果必有因。塞乔也知道自己有取悦他人的习惯，那么当他"产出"了一套自己也不满意的汇报方案时，桥水的文化不会在汇报方案（结果）的层面指出和改进他的缺点，而会引导塞乔扩大思考范围（原因）：在制作方案的过程中他的意图是什么？他更大的目标又是什么（汇报方案只是目标的一个组成部分）？他取悦他人的习惯是否令他上演了更多内心戏，从而使得他对方案并不满意却仍旧要维护方案的优点？

桥水用机器这一隐喻，希望传递的信息在于"事情不是随机发生的"（事情是一个更大系统的产出物）；"事情不是随随便便发生在你身上的"（你对事情的发生也有因果上的责任，才会产生当前的结果）。这也正是人们发展到自主导向心智层次才能"接得住"的隐含信息：你的受想行识并非凭空出现的，也没有什么人能令你有这样或那样的感觉，一切都是由你创造的，是你对人、事、物的反应产生了你的思想、感受和行动。而当我们还处在规范导向的心智结构时，我们不认为是自我在主导或"导演"这一切，所以我们"看不到"是我们自身在创造这些结果。

在成人发展的旅程上，逐渐由规范主导步入自主导向是很多人会途经的一段路。这也从侧面解释了为什么机器的隐喻是桥水的理念工具箱里最广为应用的概念之一。

当然，从规范主导到自主导向并不是唯一的成长路径。桥水鼓励大家不懈地追问这样一个问题："我有没有可能是错的呢？"这种自我追问的本质在于破除自主导向的人们习惯性地倾向自我强化，成为一种不再聆听反馈的闭环。在这种情境下，机器的隐喻也同样能支持成长吗？答案是绝对的。这一隐喻帮助规范主导的人去注意结果（果），并后退一步寻找制造该结果的更大系统（因）。同样，它帮助自主导向的人以更客观的视角观察结果、系统以及机器本身，进而引发这样的思考：对于机器"机械性"产生的结果，我们是负有责任的；对于制造出机器本身，我们也是负有责任的。

如果你还没有准备好向更高层次进发，那么从当前的自主导向层次你会经历横向的发展，即停留在自主导向的层次中，但仍抓住机会在系统（也就是机器）的层面上做到去芜存菁，这当然也是一种进步或发展。而如果你已经准备好了向心智层次的下一个山头前行，你将利用这个机会去更广泛地洞察在超越系统的层面上打造这部机器过程中的种种局限。这时你会发现机器的设计蓝图和指导原则可能产生了一些先前你未曾预计的（不良）后果，甚至你会发现你的设计和原则本身就充满限制，也就是说在意识到达这一层的基础上，你能做出超越当前系统的改进。瑞·达利欧对于公司的原则非常清晰，他所指的机器从根本上来说是进化性（evolutionary）的，而非机械性（mechanistic）的。这是一个可以进化的机器。

更上一层楼

帝客赢表示"员工当家做主"，也就是对制作售卖爆米花的员工说：你不会只在这个岗位，还会轮岗。而更为内在的意思是，你不仅是制作和售卖爆米花的，还会当作参与整个戏院运营的经营者；你不仅能使用制作爆米花的工具和原材料，还能看到你当值期间的成本、营收、目标和实际经营数据。你可能会问，这些与我何干？

从发展的角度来看，这么问的你，可能刚刚从青少年步入规范主导的心智层次。这时的你需要一种教育性的环境，引导你走出这样一种的自我建构：更多关注满足自己的实际需要和短期目标（在我值班期间别惹什么麻烦，把工钱挣到就好）。你最初愿意参与到爆米花之外的、与更大目标相关的事务（比如思考戏院的整体运营情况）的动力很可能与这样的自我构建相关："这家公司就是喜欢做这些奇奇怪怪的事情，为了避免麻烦就按他们的意思做吧。"

就像塞乔，虽然他处于不同的心智发展转折点，但类似的，他最初愿意向老板表达他看到的真相，可能更多地出于取悦他的老板（因为他知道这是公司的文化）而并非超越自己这种取悦的惯性。但不管最初的动力是什么，参与到公司设计的这些与发展相关的团队活动中——与同事交流所想所感，参与到比自己的短期目标和实际需求更广泛的事务中——会开始为成员自己创造一种全新的满足感，全新的给自我和他人赋予价值的方式，这也就推他进入下一个发展层次。对于爆米花员工，这代表着进入规范主导的层次，对于塞乔，代表着离开这一层次。研究也表明，这类活动和支持能非常好地帮助青少年和年轻人进入规范主导的心智结构。

也许这位负责卖爆米花的年轻人已经处于规范主导的心智层次了，那么上述这些要求（别只顾自己的一亩三分地，而要跟团队一起为整体运营结果承担责任）对他来说还有引发成长的价值吗？相信读者朋友可以自行回答这个问题了。答案是肯定的。同样的要求既能将人带入规范主导的心智层次，也能把人带离这个层次，当然，这是以不同的方式进行的。因为这些要求也意味着你需要客观地看待自己的角色，并试着去体会整个系统纳入了各种不同的角色与关系。在此过程中你会更倾向于步入自主导向的心智层次。

同样的，跳跃科技的发展训练营项目要求你在客服部工作一段时间，这不单纯是让你有机会了解业务核心或承担一些客服职责，而是在这项被公司称为"加一"的项目过程中检视一个现有流程，评论它并提出改进建议。显然这会为处于不同心智层次的员工提供十分有价值的发展教程。

桥水则非常强调同步性（getting in sync）。读者是否能发现，为了达成一致性所展开的工作，未达成一致性时产生的风险，以及确保某人是否知晓自己达成一致性的困难度，对于不同发展阶段的群体均意味着不同的训练？

你现在可能会产生这样的想法：当开始去思考发展和不同发展阶段带来的不同时，我意识到锐意发展型公司的很多特性都是积极支持成长的过程，而我此前未曾以这种方式考虑过。假如现在让我透过发展的视角来看看我的公司，或其他非锐意发展型公司，我也能发现不少邀请和促发发展成长的做法。

这样的想法很好，而且你也应当去尝试。我们认为这会帮助你看清锐意发展型公司与一般公司的差异。一般的组织不会持续不断地给你批判性的反馈；不会总要求你把脑袋从自己的一亩三分地里抬起来看看更大的视角；也不会真正花时间去教你提防表面一致与真实共识的区别（一般的组织会表现出很多的群体思维，这一点我们在本章开头已经探讨过）。

在对这几家锐意发展型公司的窥探中，我们看到一条共通的线索，能把锐意发展型公司与一般组织区分开来。锐意发展型公司会永不停歇地"搞事情"，"搅浑水"，而一般公司则是不断地尝试"搞定事情"，"保持和谐"，并建立重复性的例行程序。在这样的组织里，你不会被要求一旦坐稳一个位置就要轮岗，相反，你会受到表扬，因为你踏实可靠，熟悉了这个岗位，也会被继续委以重任，无限期地在该岗位上满足众人的期望。

一般组织实际上会尝试减少干扰，当然，这种行为很可能是无意识的。他们通常希望尽可能降低对确定性、可预测性、例行规程、可控性和关系的威胁，确保工作能顺利完成而不受情绪纷扰。而锐意发展型公司的做法则与之相反，当然这会让人感到奇怪。在这里"干扰"是有价值的，而且会刻意设计一定程度的、处于理想水平的干扰——不会太多，但绝不是零。

也许你会觉得锐意发展型公司有某种"施虐倾向"，时常上演情绪大闹剧。又有哪个正常人愿意有意识地创造这样的冲突场景，还觉得这比保持稳定更好呢？这样的设计对一件事情是必要且是理想的：心智的进化。而立志学习与成长的人们支持这样的方法。娜拉·达什伍德的这番话正反映了这种精神："这个成长过程是我人生中最难的一段经历，但同时也是我体验过的最有意义的成长与发展。"

一种科学的方法

本章向各位读者介绍了这样一种科学来帮助我们理解，在一家致力于锐意成长的组织里，发展究竟是什么。无论我们谈及的这几家锐意发展型公司是否知晓，他们对组织设计展开的科学的探索可以说是在弗雷德里克·泰勒(Frederick Taylor，管理学家，被誉为科学管理之父)之后的整个世纪里前所未见的。[8]

泰勒的口号是"效率"[9]；锐意发展型公司的是"发展"(或"成长")。在接下来的章节中，我们会直接展示，发展如何增进效率。在本章收尾时，我们想指出，就锐意发展型公司的观点来说，把干扰降到最低的做法是一般组织运行中最显著的特点，其结果就是每个人在本职工作外还有一份未领取薪酬的第二份工作：维持表面看起来很好，确保一切稳稳当当，避免脆弱。这不可能是真正的高效。

本章带领读者一窥锐意发展型公司组织设计背后的成人发展科学。下一章我们会分享锐意发展型公司的显性特征。当一个组织着意发展每个人的能力，塑造所有人都能在日常工作中全然真实展现自己不完美一面的空间时，它会呈现出怎样的文化呢？

注释

[1] Robert Kegan, *The Evolving Self: Problem and Process in Human Development* (Cambridge, MA: Harvard University Press, 1982); and Robert Kegan, *In Over Our Heads: The Mental Demands of Modern Life* (Cambridge, MA: Harvard University Press, 1994).

[2] Stanley Milgram, Obedience to Authority: An Experimental View (New York: Harper and Row, 1974); Irving L. Janis, Groupthink: Psychological Studies of Policy

Decisions and Fiascoes (Boston: Houghton Mifflin, 1982); and Paul't Hart, Groupthink in Government: A Study of Small Groups and Policy Failure (Baltimore: Johns Hopkins University Press, 1990).

[3] Keith Eigel, "Leader Effectiveness" (PhD dissertation, University of Georgia, 1998). Eigel used a ninety — minute interview assessment measure that we and our colleagues developed (L. Lahey, E. Souvaine, R. Kegan, et al., *A Guide to the Subject-Object Interview* [Cambridge, MA: The Subject-Object Research Group, 1988]). The *subject-object interview* has been used all over the world, across all sectors, over the past thirty years.

[4]Paul T. Bartone et al., "Psychological Development and Leader Performance in West Point Cadets," paper presented at AERA, Seattle, April 2001; Phyllis Benay, "Social Cognitive Development and Transformational Leadership (PhD dissertation, University of Massachusetts, 1997); Gervaise R. Bushe and Barrie W. Gibb, "Predicting Organization Development Consulting Competence from the Myers — Briggs Type Indicator and Stage of Ego Development," *Journal of Applied Behavioral Science* 26 (1990): 337-357; William R. Torbert et al., "Human Development and Managerial Effectiveness," *Journal of Group and Organizational Studies* 12, no. 3 (1987): 257-273; and William R. Torbert and David Rooke, "Organizational Transformation as a Function of CEOs' Developmental Stage," *Organization Development Journal* 16, no. 1 (1999): 11-29.

[5]Nathaniel Branden, The Six Pillars of Self-Esteem (New York: Bantam, 1995), 22-23.

[6]Chris Argyris and Donald Schön, *Organizational Learning* (Reading, MA: Addison—Wesley, 1978), 21.

[7]Chris Argyris and Donald Schön, *Organizational Learning* (Reading, MA: Addison—Wesley, 1978), 21.

[8]We don't mean to imply we are the first to bring this science to the study of organizations. William Torbert pioneered the application of constructive developmental theory to organization (see W. Torbert, and D. Fisher, Personal and Organizational Transformations [New York: McGraw — Hill, 1995]; W. Torbert, *The Power of*

Balance [Thousand Oaks, CA: Sage Publications, 1991]). Frederic Laloux's study of organizations at the self - transforming stage is an important recent contribution (F. Laloux, *Reinventing Organizations* [Brussels: Nelson Parker, 2014]).

[9]Frederick Winslow Taylor, The Principles of Scientific Management (New York: Harper and Brothers Publishers, 1911).

3

畅游锐意发展型公司的核心概念

推"边际"，建"家园"与打"木人巷"①

我们发现从深度、广度和高度三个方面来分析，将有助于理解 DDO 的概念架构——其致力于心智发展的社群的深度可称为"家园"（home）；其对心智发展实践的广度我们命名为"木人巷"（groove）；其对发展的热望叫作"边际"（edge）。通过整体考虑这三个维度，以及彼此的关联，锐意发展型公司便形成了一个一体的、动态的系统（图 3-1）。本章将带领读者从理念的角度出发，畅游锐意发展型公司。在此前的章节中，我们已经呈现了这三方面的任一方面的具体案例，而本章是帮助读者熟悉案例背后的通用概念。

通过锐意发展来充分实现组织潜能绝不仅仅是"更加善待员工"（例如更好的员工福利，支持所谓的工作生活的平衡）这么简单，它并不是以更大的投入、更长的时间，或更多的形式来重复已有的员工关怀；时下流行的"有良知的资本主义"的各种实践，诸如环保、回馈本地社区、员工当家做主等，尽管鼓舞人心，却不能保证企业有意识地去发展员工。

所以锐意发展型公司既不是一个传统商业形态的加强版，也不是上述

---

① 木人巷，在古代江湖以及不少武侠小说中，少林弟子在练成一身本事后，必须凭一身绝技打出"木人巷"，才有资格下山闯江湖。在本书中，木人巷意指实践演练场。

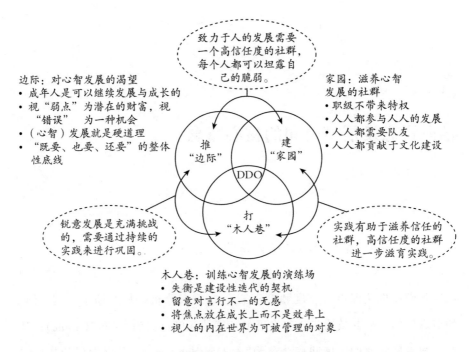

致力于人的发展需要一个高信任度的社群，每个人都可以坦露自己的脆弱。

边际：对心智发展的渴望
- 成年人是可以继续发展与成长的
- 视"弱点"为潜在的财富，视"错误"为一种机会
- （心智）发展就是硬道理
- "既要、也要、还要"的整体性底线

家园：滋养心智发展的社群
- 职级不带来特权
- 人人都参与人人的发展
- 人人都需要队友
- 人人都贡献于文化建设

推"边际"　　建"家园"

DDO

打"木人巷"

锐意发展是充满挑战的，需要通过持续的实践来进行巩固。

实践有助于滋养信任的社群，高信任度的社群进一步滋育实践。

木人巷：训练心智发展的演练场
- 失衡是建设性迭代的契机
- 留意对言行不一的无感
- 将焦点放在成长上而不是效率上
- 视人的内在世界为可被管理的对象

图 3-1　锐意发展型公司的三个面向

这些值得赞许的另类尝试（当然，很多尝试是与锐意发展型公司有互补性的）。锐意发展型公司代表着一种新的模式，它重新思考在组织生活中人的发展处于什么样的位置。

设想有一家企业不断致力于打造这样的环境：让每位员工克服限制他们改变的障碍，支持他们评估并超越自身的盲点，并让他们学会把错误与弱点转化为个人成长的机会……在这样一种组织里工作，企业与其员工互为伙伴，共同成长，这究竟是一种什么样的工作体验呢？

"边际、家园与木人巷"有着互相促进、三位一体地构筑一种锐意发展文化的作用。只要拿掉这三方面的任一项，组织文化将不再能够持续发展，这就好比小板凳的三条腿，缺一不可。想象一下公司仅仅强调员工要不断克服个人的弱项（边际），却没有充满信任的环境（家园）或缺乏相应的实践与流程（木人巷）来为此打基础；又或者太多公司都有安全可靠的氛围，也具有完备的选人、育人、用人、留人程序，却缺少让员工不断成

长、突破边际的根本热望……无论属于哪种情况，都不能构成锐意发展的文化。因而，当读者接下来去分别感知锐意发展型公司的这三个面向时，我们希望读者能将这三者动态地联系在一起，它们之间互相强化并赋予彼此更多的力量。

边际：带着对心智发展的热望推向成长边际

锐意发展组织的三个维度，包含了十二项带有足够的变革性、跟以往相比呈现出"非连续性差别"（discontinuous departures）的特征，即与那些能帮助我们与熟知的、常规的原则、操作方式和结构等主流管理规范划清界限的特点。这些不同之处并非轻微的改进和微调，并非对常规做法的一般改变，而是具有本质上的分别。让我们一起来看一下这十二项特质是怎样被串联在一起，从而创造出一种完全聚焦于组织内人人皆能成长的新体系的。

成年人是可以继续发展与成长的

"成人，而不仅是儿童，可以，也需要不断成长。"这一原则说起来简单，却与我们考察过的所有行业的几乎全部组织奉行的基本操作系统有着本质的不同。更为讽刺的是我们的考察也包含了教育行业。当然，不少组织也会这样宣称，认为这种提法有其价值，甚至愿意花一些钱和精力做一些促进工作，但这远远不够。锐意发展型公司需要问的是这样一个问题："我们最基础的底层设计，是否支持组织成员的成长？只有这种成长才能保障企业和员工双方的长久成功。"

想想我们就职的机构，它是否有宗旨支持员工作为一个个体的成长（而不局限于职业进阶）？如果我们随机询问无论是领导者还是一线员工，他们对以下问题都会回答"是"吗？

• 你的机构会帮助你识别一项个人挑战吗？这项挑战对你有意

义，对组织有价值吗？你在应对过程中会得到成长吗？

• 其他人知晓你的这个成长挑战吗？有人在关注你能否超越它吗？

• 你是否获得了相应支持来克服你的局限性？你能描述这是何种支持吗？

• 你能感觉到自己正积极工作于超越这一挑战吗？每天或至少每周你都有机会工作于此吗？

• 当你更进一步的时候，你有获得相应的认可吗？你有机会庆祝吗？当准备好再次出发时，你是否有进一步的成长机会？

很多组织都在各自的领域内极为擅长，甚至可以说狠劲十足。但鲜有组织擅长促进人的成长，且对此毫不放松。组织和管理科学经常讨论"持续改进"，但坚定地改进工作流程与坚决地促进完成工作的人的成长，在这里有很大的不同。

书中研究的三家公司的对象群体，分别是对冲基金经理、连锁电影院管理者和软件工程师。估计大家的第一反应是，不会觉得这些人会对"自我反思"和"完善自我"有特别的兴趣。但从他们当中，我们听到了非常一致的反馈："我每天早上起床后都对今天工作于什么异常清晰——那就是在我自己身上'开工'。"这样说的人可不是心理咨询师或大和尚，也不是每年要去印度的沉醉于身心净化的群体，他们是投资人、管理者和技术宅，而且都是行业内顶尖的人。

正如第二章讨论过的，锐意发展型公司的基因当中与生俱来地有"成人也能自我成长"的信念。这几家企业都会尽己所能地雇佣行业优才，而一旦聘用，公司会让员工置身于一个不断挑战自我的环境里。一位在帝客赢工作的高级经理人告诉我们："我没进公司就听说这家公司很重视个人发展，我当时觉得这很棒啊，但没想到自己也是要被发展的对象呢！"还有一位业内享誉甚高的银行投资家说起桥水，"桥水请我是因为我的履历，我有自己的一套办法，我本以为来了这里，把自己的套路喷上点桥水的颜色就完事儿了。然而事实证明我大错特错"。

跳跃科技的公式是：

"更好的我＋更好的你＝更好的我们。"

所以它的文化不断强调的是：我们共同成就更好的公司，需要我们持续地耕耘自己，并支持他人耕耘于他们自身。而且在这方面跳跃科技是知行合一的，个人的绩效有50％取决于对收入的贡献，另外50％取决于对文化的贡献。所以不愿自我成长的销售冠军也就无缘于高奖金。

桥水的口头禅"真的是这样吗？"，指向一种对真相十分彻底的追问。这听上去有些抽象、哲学化，甚至有人会觉得武断，有狂热的倾向。但这句口头禅并不意在暗示某些人拥有真理。这个提问的背后考虑的是人们在意义构建时常常会陷入自圆其说的逻辑陷阱，这在第2章我们已经探讨过。当我们习惯于认定不能有悖老板的面了或当众犯错时，我们会依照此习惯逻辑行事，但当我们提醒自己问一下"真的是这样吗？"的时候，这句话可以帮我们超越规范主导或自主导向的心智层次。

桥水的创始人达利欧认定，人类的主要动力来自对进化的探寻。而帝客赢的负责人克里斯托弗·弗尔曼反复谈及人的蓬勃发展。跳跃科技的创始人查理·金说的是如何成为更好的自己。人的进化，人的发展，成为更好的自己——就是这三家企业的核心文化。

所以当我们说到一家锐意发展型公司及其员工对心智发展有热切的渴望时，这就是我们在锐意发展型公司（及其员工）中所说的成长边际。我们正是在问：对心智发展的热望对于这家企业来说有多重要？这里提及的三家公司此前互不知晓，却有着惊人一致的文化特性。而我们毫无意外地发现，在这惊人相似的背后，是一种对个人不断精进的可能性的孜孜以求。

视"弱点"为潜在的财富，视"错误"为一种机会

人类学家认为他们研究其他的文化，某种意义上是为了更好地理解自己身处的文化。我们在一家锐意发展型公司里浸染了足够长的时间之后，不仅会对这类新型组织有所学习，也会对常规组织中的种种惯常现象产生新的发现与认知。

我们多次提及，对于常规组织有一个关键的前提假设，即几乎所有人都有"两份工作"，只是第二份不发薪水。其实我们所观察到的这一现象仅仅是冰山一角。即使在业内顶级的公司里担当重任的人，也花费了大量时间、精力去维系以至强化个人的地位，确保仕途能一帆风顺地上升。

别人怎么看待我们，成为一项重要的工作内容，而非把宝贵的精力放在与工作相关的职责与机会上面。这就意味着个人需要不断地掩饰可能暴露的缺点，需要不断地宣扬自己有多厉害。而那些鲜有的、对自身弱点的主动表达，也最大限度地选择在关着门的房间里进行，并且需要听者反复强调一定会保密。而被动的表达则是大部分人的噩梦，无意中暴露出的能力缺失或不足是我们竭尽全力想要避免的。

对比之下，我们看到锐意发展型公司通过这种渗透式的（而且往往是行之有效的）努力来反转隐藏弱点的天然倾向，它们鼓励人们发现并重视自身的成长边际，认识到即便做错了什么也丝毫不影响自我价值，而且可以通过对原有局限的克服而臻于至善。正是由于局限性能够被重塑为一种成长边际，所以人们的局限与弱点反而成为公司的资源与财富，因而需要不断地且公开地着意经营。与我们惯常的思路不同的是，识别出弱点或经验的缺失，对于锐意发展型公司来说是提供了个人与组织成长的钥匙。之前提及桥水有一条公式是：痛苦＋反思＝进步。帝客赢的经理人则会刻意寻求能促进员工发展机会的场境（他们内部称为"拉动"），让员工略感受到挑战，以刺激他们进步。

窥探锐意发展型公司：弱点与错误的价值

在桥水创始人达利欧给全公司发的一封题为"我经常失败"的邮件结尾处，达利欧鼓励公司员工思考这样一个问题："你是更在意自己看起来多厉害还是更在意自己能多快地学习?"在桥水，从错误中学习是一个基本的工作要求。公司文化透过一系列的工具和做法支持将错误转变为成长的机会。

首先，每一位员工都需要在全公司共享的"问题日志"(issues log)中将问题和失败记录下来，其中要详细地描述自身和他人在这一失误中起到的作用。记录下来这一动作将获得嘉许，而不记录则被视为严重的违规。这些记录下来的问题清单成为集体诊断个人和组织失败根源的资源库。

另外一个帮助反思的方法是记录个人工作期间所经历的心理痛楚。他们开发了一个手机应用程式，叫作"一痛就按"(Pain Button)，帮助员工记录和分享工作期间的负面情绪反应，特别是当我们的自我防卫机制在与他人互动的过程中被启动时。这些公开的分享会引发相关人的进一步对话，他们往往更能分辨情境的真相，帮助相关的人采取进一步行动来解决底层的根本原因。这样的方法旨在帮助每个人对情绪激发的自我防卫机制进行梳理并予以积极管理，否则这些情绪反应可能会限制个人成长。

所以透过这些支持性的工作方法和流程，桥水做到了给错误"去污名化"，甚至将犯错这件事看成一种值得庆祝的事情。它成功地转化了那些一般意义上让我们痛苦的、使我们感到不完美的经验，让它们成为协助学习的资源，而不是无效的指责。

而在跳跃科技，有这样一个周会，叫作"情境工作坊"，大家会带着令自己感到挑战的情境议题参与进来。被放大镜仔细甄别的并非情境本身，而是牵涉其中的人将会如何回应。在类似的工作坊里，典型的提问可能是："经历这样的问题，你对于自身有了怎样的认识？这个问题会以其他什么形式出现在你身上？这些表征背后有着什么样的模式和主题呢？"对话的氛围不是"逮到你了"，而是像照看一株植物那样，带来阳光雨露的滋养。

社会心理学家卡罗尔·德韦克（Carol Dweck）区分了"固定型心态"与"成长型心态"，而锐意发展型公司的努力正是与这两种不同的思维模式息息相关。尽管我们在认知上可能与锐意发展型公司宣扬的成长精神有着很深的共鸣，然而对于大部分在其立足的领域里获得一定成功的人来说，都会或多或少地对固定型的思维模式有些许执着（也包括本书的作者们）。[1]我们往往认为自己的成功来自某些与生俱来的品质或天赋，而并非来自一路磕磕绊绊走来绝不妥协的努力。当一个人拥有类似固定型心态这样的思维模式而又野心十足的时候，他就会认定自己的人生任务是将天赋优势最大化。对于这些人来说，"发展"的含义就变成"尽可能地彰显上天赋予的能力"，他们期待锐意发展型公司的文化会沿着个人的优势方向去进一步地激发，因而也往往会在加入锐意发展型公司后倍感惊讶。

真正的成长，一定意味着一个人在其内心深处触碰到某种根深蒂固的局限性。只有在开始质疑那些固定且理所当然的天赋的有效性时，我们才真正开始感觉到锐意发展型公司的威力并从中获益。

显然，经常性地暴露脆弱会带来一定的不适感。在访谈过程中，我们发现大家的体验是，暴露脆弱往往会带来焦虑，会干扰人们去思考所涉及的问题，因为我们被某种情绪触发了（这是要干什么？开批斗大会吗？），这时候人们拒绝聆听，惯性的自我保护机制会启动：要么逃跑，要么拼命。

所以在这三家锐意发展型公司工作的人会如此形容这样一种"非主流"的组织内的生活："在这儿工作并不是时刻都有趣好玩的，有时候甚至可以说是非常痛苦的，但却是最令我振奋的一份工作，我再也不会考虑去别处工作了。"当然，这也意味着不是每个人都能适应这样的文化，所以在最初一年到一年半的时间里的员工离职率的确有时略高于平均水平，这也是不足为奇的。

(心智)发展就是硬道理

说出来可能不好理解，但大多数机构，即便是运行良好、广受尊重的机构，也很少是基于一套整个组织上行下效、组织内外有目共睹的原则来运行的。当然，大多数组织都通过使命宣言、愿景描绘、目标与流程、员工手册，乃至座右铭和口号来反映他们的原则，比如"客户至上"，"独特价值"，"改进是我们最重要的产品"等。但由于组织机构缺乏由结构、做法、工具和共同语言构成的完整生态，这些很容易流于口号或形式，而未能成为驱动组织文化和彰显组织独特价值观的运行机制。

能够奉行任一原则并以此运作的组织着实罕有。但锐意发展型公司在这方面不仅做到了，而且更是基于特定的、以心智发展为内核的一套原则来运行的。研究者卡尔·威克(Karl Weick)提出，在所谓"高可靠性组织"（即战斗单位、空中管制单位、手术团队）中，需要依赖一套相对严谨、自由度较低的组织文化。[2]支持组织运行的原则往往是为自身与他人的生存而服务的。显然，在任何微小错误都可能导致伤亡的情境下，组织结构的设计必须要遵循"生存优先"的实践和做法。锐意发展型公司也是以类似的严谨度来运行它们的原则的，与此不同的是，锐意发展型公司所遵循的原则并非对人身安危的考虑，而是根植于无限可能性：新的生命力、全新的涌现、新的能力、个体与集体的进化——换言之，是以成长与发展带来的可能性作为锐意发展型公司的"硬道理"的。

锐意发展型公司的北极星是一套能够指导和推动日常决策的原则。这些原则反映了不同组织的独特性，但它们的共通之处在于对个人成长的基本信念。

跳跃科技、帝客赢和桥水都有关于原则的书面文件，但把它们与其他组织真正区分开来的关键点是，这套组织内每个成员都遵循的原则，能够积极地影响着个人的行为和大大小小的决策。

帝客赢对公司使命的描述是："提供让人们得以绽放的空间。"无论用什么语言表达，其本质旨在传递的是这样的原则：工作是有意义的；人不仅是达成目标的工具，本身也是需要被成就的目标；个人与群体都能自然地成长；追求利润与追求人的发展基本上是同一件事。这些原则不仅体现在书面表达中，也体现在一线员工的日常工作里。在他们旗下的 AL 好莱坞影院中，我们就见证了普通员工如何把每天的任务和自身的使命整合为一体。

桥水的原则文件本身也在不断地发展与演化，公司同事们都随时对它进行着各自的理解与解读。[3]这些原则要求公司不断探询什么是真实的，即便有时候真相会让人们难以接受。这些原则相信进化和提高是个体与世界不断进步的根本动力。所以这样的文化也就意味着犯错误是可以的，但不能接受的是不去识别、分析和从中有所学习。在前文中我们看到一位桥水的经理对某项不尽人意的工作结果进行事后检视，该经理不仅明确未来此类情形出现时该如何处理，而且花了不少时间公开与其中一位关键团队成员进行事后检视，此事件暴露了这位成员出于自我防卫导致的思考上的偏离，而如果这一点不加以改正的话，类似事件仍会继续发生。这样的分析会议展现了桥水的原则，它与常规组织的非连续性体现在，桥水的原则会指导每个人每一天的具体工作。

而大部分企业的使命宣言的作用是什么呢？一般用来号召大部分员工共同努力，以某种共同的价值观来实现利润和长期增长。而如果我们问这些公司里的员工，"你是通过何种原则来实现公司使命的呢？"我们很难得到一个具体的回答，或者我们会得到一个非常技术性的回答，比如业内最佳实践。事实上，当组织文化没有聚焦于发展时，人们识别出的原则经常是负面的，比如，"千万别让别人看到你抱怨"，"竭尽全力避免季度指标下滑"……

DDO 通过积极原则来运行——组织内的成员在被雇用初期就知道需要去运用和反思这些原则，所以他们在选择来公司工作时，也就选择了以这些原则来指导自己的工作。在由种种支持发展的原则编织而成的组织文化中，原则可以被讨论、辩论、应用、迭代和重新发布；所以原则无处不在，在日常工作中起着积极的作用。

现在对比一下我们任职或其他熟知的机构，有没有一些定义明确的原则来指导员工的日常工作？需要注意的是，利润最大化本身并非一项原则，而是一个目标或结果，追求它无可厚非。那么我们究竟该如何规范行为，又需要建立、保留和不断更新何种架构和准则来完成利润最大化这一目标呢？这些才是原则。问问自己，在我们的机构里，是否存在着这样的原则？

有趣的是，人们理所当然地假设，职业生涯中我们供职的机构，并不具有连贯的原则。所以这也解释了为什么有些人在深入了解锐意发展型公司之后，认为锐意发展型公司像是某种邪教组织。事实并非如此，因为锐意发展型公司的原则并不是用作洗脑。作为组织，它们致力于扩展个人的自由和成长的可能性，而不限制自由；它们鼓励甚至要求你成为更自由的人。但因为我们很少有机会看到一家机构以清晰的原则去开展日常工作和实践，所以我们往往怀疑锐意发展型公司的健康性，而不去质疑常规组织生活的默认模式。

"既要、也要、还要"的整体性底线

当三家锐意发展型公司的领导者被问及这一问题时——"如果你需要在利润和发展之间选择一个动机，你将怎么做？"他们给出的回答是一致的，"这个问题假设了两者之间存在张力，但我们的经验并不是这样。我们不会这样思考"。

所以说，以营利为目的的锐意发展型公司对利润的诉求本身，与任何其他组织并无两样，只是追求的方式各有不同（参见下文所述《窥探锐意发展型公司：非此即彼还是可以兼容？》）。锐意发展型公司并不认为利润应当从属于某种更为高大上的目标，比如人的发展；锐意发展型公司也没有将利润看作最终贡献于人的成长的某种手段。锐意发展型公司对待这两者的态度，从不认为其中一项比另一项更重要，也不是如"双底线"那样"都重要"了事。

窥探锐意发展型公司：非此即彼还是可以兼容？

在一家一般企业中，每一天自太阳升起，人们就开始了周期性目标的达成工作：本季度数据是否达标？年增长与预期是否符合？是否将成本、交付时间、离职率、产品退市率……降低了百分之 X？

锐意发展型公司不会忽略数字，也不回避目标。比如，上次我们在帝客赢时，影院管理者一直在反复提及某项可以提高净利润率的策略；跳跃科技不断聚焦于如何将线上流量转化为线上销售额；而桥水希望自己管理的基金可以有超越市场平均水平的回报。

但在锐意发展型公司里，最终结果的达成并非终极成功的标志。帝客赢的负责人克里斯托弗·弗尔曼认为，"传统意义上一个项目或生意的成功取决于很多外在条件，所以我们很难完全控制结果。我们唯一可以掌控的是我们的行动"。弗尔曼了解到大多数人对成功的定义就是取得某种成果，"但是，"他说，"成功还有更深一层的含义，是关乎我们在生活带来的挑战面前如何自处的。我们是不是言行一致地活出对自己最重要的内在价值观？"他谈及《活出生命的意义》一书的作者维克多·弗兰克(Victor Frankl)，并提出了下面这些问题："我们在创造吗？我们在做真正有意义的事吗？我们真正关心他人吗？在面对困境的时候我们有勇气吗？"

桥水的达利欧以他惯有的语言阐述了同样的意思，他区分了一个不尽人意的结果和一个错误之间的差别，"如果我们不懈地追求真相，特别是那些关于我们自身和世界的、也许令人不舒服也不讨好的真相，而如果我们发现了这些真相，但结果仍让人失望，那其实我们并不是犯了什么错误。毕竟我们不是生活在百分之百确定的世界里。重要的是做到忠诚于我们的流程。而如果我们忽略了对真相孜孜以求的过程，那无论是否挣到钱，都犯了错误"。所以在桥水你会明白过程的完整性比结果更重要，因为你会听到创始人即便在超出预期的年度财务表现之下，也会提醒团队成员："我其实更担心有出众表现时的我们会不会大意，会不会将超额回报等同于我们遵循原则行事的结果。"

跳跃科技的高管指出，收入令他们有基础去塑造文化，而不是文化服务于收入。查理·金说，"对营业额的追求是一个终极的动力源，是借假修真的练习场"。

过程的完整性高于结果，但结果也十分重要。三家锐意发展型公司的负责人都十分关注数字。他们无法让人在付不出工资和电费的环境下繁盛成长或进化为更好的自己。但这些决策者都在问一个新的问题："以什么为主？"在锐意发展型公司里，每一天自太阳升起，（人们）就开始了一种不同的组织生活。

也就是说，锐意发展型公司的利润目标和发展目标并非相加的概念，也不是二选一的概念，而是利润与发展是一个整体愿景的两面，一面是高利润率或突破行业的既定模式；另一面是充分发展的个体和更高的个人能力。当然，这绝不是等闲之辈的小目标，而是果敢的热望。利润与人的发展互相促进、互相依赖。例如，前文提及跳跃科技对业绩和文化双重考核的做法，以及帝客赢的弗尔曼所言，"对于我们来说，追求利润和追求人的成长其实是一件事，不需要去权衡。一旦我们用厚此薄彼的方式进行思考，我们其实是两者皆失"。

这就是他们为什么能做到聚焦于对成长的热望，这就是他们如何让成长边际的刀锋永远锋利的原因。

市人巷：用于心智发展的实践与工具

锐意发展型公司透过一系列浸入式的、无缝对接的具体做法来实现其发展原则，我们把这些做法称为"发展实践"，包含了会议是怎么组织的，员工绩效是如何被监督和讨论的，人们如何谈及他们的工作和工作中面对的个人挑战与公司挑战。

这些实践也同样表现出与一般企业的做法不同的非连续性的特性，这表现在不同的规范、语言和架构上。当然，这些都是成长原则的自然体现，与成长原则高度一致，是各个层级的员工实现成长愿景的具体手段。在我们研究的锐意发展型公司当中，我们看到了发展实践的四个方面。

失衡是建设性迭代的契机

锐意发展型公司将员工的缺点和能力缺失看作成长资源，因而他们积极促进类似经验的积累。在这三家公司里，当员工能高质量地完成现有工作时，这就说明这份工作已经不适合他了。而如果员工仍想继续本职工作，公司会认为他喜欢待在舒适区里，不适合公司的文化。在帝客赢，人们通常会说，"只要事物进入完美状态，就是时候摧毁它并进入下一阶段了"。

跳跃科技的伊丽斯（Elise）在不少岗位上都工作过，她说刚当 CEO 助理的时候非常吃力，在一段时间后，她开始有能力地满足这份工作的各项要求，开始感到成就满满，但很快她就被升职到公共关系部门的一个岗位，然后又开始感到备受打击。我们访谈她的时候，她刚刚进入这个新角色，她具有相当高的自我觉知（能力），也比较开放，她承认，当下的感受是复杂的："能被升职做更有分量的工作肯定是兴奋的，但是坦白来说，我也很矛盾，同时会觉得好不容易把上一份工作捋顺了，现在又得从头来过，会经历种种自己到底行不行的自我质疑和不确定性，谁想老这么折腾啊？"

像很多组织一样，桥水非常强调人岗匹配。但与多数组织把匹配定义为"有能力完成岗位描述的工作"不同，桥水的匹配更多地意味着：这位伙伴会在这个岗位上遇到各种麻烦，她会从中有所学习成长，她也能很好地利用团队的内外资源来支持自己发展。

这就是非连续性！这与大多数机构的惯常做法完全相反。在大多数企业里，人性中保守的一面与人类组织中的保守一面凑到一起了：员工希望减少工作的复杂性，把所有工作程序化；而组织"好心帮助"员工找到各种方法在程序化的工作中保持幸福感，且保鲜期越长越好。

锐意发展型公司实践的是"建设性的失衡"。建设性与去稳定性，两者都很重要(参见《窥探锐意发展型公司：从失衡中学习》)。当你与三家锐意发展型公司的成员讨论企业文化并生成一个词云图，你看到的最大的三个词将会是：信任、痛苦、关心。无论职级高低，定期感受到非稳定性是正常的，而不是例外。当然，这种感受并非是羞耻感、抑郁感或自虐。为什么不是这些负向的感受呢？我们认为原因在于人们对这种文化的初心感同身受。比如在桥水，不断要求人们反思行动的根源，这一过程本身是毫不留情的，但是其意图并不是侵略性的或敌对的。公司确保大家以这样的视角来理解痛苦：它是正常的、预期中的，并为成长提供了机会，也就是"痛苦＋反思＝进步"，这一公司原则。

窥探锐意发展型公司：从失衡中学习

在帝客赢，员工会定期地受到一些挑战，这些挑战是被刻意设计至超出他们现有的能力。公司持续使用一系列方法，将个人和小团队与相应的发展机会进行匹配。

比如在 AL 影院，经理们会运用一个叫作"能量地图"的工具，来根据个人发展的数据安排每周工作，工作任务需要最大限度地挑战每个一线成员的成长曲线，起到拉动发展的作用；同时满足公司运营需要。影院负责人解释道，我们不仅关注把谁安排在什么岗位上，而且特别关注为什么要这么安排。帝客赢需要保证公司的系统不会依赖于个人能力。轮岗制保障了每个人有充分学习的机会。

同时，帝客赢的领导层对于过度确认自身专业能力的员工也会保持一定警惕，因为他们不希望任何人把自己框死在某个狭窄的工作角色里。不断轮岗的机制创造了发展的拉力，一旦某人熟悉了一个岗位，就会派到新的岗位接受挑战。

三家锐意发展型公司的成员都谈到了痛苦的时刻，但同时也谈到他们所接收到的真诚而深刻的关心；在痛苦体验的同时，他们感到集体的支持是无价的。同样重要的是痛苦带来的结果——更为完整的自我实现。他们区分了破坏性的痛苦和生孩子的那种痛苦，无论生产过程多么饱受折磨，最终见证的是新生命的诞生。第 1 章里布琳·布朗所表达的意思就是，脆弱感有可能让人感到羞耻、不配得、孤立，但也可能是喜悦与创造力的开端。到底是哪一种，取决于在我们表现出最糟糕一面的时候，有没有获得支持，能不能持续受到尊重，是不是感到有价值且被包容。内心拥有这样的感觉正是我们称为家园的地方所能提供的，这一点后续章节会详尽描述。

留意对言行不一的无感

在常规组织中，每个人都花很大能量保护自己。人们把部分的自己藏起来，避免冲突，不经意地破坏引发变革的任何努力，并巧妙地实施"工作中的我"和"真实的我"的隔离。

在工作场合无止境地追求自我保护与安全感，也就使得我们在自我和他人之间创造出不一致，在计划和行动之间制造了不一致，甚至把自己也割裂了。比如，我们可能不会围绕一个重要项目的共同愿景形成统一的行动，而是允许每个人各行其是；我们可能草草做点什么然后寄希望于不被发现；我们在公开会议和私聊中对某个同事的评价可能完全不同。这些组织中无处不在的言行不一和落差，其实是由那些没有发生的对话、没有被讨论过的事物、没有达成的同步和由于恐惧而被回避的工作来定义的。言行不一可能存在于：

- 所说与所做之间；
- 所感与所说之间；
- 在会议上当面说的和私下说的之间；
- 当下对他人的评估和事后提供的反馈之间；
- 挂在墙上的组织原则和实际应用之间；

• 我们了解到的深层组织使命和具体到每一个层级如何运行之间。（帝客赢的布莱恩·昂格说，"我们希望繁盛这一深层使命在日常运营的各个方面都有所体现，无论是大到长期商业战略的制定还是小到如何撕一张电影票"。）

在锐意发展型公司里，日常实践的一个重要努力就是减少上述的不一致性，把人们在工作中编织到一起。这种努力与惯常所说的管理上的协调或项目管理有着本质的不同，锐意发展型公司的成员在几乎所有情境下和所有形式的沟通中，都不断努力做到直接与即时，这既表现在人际上，也表现在认知上，而不会试图把自己或自己的想法隐藏起来以图安全。

一般的组织会设定目标并监测过程节点，但为了保障团队工作一直在正轨上，锐意发展型公司所做的要彻底得多，尽管有些做法可能会令某些团队成员不舒服。第一章中举过帝客赢的"金鱼缸"练习的例子。而桥水也十分看重同步性和协调性，会持续觉察任何言行不一的产生，并运用各种工具和实践减少这种落差。跳跃科技则安排了每天的"谈话伙伴"时间，让大家有机会"卸下负担"，这算是西方版本的省思训练。这些做法的结果是减少了人与人之间的嫌隙，也减少了自身内在的割裂。帝客赢的每次会议都由深度的"人到心在"环节来开启，以确保不存在"工作中的我"和"真实的我"之间的差距（参见下文《窥探锐意发展型公司：人到心在》）。

锐意发展型公司领导者们明白，最大的进步往往来源于员工在面对最难的商业决定时，能否克服为了自保、为了避免冲突和尴尬而应激产生的那些思维和行为。所以这些领导者会创造条件，建立对话程序，以及提供来自管理层的支持，让团队有直接接触核心商业决定的机会，并在这些工作机会中学习各种痛苦：打破沉默，直面个人弱点，公开表达与其他人的不同意见。

这里也存在另一个悖论，即只有当组织发展出让团队能自如地讨论那些与非生意相关的、关于自身的话题的能力时，团队才能真正开始讨论企业话题，因为正是关于自我的那些声音妨碍了我们倾尽所能。不一致性之所以存在，是由于人性中带有自我防卫的惯性。所以锐意发展型公司寻求不断地创造安全的环境来——应对所产生的落差，这就需要组织把说真话置于最重要的位置上，这也需要一个充满信任的空间，在这样的空间里每个人都相信持续成长，都带着善意的出发点参与讨论。

窥探锐意发展型公司：人到心在(Check-in)

在帝客赢，员工每一天都会有不同的机会将工作与生活连接在一起来看待。AL 好莱坞影院的每次会议都有"人到心在"的安排，邀请大家自愿分享任何想分享的，使得每个人能互相看到与产生连接。这个小小的安排是很重要的一个方式，能缩小缝隙，减少孤立感，防止大家在"自动巡航"模式下忘记了：人，才是目的，而非手段。

一位帝客赢的领导者告诉我们，完整的人性关怀，不仅仅是被鼓励的，而且是被要求的。在这里，每个人都要"在场"。同样的，"退场感言"(check-out)也能保持成员间本真的连接。另一位在此工作的团队成员指出，如果对话进入了死胡同，我们就通过对方的"人性"来互相连接。

无论是"人到心在"还是"退场感言"，都是员工与他人本真地相处的系列做法的具体工具。长期下来，AL 好莱坞影院的员工就会体验到，即便是迫切的、利益攸关的个人和公司议题，也可以在支持性的、真实的环境里发生。

为了能够让团队成员更直接地参与企业所有重大的相关议题的讨论，锐意发展型公司对讨论形式有着特别的设计来支持成员可以真实地探讨与企业议题相关的个人话题，而往往这在其他企业是不能触碰的。类似的讨论会，无论是在桥水进行的对决策原因的深度挖掘，还是帝客赢的"金鱼缸"对话，或者跳跃科技的情境工作坊，都对个人和群体的发展起到熔炉作用。在这样的特殊设定之下，诚恳开放地参与会议是被鼓励的，而假模假式则会被惩罚。参与者对能够识别出言行不一之处、减少落差、寻求新

的共事方法深感满意。（每家公司的具体做法会在第 4 章详尽探讨）

正是以此种方式，锐意发展型公司创建了一个持续实践的社群，成员间的信任会随着时间而日益加深。对于员工来说，随着持续练习暴露出脆弱，他们发现这本身并不可怕，因为一段时间后他们见证了，暴露冲突、告诉其他人自己需要成长的方面、讨论一些之前不敢触碰的话题……这些最终都没有给任何人带来麻烦。通过时间与见证，团队成员逐渐产生信任，明白公司是他们不断成长的动力来源。

最后，锐意发展型公司最让人惊奇也最充满希望的成就，是转变了人们的认知：从把暴露脆弱默认为是一种极其糟糕的事情，转变为带着信任并容许在更长的发展过程中看待并展现自己的弱点——展现弱点意味着我将有所学习，这终究是好的。这就长期且持续地收窄在一般组织中存在的最大不一致性：工作中的我们和实际上的我们是谁。

在三家公司工作的人都谈到，不需要过着一种分裂式的日子，能够将真实的自己全部带到工作里，是感到何其的安慰。所以，每当锐意发展型公司之外的人企图想象和计算在锐意发展型公司工作所带来的那种"一直坐立不安接受各种挑战"，"人人都能看穿我"所谓的巨大付出时，他们忽略了在一般企业每一天人们不能将真实的自己带到工作中所需付出的代价，只是，这一代价人们是自动屏蔽掉的。

将焦点放在成长上，而不是放在效率上

人们最初听说锐意发展型公司时，第一反应一般是"很难相信它们居然花这么多时间来做人的工作"，语调带着"这有点不靠谱，哪还有时间干别的了"的意思。但我们访谈的三家公司可不光是成功的成长孵化器，即便以传统的商业标准来衡量，它们也是非常成功的公司（第 5 章着重探讨锐意发展型公司的商业价值）。很显然，它们能高质量地达成目标。然而人们的第一印象也是可以理解的，锐意发展型公司确实对于时间的价值有着独特的理念，这是与常规组织不同的非连续性的又一体现。

桥水区分了"一阶后果"和"二阶后果"。桥水的文化会提醒人们留意混

涪二者的倾向。比如，我们可能不怎么喜欢运动，因为一阶后果是花时间找难受；但是二阶后果则是健康和精力充沛。所以如果我们最终想要的是更好的精力，而不是最小化的难受，那么做运动就是一个好的选择，尽管它的确是花了时间，也找了难受。

常规组织会分析问题，并认为组织优势是高效率地达成共识，制订新的计划。锐意发展型公司则会建议这些企业把所有高效率的会议汇总起来看，问问自己为什么要开这么多会，也许是因为他们并未意识到，个人和群体都存在某种局限，只是在反复不断地创造出同一问题的各种版本。效率与效果是两个概念。锐意发展型公司认为，看上去低效率的工作有可能是异常有效的。当我们在关注到个人和群体的发展层次对商业结果的影响时，才能洞悉问题的深度原因，这就是为什么锐意发展型公司愿意花时间让每个人去学习和成长，从而创造条件获得未来更大的成功。

锐意发展型公司之所以能花那么多时间做一些其他常规组织没时间做的事情，简单来说，就是因为在一般组织里每个人都做着两份工作，第二份工作没人给发工资，但人们照做不误：掩盖自己的缺点，管理他人对自己的好印象，等等。设想一下如果一半的人只花半数时间干第二份工作，那可以释放多少时间出来呢？而如果所有人都在第二份工作上不花时间，这又是什么景象呢？

视人的内在世界为可被管理的对象

在一般组织里，我们习惯为可见的和有形的东西赋予价值，所以领导者也就自然把关注点放在这些显而易见的事物上面。那么我们也就可以理解所谓"运营"的管理对象几乎都是代表个人和集体关键表现的那些指标、交付成果、目标，而在服务于外部战略时，就是那些产生的在外的可见行为和流程。对比之下，锐意发展型公司认为，人的内在运作——内在的行为、思考模式、心理策略（特别是处理困难情绪的那些应对方法），虽然看不见摸不着，却真实存在。

但承认内在世界也是可被管理的一部分，不等同于领导者希望通过洗脑或心理治疗来实现管理。而是说，企业的整体文化，以及企业的每个成员，将个体内在的体验置于工作的边界内而非边界外。订计划，做战略，运营，执行，提升绩效，改进流程，这些业务功能是由人来完成的，而人是一个整体。锐意发展型公司明确揭示并推翻了一个惯性的伪装：工作是公开的（即外部的），个人生活是私下的（即内在的），所以个人内在的部分不应成为工作的一部分。

正如第一章所提及的，所有工作过的人都明白，工作是高度个人化的。我们每天带着自己的全部去上班。只是在一般组织中，大家都记得意地避重就轻地表达自己，而管理者则熟练地绕开那些不可避免地向外展现的内心表达。而我们的内在，只能依靠一些非工作相关的活动，比如饮水机旁的对话、午餐时的八卦，私下给朋友打电话发信息，走道里搬弄是非或跟邻桌交头接耳等才得以表达，让我们还能继续撑下去。而锐意发展型公司的不同于常规的做法，在于公开鼓励为个人内在的部分创造空间，欢迎人们带着完整的个人来工作。

举个例子，桥水所指的同步性，不单纯指需要所有利益相关方对某一行动计划全体认同，还要了解该计划如何与每个个人内在的热望和倾向性相匹配与互相影响（包括一些个人的倾向性如何可能让计划脱轨）。同时，对不良结果的事后总结，如果只局限在对外部错误的分析和对未来方案的外部设计上，也会被认为是不完整的。桥水的事后总结总会进入人们的内在世界：你从做出的选择中，从对自己内心发生的反应中，能产生什么样的学习？

再次，桥水聚焦于如何克服扭曲现实的倾向（也就是在工作中不断询问"什么是真实的"），因而全公司都运用这样一个方法，帮助员工了解自己那个自动化的、条件反射的自我防卫机制是以何种模式产生的，及会带来哪些盲点。桥水的说法是，深入挖掘以触动一个人内在的目的，不是为了让人不舒服，而是为了让每个人意识到我们是如何系统化地扭曲现实的。比如，一个职场菜鸟可能的内部策略是通过取悦老板来自我保护；而一个资深专家则可能把内部焦点放在维系自己此前的职业地位上。

在前面的章节中，读者也会发现，跳跃科技的员工，无论是刚毕业的新员工还是 CEO，都会发现自己要么过于傲慢，要么过于不自信。一般来说，谈话伙伴就是把这两种倾向性的人组成一对。大家会轮流说话，最开始都以某种宣泄为开端，但其目的是回答这样一个问题：我的内在发生了什么、从而影响了外在发生的事情？

跳跃科技用的是二人小组的形式，而这与帝客赢的会议中团队的"人到心在"有着相同的作用。正在宣泄的人所谈的一切都被视为在边界内，无论话题本身是否与工作直接相关。宣泄过后，谈话会转到接下来这一天的工作。"今天将会有什么是特别有挑战性，特别有益，特别有意义的事？""什么样的练习可以帮助我训练我的'反手'（克服感到困难的点）？"比如，如果我更容易感到焦虑，我可能不愿意主动发言；而如果我过于傲慢，可能我很难接纳反面意见。所以每个人的反手是不同的，但练习反手的目的是管理自己的内在世界。

锐意发展型公司的"木人巷"，包含了各种练习，帮助每个人推展自己的成长边际。但如果没有一个如家一样的社群，这些都是不可能发生的。接下来就让我们深入探讨这个话题。

家园：一个愿意扰动并接住我们脆弱一面的发展性社群

我们从锐意发展型公司学到的最突出的一课在于社群对个体发展所起到的中心作用。我们把这样致力于发展的社群称为"家园"。我们观察到这锐意发展型公司充分理解到个人的成长只有在具有归属感的工作社群里才会发生。在这里，每个人都被"视为人为人"的被看见，他们为自身负责，参与真正的、持久的对话。所以锐意发展型公司的非连续性与常规组织相背离，表现在他们对这种强链接关系的滋育上。社群成了制订和探讨成长边际、实现组织层面发展实践与规范的载体。

职级不带来特权

在大多数机构里，员工爬得越高，越受尊崇，也越不会被当面批评。很少有人能拿高级主管怎么样，他与组织里低层级的人之间有着层层隔离。职位包含有特权。

桥水、帝客赢和跳跃科技也并非扁平组织，它们有层级之分，有汇报线，但是，其非连续性体现在不是某人等级越高就没人挑战其观点，他也得聆听低层级员工给他的不同意见和友好建议，也不意味着他不需要持续成长和改变。（参见下文《窥探锐意发展型公司：职位不会给你免死金牌》。）

假如以下行为会令我觉得是不恰当甚至是无礼的，那么很大概率我在锐意发展型公司会常常感到被冒犯了：比我低阶和年轻很多的同事当着其他人的面表达他们不同意我对某个项目的处理，或建议我在工作过程中注意自己太过强势，细节管得太多的倾向。锐意发展型公司更看重的是好的想法，而不是职位。过度的专业性表现会被认为有压迫感的嫌疑，阻碍新想法的产生和交流；专业性本身也会在员工之间造成潜在的隔阂，不利于团队学习，最终影响商业结果。

在一般的公司里，高阶主管都受到某种保护，他们很少会被挑战。只有在极端的情况下，公司利益严重受损时，他们的过失才有可能被指出来。这背后的假设是，高管是完全成熟的，是"制成品"，唯有在犯错误时才需要惩罚。而锐意发展型公司意识到，管理者倾向于使用自己的权力来设计和维系保护自身不受挑战的模式，而正是这样的结构限制了组织不断的自我超越。

窥探锐意发展型公司：职位不会给你免死金牌

以下叙述来自詹姆斯·科米（James Comey），前桥水雇员，现任美国联邦调查局（FBI）局长（翻译本书时科米已卸任——译者注）。

在桥水工作了一个月左右的时候，我经历了一个特别的"桥水时刻"。我需要跟公司一位25岁左右的同事做一个面谈，面谈结束后，他问我："可以问一个问题吗？"

我说："当然，请讲。"

他说："几周前你在一个会议上说的一个点，我不太能理解，我觉得逻辑上说不通，我想问问你那么说的原因是什么？"

我的第一反应是："啊？没搞错吧，你这个毛头小子居然这么问。"然后我意识到，哦，我在桥水。这在别处不会发生，但在这里会。我可当过美国的司法部副部长，在一家巨型企业当过法律总顾问，没有25岁的年轻人会来质疑我的逻辑。可是，这不正是桥水的魅力所在吗！因为我的逻辑也是有漏洞的，但没有人会告诉我。而在这里，有人这样说，不是因为这个人勇敢，而是因为在桥水，这是一项责任，我们请他来，他承诺会知无不言。

在这里，有一个传统叫作"深挖"，也就是互相问问题。我的职业生涯经历了太多不同的职业选择，也经常被各种其他人"探问"。我出庭作证过，我多次向美国总统汇报过，我在最高法院当庭辩论过，我也在桥水被"深挖"过……而在所有我经历的探问当中，桥水的工作是最难的。如果你跟总统说了不着调的事情，他会拍你一下，然后说，不对吧，但他无意知道"你为什么那样说，这说明你有怎样的工作方式，又说明你的什么特点？"总统绝不会这么问，而这些，桥水的同事想知道，而且他们发问的角度是全方位的。在最高法院，所有问题都局限于当下的案子，他们不会问案子之外的问题。在桥水，我们想问什么都可以。"你为什么这样想？""那你在其他情况下为什么也是那样的？""你还参与了哪些别的项目？"

所以当一个人结合这些发问的智力水平、深度和 360 度无死角的问题时，他会发现世界上没有比桥水更为苛刻和锐利的深挖环境了。我这么说并不是批判桥水，当然了，如果我是被挖的对象，我也会觉得自己的头都要爆炸了。

人人都参与人人的发展

在具有前瞻思维的组织里，对人力资源（HR）工作的一般要求都会超越技术性的员工管理，而涵盖组织成员的持续发展。HR 担起了提升人力资本，促进人才发展和人才成长这样的功能，当一个人需要了解自己的优劣势，以及如何找到克服局限和学习进步的资源（如工作坊、教练、导师）时，就会寻求 HR 的帮助。

而锐意发展型公司的革命性体现在，发展工作是每个人共同承担的职责。往往，当我们说一件事是所有人的职责的时候，意思就是谁也不管，这件事情也不会真正发生。而在锐意发展型公司里，这切实落实到每个人的头上，而且每天都要做。

锐意发展型公司做到了支持人的发展与公司的商业活动的无缝连接（桥水要管理对冲基金，帝客赢要管理电影院、养老设施和地产资产，跳跃科技要管理高速成长的电子商务关系）。帝客赢的一个说法很好地捕捉到这种精神，"没有工作"是额外的。人的发展不是一项单独的活动，也不是商业引擎的一个附加赠品。它是商业引擎必不可少的集成部分。（参见下文《窥探锐意发展型公司：发展是每个人的工作》）

我们在第一次拜访桥水时，参与了一个投资策略专家的会议，在会议开始的五分钟内，我们就感受到，发展的责任是团队共担的。我们的工作小组此前访谈过管理委员会的成员，他们对企业文化都非常熟悉，而这次参加投资团队的会议，则是为了了解管理对冲基金涉及的技术性工作。

窥探锐意发展型公司：发展是每个人的工作

在访谈每一家锐意发展型公司的过程中，我们发现职业发展全部是在公司内部完成的。高管自身都是老师，运用工作中的实际案例促进学习，将个人和团队挑战与公司业务有机结合。

跳跃科技管理层的每一位都是教练。个人领导力基础训练营的课程没有聘请培训团队，而是由公司的创始人引导。训练营让新员工对自己的局限有所觉察，并识别他们最需要练习与刻意改善的短板。

而在定期的情境工作坊中，员工向工作坊引导者汇报在真实工作中遇到的决策难题，引导者会进行一系列发问，来帮助员工扩展思路去诊断和解决问题。工作坊引导师均由公司训练，所有高管都是工作坊引导师，但其他员工也可以担起教练的责任。

帝客赢公司层面的自主管理研讨会，也是由高管主持的。此研讨会帮助参会者探索个人能力、成长区域，及常见的影响自身行为的防卫机制。讨论和练习中都援用实际工作的难题，让员工能在借假修真的过程中有所学习。帝客赢把这种方式称为"把业务运营当作课程大纲"。而对公司最高管理层来说，引导研讨会是核心职责，其中一位告诉我们，他的同事反馈说他自我反思的练习经验略有不足，结果，公司安排了很多研讨会让他主持，这就是典型的锐意发展型公司的做法。

桥水的高阶管理者也是发展工作的主力军。在访谈中员工多次谈到高管们不吝时间，坦诚地与他们对话，教练初级员工。如何运用公司原则和践行价值观上的学习，是由管理委员会负责的。他们同时负责组织不断演变的教程，多数是个人学习发展的故事，以视频和文字的形式分享出来。这些叫作"趣闻"的分享成为公司内部的案例学习讨论库。很多时候，程序化的业务讨论可能瞬间转化为教室里的对话，大家会暂停下来，"后退一步"，来评估错误，分析从个人行为与思考方式中导致问题的根本原因，确定从错误中学习可以产生哪些新的行动，所以业务讨论会里也会有对个人发展的聚焦。每位经理都要对自己的直接下属进行教练，但公司的所有人都可以担当教练的角色。反思日志是每天提交的，不仅自己的直接上司能看到，其他人也可以查阅，便于每个人知晓每个人的发展挑战和成长洞见。

我们计划见几位投资银行家，他们一辈子都在这个行当里工作，所以我们的预期是，听他们说说投资银行的事儿。我们花了两分钟时间说明来意，并表明，"我们希望您能谈谈自己的工作，然后有机会的话也分享一下桥水的企业文化带给您什么体验，又带给您什么影响"。才开始了几分钟，我们就发现，刚才那样的区分是毫无意义的。他们根本没办法把核心的商业活动与企业文化分开来讲。

他们也谈到了投资，比如，讲到一份研究报告中涉及的银行信用证的延展，而与此同时，他们告诉我们，报告提交后收到的反馈让他们发现了一些自身的局限。高层管理者运用深挖的方式，让同事们经历了痛苦却也很有价值的深度思考，从而最终不仅转变了他们的分析结果，也转化了他们自己。从这段分享中，我们发现个人成长即便在最为技术性的金融专业里，也起到了不可或缺的作用。说实话，我们还真没有预期到投资界专家人士说出这样一句话，"我每天早上起来都很清楚今天的工作就是在自己身上开工"。

所以锐意发展型公司的业务工作，既是对冲基金、影院和电子商务的管理，也是个体的发展。用跳跃科技的话说就是，更好的我和更好的你，铸就更好的我们。

人人都需要队友

通过暴露脆弱来不断成长，需要一个支持性的社群。锐意发展型公司里的每一个人，从一线员工到CEO，都有自己的成长小团队。大家可以通过这个小群体发现自己的脆弱、盲点和应激办法，并持续成长。

想象一下这意味着与一般企业有着多么巨大的非连续性。在一个传统组织里，一个卓有成效且互相支持的优秀团队，不仅能够产出高质量的工作成果，而且为每一个成员提供精神上的支持。我可以信任我的队友，跟他们分享一些个人的状况，无论是否直接与业务相关。但是在这种情况下，对个人的支持在于帮助他处理工作中的压力，或减少个人生活对工作可能产生的冲击。

"处理"，本质上是指人们在遭遇不稳定因素时，尽量维系现状。而发展，则要求我们愿意放下一种熟悉的平衡，从而能找到和接纳一种新的、适应性更强的平衡关系。路途可能是起伏的。在锐意发展型公司里，人们经常谈到，感觉自己"完全没有准备好"，"没有安全网就得走钢丝"，"完全超越了自己的能力范围"，"一直都不行，而且也不知道最终能不能行"。这样说的人也包含了那些能力卓越的业内精英人士。但是如果一个团队所能做到的就是帮助某个人减少不稳定性，回归到旧的平衡里，在锐意发展型公司看来这对个人毫无益处。这就是锐意发展型公司和常规企业相比的非连续性。

当我们与锐意发展型公司外的人说起这些理念时，一个典型的回应是：得有绝对信任的环境才能这么做。是的，这个回应的背后有一个对常规组织的假设，那就是不可能有这样的信任，因此人们对锐意发展型公司也抱有负面或怀疑的态度。大家会说，如果我知道自己暴露出来的弱点不会反过来被利用，当然，我也愿意在这种环境里工作。所以桥水的公式是，"痛苦＋反思＝进步"，更准确地说，那应该是："痛苦 ＋（高度信任环境中的）反思＝进步。"

人人都贡献于文化建设

每家锐意发展型公司都有其独特的文化，包括完成工作任务的整套流程和做法、独特的语言、关于世界如何运作的深层假设，以及问题如何得以解决，什么是重要的，等等。[4]在多数公司里，如果员工通过其工作态度和作业标准、行为方式、人际互动，践行了公司价值观，通常会受到表扬。而在锐意发展型公司，个人与组织的一致性，也是必不可少的，但仍然不足够。

因为锐意发展型公司期待员工贡献于文化的塑造，向前多走一步来改进组织的运作方式。从一线员工到CEO，每个人都需要践行文化，也同时需要持续参与公司的组织结构和流程的重新设计以促进文化的进化。桥水的格雷格·詹森说，"我们有一系列原则，但我们并不是希望大家仅仅被动遵从。我们希望每个人参与其中，解决里面的问题。如果原则合理，那么我们遵从，不合理的话，我们希望大家能尽力抗争，改变它，告诉其他人为什么这样行不通"。

对于工作流程的设计，锐意发展型公司的关注是非常聚焦的。工作没有达到最佳水平，不是别人的问题，而是每个人要承担的责任。而在开启新业务的过程中，也会有专门的委员会花费相当的时间来设计如何以正确的流程来管理和执行相关工作。

每一家锐意发展型公司都有自己的一套话语体系来描述它们的流程设计，这些在组织内广具共识。在桥水，大家都会用机器这一隐喻，来描述对流程或系统的理解与设计，而工作流程或系统的目的是产生结果，（也包含了个人思考方式的习惯）。类似的，帝客赢的员工以"结构影响行为"的假设来设计他们的组织运营系统，这一假设会令他们格外关注组织设计中一些微妙的细节，比如办公室的布局、对话发生的频次，以及怎样的任务设计会把特定群体拢起来合作共事。跳跃科技则尝试破解自我提升的密码，他们认为盲目地多练习未必会有所成就，完美的练习才能造就完美的结果，因而他们持续努力改进练习的形式。

是什么原因让这几家公司坚持流程与程序正确的重要性，并让所有人作为设计者参与其中呢？原因是锐意发展型公司把工作完成的方式视为组织内的发展成长原则得以彰显的过程。如果想让员工有所发展，组织内就需要有正确的流程，这一方面可以让工作尽善尽美，另一方面可以让人有所成长。同样的，要想公司成功，所有员工必须自然地通过业务场景来不断发展。

在企业文化中践行发展原则要求公司不断地关注员工日常的互动方

式。与类似六西格玛这样的品质管理方法有所不同，锐意发展型公司对于流程改进的关注不仅在外部（比如衡量生产流程的错误和异常），而且在人内在的心理发展和团队的互动方面。

首先，在锐意发展型公司里，从电影院的一线员工到管理委员会的高管，共同参与对流程的思考、讨论和设计，会成功减少常规组织中两种常见的对绩效产生危害的情形。在锐意发展型公司中没有人可以被动地、抽离地只作为一个"活动布景板"而不被发现；也没有人可以选择只当演员，而不参与属于其他人的项目设计。正如一位来自帝客赢的员工所说，"每个人都是参与者，所有人都在一边学习一边传授"。

其次，所有业务结果，即便是最小的日常行动，也不会被看成孤立的、单一的事件，而被视为业务流程的结果，而流程本身是可以被解读和修正的。所以无论是局部还是全公司范围内，集体检视和重新设计以人为中心的流程，就可以改进结果。

这几家锐意发展型公司的员工都讲述了不少故事，传递不断重新设计工作环境带来的兴奋与挑战。毕竟，在一般机构里，这种事通常是"不关你事"。比如，一线员工不会被动地遵从他人写就的规章制度（租赁合同的谈判、卫生标准），而愿意参与制度的设计、修正和不断改进。同样的，经理的职责也不是强制执行标准作业流程，而是塑造结构与环境，使得一线员工愿意持续地参与改进。而到了高管这一层，也不单纯是制定战略和监督其他人执行，他们更像是流程设计原则的托管人，在这个复杂的、永不停歇的组织调适过程中担当教练和导师的角色。

对于锐意发展型公司，"公司"的定义本身，就是团队以某种流程共事，并让它自然而然的产生结果，而每个人都需要贡献于对核心流程的观察、诊断和改进。更重要的是，组织设计的失败不仅会限制商业结果，也浪费了大好的发展机会，而只有发展，才是长远的商业成功的长程引擎。

组合拳的威力远大于部分的总和

将锐意发展型公司拆解来描述，无论多么详尽，可能都会失去其整体的灵魂。我们邀请三家公司超过 100 位成员来阅读我们的报告，可喜的是反馈的主旋律都是："像照镜子一样"，"你们比我们还了解我们自己"，"我让我爸妈看了，他们终于明白了我工作的公司是怎么回事"。

同样可喜而且特别有启发的是，我们也听到一个重复提到的小重点，但他们担心读者们可能会轻易忽略掉的。他们指出了以下多方面的要素，比如，工作于自身弱点的难度，社群的关键性，良好意愿作为信赖根基的重要性，等等。但我们看到的是超越了这些局部因素的一种整体性，它提醒我们在本章结束时，必须要提及领导力的非凡意义。

这真的不容易

"可不能把这个过程过度的粉饰或美化，"一个员工告诉我们，"你们是心智发展的专家，你们提及了成长的过程会很痛苦，会感到失衡与纠结，但当你们看到我们的成果，以及成长所带给我们的可能性时，结果会令你们非常兴奋。而你们的读者们可能会因此而忽略或减少对这些痛苦的认识，只看到它的好处。当然了，我的确在这里经历了人生中最大的转化，但人们必须要知道，这个过程的荆棘和蹒跚。"

当前的语境下，人们对待职业发展，往往更热衷于以优势为基础的评估和反馈——聚焦于别人做得好的点上，不就弱点折磨人。反正没有人能改变，所以干脆奉行"利用人们的长处，忘掉他们的缺点"的原则。锐意发展型公司绝不忽略人的优势，也不会在毫无改进可能的弱项上加设护栏，但锐意发展型公司也会最大可能地将你置身于一种以伸展为基础、必须全力以赴的工作环境中。无论你用什么词汇，"弱点""挑战""发展机会""成长边际"，锐意发展型公司都与当前流行的管理思路格格不入，也与我们总想保持自我感觉良好的惯性格格不入。锐意发展型公司的领导者有这样一个深深的信念：只要我们愿意挖掘，弱点就是金子。而无论怎样，挖掘都是不舒服的，这一点无法回避。

关键在于社群的支持

很多人永远不会选择去锐意发展型公司工作，而有些人之所以能够相对愉快地留在锐意发展型公司，并不是因为他们刚毅勇敢，而是因为他们获得了深具支持性的文化的帮助，尽管从表面上看在锐意发展型公司里经常会被挑战。当然，也有一些优秀的非锐意发展型公司组织，创造出家庭般的文化氛围，让成员非常有归属感和团结感。这些组织的存在说明有很多方式可以满足员工在工作场所中释放深层链接的需求。

而锐意发展型公司创建独特社群的方式，是把脆弱与成长作为珍贵的礼物。当某个员工体验到自身的不足而又被包容和接纳时，当某个员工看到周围能力卓越的同事也有他们的不足但同样值得尊重时，他会产生同理心和感恩心，这样的情义是锐意发展型公司文化肌理的底色。

作为心理学家，我们会在一些为期几天到几个月的、随着学习项目或支持小组而产生的临时社群中，见证一种特别的人与人的连接。从中我们观察到，人们在关注内在成长时能建立起那种新型社群。当然，这样的临时社群既不会持续很久，也没有同时担起其他外在工作。而想象一下，锐意发展型公司同时做到了这几个方面。

这三家企业系统致力于创造条件，令个人和公司共同繁盛，这是互相依存且互相加强的目标。在以"聚焦成长"为原则的指导下（即他们的"成长边际"），公司实施自成一体的手法与规范（他们的"木人巷"），以社群为支撑（他们的"家园"），强调每个人的学习与持续进化。为了使本章描述的12项与其他组织相比具有极大变革性的特质落地生根，这些公司必须要创建不同的环境，滋育不同的文化。在这样的文化里，个人成长不仅是手段而且是终极目的；错误与不足是超越当前局限的契机；而工作中的社群是个体与组织潜能在非稳定性里得以发展的家园。

之前我们把锐意发展型公司的三个核心面向比作三脚凳，缺一不可。锐意发展型公司如果想提高发展边际的质量，就需要鼓励建立信任安全的支持性社群，同时也需要实践系统来帮助成员养成发现与克服局限的习惯。

上述三者的互赖性会让读者自然而然地产生这样一个问题：锐意发展型公司的维系需要一个特别的环境，那么当开始建立锐意发展型公司时，应该从哪一方面开启我们的努力呢？在接下来的章节中我们会予以回答，就目前来说，我们希望读者了解，这三个面向和12项使其具象化的特质，共同产生作用，创造出强大的容器，促发更多有挑战有意义的工作。

领导力是极为重要的

在我们向世界各地的人们分享 DDO 时，不少人感动落泪，因为他们内心对这样一种工作方式的渴望和未被满足的愿望，被深深地触动了。与此同时，也有一些人对这样的分享感到毛骨悚然，他们担心该类型的组织是否会变得狂热，"帮助人们成长"的愿望是否会演变为控制与干涉的手段，而"挖掘短板"则会变为形式化的、配合演出的自我批判。

无论出于个人还是职业的原因，本书的五位作者作为一个小团队，对于洗脑或精神控制的倾向，有着格外的敏感性，而我们并未发现这些组织可曾有存在任何以上潜在的样态。当然，我们也尊重对此产生的顾虑，毕竟，如果锐意发展型公司演化为那种扭曲的、黑暗的形态，任何人都会担忧。

到底哪些不可或缺的要素才能保护一个组织的文化不会受此扭曲呢？我们发现了两个重要因素。一是日复一日的确认支持所有文化打造的出发点是善意且中正的，特别是在进行关于自身且困难的沟通时，了解沟通的初心。二是对最高层领导者不可动摇的信任，知道他们是言行一致的。

选择任职于一家锐意发展型公司并接受邀请，将自身的学习成长公开化，其前提是我相信自己进入了这样一种契约关系（无论是显性的还是隐性的），所有引发和参与个体学习的相关者都将要承担很多责任和要求，而这一契约是庄严的。即便仅有一次的被破坏——比如，感觉到有人利用了你的弱点，当你毫无保留地呈现自己包括自己的缺点时，你的地位是被削弱而非增强——也足以危害整个社群的信任度。如果社群不能够通过承认错误、道歉和积极行动来纠正这样的破坏行为，那么社群乃至整个锐意发展型公司都将带有毒害性。我们在研究锐意发展型公司的过程中，感到这几家企业最值得自豪的两项品质：一是他们拥有众多勇敢的成员，愿意直面困难；二是他们的社群值得信赖，每个人都庄严地对待这种重要的契约关系，以此塑造有利于成长的环境。

而创建和持续滋育这样的社群，其核心在于组织的领导者。如果领导者不能真正忠诚于锐意发展型公司使命的深层逻辑：组织和个人的发展是互相依存的关系，那么将不可能创建和维系锐意发展型公司。领导者需要像其他领导者那样，对组织的成功充满热情，同时，他还需要做到以下这两点：一是对支持人们的成长深具热情，且意识到这件事与商业成功是密不可分的，绝不是次要目标。二是他本人必须毫无保留地参与到成长与发展中。

有人说，我们因为力量而钦佩他人，但唯有他人的展现脆弱才令我们想真正去接近他人。每一位锐意发展型公司的领袖都让我们心生敬佩，他们对于将自己的公司打造为员工成长的园地这一承诺是如此的清晰。克里斯托弗·弗尔曼："帝客赢的目的，其存在的根本原因，乃是提供让人们茁壮成长的空间。"达利欧说："桥水支持一个人最根本的动力，那就是去进化。"查理·金说："我们使用了业务作为塑造人的高尚品格的平台。"

而真正吸引我们接近他们的，是他们每个人都以自己的方式，全然呈现自己的整个人，没有保留和隐藏。所以最终能确保锐意发展型公司是一家真正意义上的锐意发展型公司，就在于拥有这样的领导者，他们非常关注企业绩效，十分注重其文化的可靠性，与此同时，他们深耕于自身发展的关怀，绝不亚于对企业绩效的关注，以及对其文化可靠性的关注。

本章我们以鸟瞰的方式认识了锐意发展型公司和 12 项特质，接下来，我们在第四章里落到地面，了解这些组织为实现 12 项特质而创造出的具体实践方法。

注释

[1]Carol Dweck, Mindset: The New Psychology of Success (New York: Random House, 2006).

[2]Karl E. Weick and Kathleen M. Sutcliffe, Managing the Unexpected: Resilient

Performance in an Age of Uncertainty (San Francisco: Jossey—Bass, 2001).

　[3]Ray Dalio, Principles (Bridgewater Associates, 2011).

　[4] Edgar H. Schein, Organizational Culture and Leadership (San Francisco: Jossey—Bass, 1984).

4

打木人巷

创建人人文化的方法与实践

本章我们将向读者展示个人在锐意发展型公司里通过何种具体的方式来持续克服自我——识别自身弱点，深入了解自己卡壳的模式，定期审视自己如何超越限制性的思维和行为模式。我们会描述每一家锐意发展型公司开发出来并不断完善地帮助每个人成长的方法，所以大家可能会将此作为某种"菜谱"依葫芦画瓢地在自己的组织内实践。

但我们希望读者以一种不同的方式来阅读本章。我们邀请各位读者首先从更大的背景、目的和世界观的层面来理解在锐意发展型公司里"实践"这一理念意味着什么。读者能从这个角度去理解的时候，便可以更容易思考如何将此带入自己的组织，又或者创造出一些全新的方法。我们把所有用于发展的工具、习惯、规范化行为、不同的会议等，统称为实践。它指向一种带着特定意图和精神的行为活动。

当我们说，去练习，或者说拥有一项实践活动去持续练习时，这意味着什么呢？也许其核心的意思是我们希望能不断精进，因而重复性地去做这件事。换言之，练习之初，无论自己还是他人都不会期待完美表现。所以当冠以"练习"这个词的时候，我们是在表明，它是实验，是尝试，是不懈地努力从而不断提升；我们在创造一种环境，让我们不会有压力要立刻展现专业性，而是有机会去试验，收集反馈和帮助自身学习。

同时，练习意味着定期的、程序化的、与生活融为一体的一种行为。精进于某项事物要求我们使之成为日常生活的一部分。我们明白，今天要练，明天要练，一直要练下去。我们力求精通，但永无止境。我们的练习状态，乃至我们的学习，永不停歇。

我们在以这样的角度去看待练习时，会想到什么？体育运动、乐器、打坐冥想？没有令人感到意外的是，大部分人不会认为自己的工作是一项练习。大部分企业的文化也不是为练习而设，更多的是为绩效而设。人人争先显示自己的能干和专业，把错误或弱点藏起来，只把已知的、会做的给人看。而练习的文化则是人人学习，人人成长。

因此，仅仅是拷贝锐意发展型公司的各项练习本身不会有任何效果。(组织)应给人们练习的时间、空间、规则仍不足够，还需要特别关注练习文化的打造，支持人们内化那种练习的精神状态和意图、对待练习的一种心态，而非绩效的心态。

在我们与那些在锐意发展型公司的练习文化中浸染多年的伙伴聊天的时候，他们向我们叙述了自身的心态转变：从追求绩效到注重练习。一开始，他们在收到反馈时感觉特别不好，直到意识到，这些反馈是为了成就更好的自己。一开始，他们去承认和接受自己的缺点非常难，直到明白，越快看到缺点，越快学到；同时，见证他人接受反馈、练习、学习、提升、成长的过程，也能帮助自己化解内在阻力。

另外，练习的成效性取决于众多因素，所以其他企业也无法直接拷贝。关于刻意练习的文献显示，提升取决于练习的频率、强度(挑战性)是否渐次增加，以及如何练习。理想状态下，每次练习应由专家设计并指导，这样可以分解练习过程，更具体地予以反馈。所以我们看到三家锐意发展型公司都能够快速建立新的练习项目并有针对性地搜集信息来确保这些练习是否对学习有效。

我们在深入了解锐意发展型公司典范的日常工作规范后，就会发现他们设定的练习都构成了完整的工具和规程体系，让员工的限制性假设和思维方式有机会得以暴露，被探索和被超越。每个练习均有其作用，但都不是孤立存在的。练习是常态的，浸入式的，多层次的，在不同时间节点上随时发生着。

而在人人发展的文化中，练习已然成为工作生活的重要模式，人人参与——为个体、团队成员、部门成员、公司一员。各个层次的饱和的练习安排铸就了独特而丰富的发展文化。

桥水：保持同步的工具

之前我们一起参观过桥水位于康州郊区的总部，那里每天发生的对话会给读者一个大致印象。在桥水的每一间会议室、每一个角落，大家都致力于就什么是真实的保持高度的同步。大家实践公司原则，将思考和执行的逻辑不断地暴露在众人的审视之下，而即便是面对面，也需要彻底坦诚透明。将每一次会议记录下来，并传阅分享（包括我们这些研究者主持的会议），是这里的惯例，而这在很多公司几乎是禁忌。

那么桥水还有哪些工具和程序来确保这种彻底透明的文化的浓度呢？众多练习又是如何透过对真相的探求打造了这台既获得业务成功又确保员工成长的机器呢？

小程序(APP)起作用：连点成线

桥水的 CEO 格雷格·詹森在谈及任人唯贤这一公司的重要理念时，强调了生态系统的重要性。由各项实践工具组成的有机系统会支持挑战性工作的完成。

"你得训练有原则的员工形成日常工作的习惯，这样一来，工作的执行和管理就是一件事，没有差别。所以我们将这些习惯嵌入工具乃至技术手段中，使得你的做事方式与原则相一致。你在建立习惯的同时也是在训练特定行为的肌肉记忆。要教会人们做什么，其实是不容易的，无论是随时保持透明还是其他行为，所以你真正能提供帮助的，在于打造一个生态系统，系统促使他（员工）这样做或那样做。"

接下来我们来看看这一人与人之间的生态系统究竟如何运作。在桥水，一项训练肌肉记忆的核心练习是人人都要使用一个叫作"连点成线"的 APP 来分享自己一直以来接收到的关于自身行为的反馈。这是一个定制化的工具，来帮助员工记录他人给予自己的两种评价：总结性的"点赞"或"踩"，以及就个人行动或个人不作为给出的坦诚的、具体的评价。

这些"点"，或者说数据点，被总结起来之后就能反映一个"众包"的趋势线，这可以理解为个体发展的大数据。用桥水的词汇来说，就是生成了一幅在时间过程里由颗粒度极小的点构成的人物画像。无论是自己还是管理者都可以用它来形成某种判断，从而识别个体在某个角色上所需要的发展任务。

每个人都会给出和接收反馈。连 CEO 也不例外。没有人例外。2014年 6 月某日的各个点展示了 CEO 从公司各方面包括下属那里收到的反馈，涵盖了创造性、概念思维、愿景与意义管理、过程管理等多个评估子项。以下几条能反映出他收到的评估有多么直白：

• "踩"：主持 WGOITW 会议时后期过于混乱（"外面在发生什么"）
• "赞"：WGOITW 会议主持得不错
• "踩"：在为 Nella 的责任清单做持续设计时太慢了
• "踩"：没有优先寻找 Nella 的继任者

问题日志

除了连点成线 APP，桥水也运用其他练习来寻找问题的根本原因。比如，问题日志这个电子工具就是用来感知、诊断和预防问题的，它以第一人称的视角，捕捉关于各种错误和问题的证据与疑问。詹森告诉我们，问题日志如同一部"进化机器"，可以观察公司里出现的任何问题的解决是如何进展的。

犯错在桥水是预期内的事情，而公开和反思错误的原因则是工作要求。达利欧描述了大大小小的问题是如何通过问题日志得以诊断的。

怎么识别一个问题或议题需要被记录下来呢？非常简单，只要出错了，就记录。问题日志就像一个把垃圾留下的水槽。检视垃圾以及垃圾从哪里来，（我们）就可以从源头消除它。日志必须坦诚评估每个人对问题的出现造成了何种影响，以及他们的优劣势。只有做出改变，减少或根除垃圾，水才能变清。

但是，达利欧进一步解释道，如果问题日志仅被看作归责于他人的手段，就会遭到人们的抵制。

而我们需要奖罚清晰，积极鼓励使用、惩罚不使用的情况，才能应对这样的抵制。也就是说，如果出现了问题而没有被记录，相关人就麻烦大了；而如果有问题被记录了（理想状态是诊断也是恰当的），相关人则可能被称赞或获得加薪。这里必须确保责任到人。

举个例子来说，有一条日志是研究部初级员工罗希特（Rohit）登入的，他留意到某个部门正在经历一些问题，所以他就此向该部门负责人亚历克斯（Alex）提出质疑。罗希特的日志是这样的：

我们满足需求的容量越来越小，现在亚历克斯甚至得请顾问来管理顾问。桥水的文化强调同步性，这么多顾问的话如何保持文化一致性呢？亚历克斯是如何确保这些外来顾问在管理过程中保持了桥水的原则、标准足够高的呢？

罗希特的做法就是每个桥水人，无论什么层级，都要做的。这被称为

"做一个好公民"，即使是很小的事情，只要你觉得有人的行为与公司原则不符合，就得公开直接地指出来。然后在日志下面可以进行互动式诊断，大家都可以围观，并做出判断与相应行动。

亚历克斯的回应质疑了罗希特的可信度，他说：

> "不觉得罗希特在组织设计方面有可信度。这个设计是被深入挖掘过的，而且运用顾问来进行管理的机制和对该机制的探讨也不是新事物，当时桥水聘用我的时候我也是从顾问的位置开始的。"

詹森在看这条日志下的互动时，看到的是一个经典的管理问题，他认为亚历克斯和很多其他管理者都会犯这样的错误："这种回复是权威的回答，而不是逻辑的回答。是，可能设计本身确实说得通，但是为什么说得通？亚历克斯其实是转移了话题，而没有正面回答。亚历克斯表达的是，别问那么多了，相信我就行，很多人都已经审核过这个决定了。而这样的回答在桥水是不被接受的。"

那么像罗希特处于这种职位的员工又该如何进一步回复呢？他不能放水。罗希特认为亚历克斯的回答不尽如人意，于是在连点成线上分享了对亚历克斯行为的反馈，他认为亚历克斯破坏了一个重要原则，即"保持坚定并同时开放"原则，罗希特解释说：

> 就外部顾问一事我在问题日志里与亚历克斯交锋了，他转移问题，而没有帮助我去理解问题本身。他把重点放在我的可信度上，以及我对此事的严重程度的评估上。

这时，罗希特的上司布里安（Brian），也就是研究部的负责人，通过问题日志和连点成线了解了事件的经过，并做出了相应干预。

> 我不知道我不知道的，所以在此我指出我看到的。我觉得这是一

个重要讨论，所以我会多写一点儿，估计你不会完全同意，但是希望你能接收到其中想表达的意思，我的初衷是支持你（的成长）。

首先，这个具体的问题，我不知道它本身是不是成立的。我肯定不知道，罗希特也不知道（他好像也明白这一点）。

对我来说更为重要的"学习点"在于，你（亚历克斯）对这一条问题日志的处理，与问题日志的意图完全不吻合。问题日志不是一个针对你的攻击，你也不需要防御性那么强。更多的就是提出一个问题，人家没有藏着掖着而是大方地指出来，希望责任相关人可以将此作为不断改进的动力。

罗希特没必要写这个啊，他可以埋头于自己手上的事儿，但在桥水，我们要求他、恳求他、希望他可以指出他所看到的、感觉到的一切问题，他不需要提出完美的问题，只需要做到开放而同时坚定即可。

所以如果有人给了我一条问题日志，我不希望对方感到我或我的团队在自我防卫，这样的话人家就不会再提了，而我也就失去了改进的机会。

这样详尽分析了亚历克斯和各相关人等的回复之后，布里安回过头来跟亚历克斯说，如果他能将这次互动转化为改进机会，可能的获益是什么：

我能想象假设你能在这个方面做出改变的话（放下防卫，聚焦于意见并尝试去理解），你不仅能快速提高，而且会创造更好的、更有活力的、参与性更强也更富有成效的客户关系。

当看着上述对话展开时，我们可以花点时间想想看，到底在发生什么？它告诉了我们哪些关于桥水的信息，桥水人的工作习惯是怎样的？布里安很清楚，自己有责任帮助亚历克斯解决防御性过强这一反复出现的行为模式。通过问题日志里展现出来的证据来暴露亚历克斯的限制性行为和思维模式，并促成亚历克斯的成长，这就是布里安工作的组成部分。而带着开放的心态参与这样的成长，是亚历克斯工作的组成部分。

那么亚历克斯如何就这一切进行反应呢？他反思了布里安的话，并要求自己退后一步来诊断一下事情的经过，并厘清他一贯以来展现出来的、影响自身有效性的行为模式：

> 布里安，谢谢你的反馈。作为同事，也作为部门负责人，我感激你密切关注，并愿意分享你的视角给我。我认同你说的，我最初的确没有将此事看作改进机会。我听到的你对我的反馈是这样的。
>
> 与我一贯以来的风格以及我的棒球卡片（BBC，我们接下来会讲到这里）内容一致的是，我最初的杏仁体反应倾向于自我防卫和过度自信，所以当别人提醒我的时候，我一般不会鼓励他人深挖更多，我会更独断而不是保持开放，我不能看到更多可能性……

所以让我反思一下这次事件的潜在学习点，这些可以通过以下几个问题更清晰地呈现出来：

> • 我接收到的信息中真实的是什么？
> • 如果信息是真实的，那么我该如何使用这个信息来迭代我的机器（人和设计）？
> • 这些信息传达了哪些关于客户的信息、关于所提供的服务的品质的信息？
> • 这是不是一个可能的"教学时刻"？

亚历克斯在这一轮交流后将看待问题的框架转为桥水称为"两个我"中的"更高自我"。一个我是行动中被按到威胁性情绪按钮，有防卫性反应的我；一个"更高自我"则能退后一步并反思自我系统是如何不断地生成类似行为的。用成人发展心理学的语言来说，通过"更高自我"获得的洞见是从主体（我们只能经此而进行观察）转向客体（我们可以观察对象本身）的过程。

棒球卡

亚历克斯之前提到一个叫作棒球卡的东西，这个关于他行为模式信息的来源到底是什么呢？作为桥水的另一个必要练习，这项电子工具与问题日志、连点成线等其他方法一起，形成了一个动态系统，刺激每一位员工不断地挑战自我局限。

詹森对棒球卡片是这样描述的，它是一个让你从此地去往目的地的地图。棒球卡片是人人都可以从线上看到的，整合了关于一个人是怎么样的各种数据，比如收到的表扬与推荐语、反馈的点、性格测试（如迈尔斯类型指标），优势与劣势报告（包括强制排名）。一家成功如桥水的对冲基金必然不会把鸡蛋都放在一个篮子里，所以所有数据点也从不同渠道收集而来。詹森表示，"不能依靠单一信息或单一信息源来对人究竟是怎样的做判断"。棒球卡允许任何公司内部人员了解一位同事展现出的能力与公司原则倡导的、适用于某一岗位的成功素质，究竟匹配度如何，其中考虑了组织内职责层级的基准。

每一张棒球卡的显眼处都会有一个清晰的总结，显示该位员工的擅长项（以绿色表示"可以信赖他做的"），以及弱项（以红色表示"需要注意的"）。亚历克斯的棒球卡片简明展现了他在哪些方面可以被信任，而在哪些方面需要审慎留意，这构成了基于所有数据和评价汇总之后的标题行（见表4-1）。

读者可能感到，所有人都能看到自己的注意事项其实挺让人紧张焦虑的，这是自然的。不过詹森解释说，卡片可以提高人岗匹配度，而且并非一成不变的。

表 4-1 亚历克斯的"可以信赖他做的"和"需要注意的"

"可以信赖他做的"	• 有决心 • 有与工作岗位相匹配的技能水平和经验 • 务实的思考者 • 时间管理者 • 自律性强
"需要注意的"	• 整合情境 • 看到多种可能性 • 做人与岗位匹配的设计 • 逻辑推理 • 自我评估能力

注释：桥水的棒球卡上，可信赖项用绿色表示，注意项用红色表示。

我们给每一个人一个画像，这样每次调岗的时候，你会知道在新的情境下他可能的表现是什么。这样进行的匹配更合理。有的人觉得棒球卡片就是自己的定数了，"哎呀！这是我最不擅长的，肯定完蛋了"。这种思维其实对人生是毫无益处的。当我们面对弱点的时候，有两种态度可以帮助我们，一种是尝试学习并直接克服局限，一种是通过利用他人的帮助来达成目标。我们直面真相，接纳自己真实的弱点，接受他人的帮助，这样才能走向成功。而棒球卡片就是一个地图，其目的是协助我们走到终点。

因此，对亚历克斯来说，棒球卡片的作用就是把他是怎样的一个人真实呈现出来——他怎么工作，怎么领导他人，哪些方面大家会依靠他，哪些方面大家觉得他靠不住。这里反映出来的证据对他很有用，可以指导他进行自我提升，他既可以通过学习来克服限制，也可以找到各种办法让其他人给自己补位（在桥水这被叫作"护栏"［guardrailing］）。

总体来说，在这一小节中我们探讨的各项文化相关的练习，可以减少这样一个缝隙：我们的自我认知和同事对我们的认知之间的差距。通过这种方式，锐意发展型公司打造了让人们自然而然地进行自我提升的环境：有弱点很正常，所有人的弱点都会被记录下来，所以承认并工作于这些弱点并没有那么可怕。所有高阶领导者都有棒球卡片，也都向全公司公开，他们的红色部分也不比绿色部分少。

其他练习：每日更新，每天案例

桥水的实践除了随时发生的深挖和诊断，运用连点成线、棒球卡片和问题日志外，还有一些日常练习，作为学习和反思的手段。

其中一项是员工每天向上司提交"每日更新"。定期与上司交流在很多公司也属于常规做法，但桥水的"每日更新"的不同之处是这样的交流是全公司公开的，两人之间的日常交流内容对公司所有人都是透明的；另外，交流的重心放在个人对自身的学习以及成长经历的痛苦和实践公司原则过程中的挑战上面。假如这项练习能够真正发挥作用的话，那么在员工内心的挣扎和他的上司对此挣扎的理解之间，没有任何差异，完全同步。

还有一项叫作"每天案例"的练习也是日常学习的一部分。桥水的领导者把这项练习称为桥水的文化课间操。每天有 15 分钟的时间大家会来观摩一段包括视频、邮件、电子记录等的多媒体案例，这往往展现了桥水文化中的某个"教学时刻"。这有点像商学院里的案例教学，前文所述的罗希特和亚历克斯的故事即可成为一个案例。

在这 15 分钟里会发生什么呢？观看的人会在看完材料后被问到一系列问题，设身处地地想，自己在类似情景里会怎么做呢？为什么要这样做？对于詹森来说，这不仅是一个练习机会，而且进一步获取了人们行为倾向的数据信息，"这强化了将员工日常行为与管理工作进行链接的实践"。他认为，"一个快速的案例学习能让员工每天品尝企业文化。而且我们能看到大家的反应，这帮助我们了解在类似情境下他们将有什么行动"。其结果就是整个企业都在共同学习某种职场课程，这既锻炼了员工的原则运用的能力，同时进一步收集了关于个人的一些定见的源头信息。

这就是桥水的个人发展生态系统，既有每个人所经历的日常会议里的深挖，也有科技助力的数据点、问题清单和棒球卡，更有全公司实践的每日更新和案例学习。这样一个体系帮助公司的每个人直面真相：我们每一位到底是怎样的。

跳跃科技："性格是一组肌肉"

跳跃科技的领导者在研究为什么事情会失败后，得出的结论是，最容易反复出现的失败模式在于情绪管理的失能，或者可以说，"性格的失衡"。首席人才官梅根·麦森哲说："大多数公司都有高能的执行人才，但缺乏高能的决策者。"

跳跃科技发现，如果不能很好地平衡性格中的自信和谦卑这两种特质，就容易引起情绪问题，不是因为过于自信甚至傲慢而发怒，就是因为太谦卑甚至没有安全感而麻木、无力。而性格其实是一组肌肉，它可以通过锻炼而取得平衡，正是这一发现使得公司的领导力发展进入了正轨。公司还特意设计了一种可以放进钱包的小卡片来时刻提醒每个人练习自己的反手项（见表 4-2）。

表 4-2　跳跃科技的小卡片，用于练习反手

	过于自信/傲慢	过于谦卑/不安全感
更好的我	更多聆听（会议中最后一个发言）	更多发言（会议中第一个发言）
	不要过于强势（启动任何事情要放慢）	再强势些（启动要快）
	更多暴露脆弱	更勇敢些
	更自律	更乐观
更好的你	接受更多建议	给出更多建议
	多鼓励滋育他人	多教练他人

跳跃科技的领导班子相信，用心设计的仪式是拥有转化性的潜能，这些仪式就是为了帮助人们有一套可实践的"木人巷"能在每个人的性格上开工。下面让我们一起来看一看。

谈话伙伴

前文提到跳跃科技的一天是从每个人与自己的谈话伙伴互相"报到"开

始的。一般这样的对谈发生在大家一起用早餐的时候（公司提供），而如果某个人刚好在旁听，会发现它没有一个结构化的议题，但是却有着同一个目的，这个目的用查理·金的话来说，就是"互为导师"（Co-mentorship）。

每一个谈话伙伴会面，均由一个三角形来安排：会面、发泄、工作。会面意味着每天早上都要会面的一致性，来确保这项练习是一个日常仪式。发泄就是把毒素释放出来，无论是家庭生活还是工作都可以拿来说，这背后的假设是，要想允许员工带着自己的所有个性毫无保留地出现在职场上，就得尊重个人所经历的挫败感和焦虑感，这些都是构成了我们是谁的一部分。同时"发泄"这一安排，也能减少负面思想对注意力的占据。

谈话三角形的工作组是对成长最有影响的要素，伙伴之间要为了最佳表现和高要求互相激励，并帮助对方找到如何做到更好的路径，也许是一般性的，也许是具体针对当天工作的。

让我们看看这一对伙伴纳扬·布萨和洛基娅·文卡塔查拉姆（Lokeya Venkatachalam）的谈话。第一章中你已经知道了布萨，他在跳跃科技的超级星期六活动上向一众职位候选人表达了欢迎。以下是他描述与文卡塔查拉姆的谈话。

> 应该说我们是极其坦诚甚至可以说是忽略对方感受的。我们已经超越了拍着对方肩膀安慰性地说点好听的那种阶段。我们非常在乎对方，也知道对方在乎自己。如果她的方向是错的，我就会直接指出，你错了。所以需要的话我就会坦诚地给予批评性的意见。当然，我也会指出我认为她做得好的地方。她有在系统地提高，我会特别指出来让她知道。她以同样的方式对待我。

文卡塔查拉姆也十分认同这一每日谈话的重要性。我们访谈他俩的时候，正巧事后布萨要在一个叫作10X的月度发展活动上（关于此活动我们会在后面详解）做一个汇报，文卡塔查拉姆刚好就在此让我们得以瞥见谈话伙伴这一关系给成长提供的环境。

今早纳扬在准备他的 10X 汇报，我就跟他说，别担心，你不是刚好想锻炼说故事的能力吗？咱们一起看看，你就选两个你想让听众带走的故事。因为本来他想得很多，也就特别紧张，我这么一说他就放松下来了。就是让他聚焦于简洁的汇报和说故事的能力，其他都不要管。我觉得我们会经常给对方这样的指导，每当在这些时候，都会觉得，有这么一个伙伴太重要了，不然会错失很多。因为作为伙伴，我们知道对方在为哪些事情挣扎，所以这就像一个持续的弱点改进过程。

当然，这两位的配对从发展匹配度上来看的确是非常成功的，而有的配对没有那么完美。但是配对不是一成不变的，管理者们会定期重新洗牌，洗牌的过程会确保两个伙伴在一起能够互相推动，其中一人倾向于傲慢，另一人则倾向于谦卑。

每周的情境工作坊

谈话伙伴的二人小组也是跳跃科技另一项练习"每周情境工作坊"的积木。领导层认为该工作坊是他们所有工作中最富成效的事情之一。每周，五个同事会有一小时的会面时间。这五个人是两对谈话伙伴，加上一位更资深的同事作为导师和教练。接受教练的四个人最终也要成长为教练，学生要成为老师。

金告诉我们为什么这样的结构化安排是行之有效的。

在每周工作坊里，四个人会轮流讲述自己本周遇到的挑战以及你做了什么来进行应对(可能什么都没做)，你并不知道自己应对的方式是不是最佳的，而情境工作坊就是一次反思。教练的作用是鼓励你从更高层面产生自我觉察，从而在未来挑战中有新的选择，而不是因于旧有模式。当你分享你所处的情境时，教练会说，"你以为你的选择就是这几个，其实还有很多，但你没看到"。随着时间的推移，你就会见证人们巨大的成长，我们甚至把一些管理会议都改成情境工作坊了。

人们在这些会议中分享的困境各有不同，但通常都与自身的局限或弱项相关。我们听到大家讨论各种具体的挑战，指向不同的潜在局限或触发点：有的是不请自来给他人建议，有的是完美主义倾向，有的是时间管理的挑战，有的是压力管理的挑战，等等。

正如金所说的，工作坊的目的是聚焦于"对判断力的训练，而不是技术性的指导"。所以很多第一次旁听工作坊的人对于工作坊的语言结构和节奏都会感到有些惊讶，因为当人们提出了问题之后，教练并不会直接帮助解决问题本身。在跳跃科技，所有练习的设计都有这么一层认知，就是如果问题过快被解决了，那么本人不会有什么变化，那个人还是同一个人，如果是这样的话，他肯定还会制造同样的问题，尽管这可能是同一问题的不同版本。你以为已经解决的问题并未真正获得解决。

相应的，教练更多的是让一个人遇到的问题来打开自己，而不是自己去解决问题。教练可能会说，"你一遇到那种情形就僵在那里了，这说明了什么？"所以重点在于听几个类似的情境而不是陷入一个具体情境中。而由于工作坊是每周发生、全员参与的，所以其效果非常类似于桥水的连点成线。很多数据点被归结起来，每一个具体的点可能不能说明什么，但累积下来，人们就能觉察到平时看不见的模式。

从发展的视角来看，情境工作坊有几个重要的特征。首先，它构筑于谈话伙伴这一基于关系而产生的基础，个人都有学习伙伴，来倾听自己，监督自己，并帮助发现实践机会。同样重要的是，所有案例来自日常工作，而非抽象的商业概念。情境对于寻求教练机会的员工是非常有意义的，因为他们可以从当下关注的事物中成长，从近期让人烦恼的失败、不舒适，或被触动的体验中学习。他们在将思考、情绪和行为从主体转移到客体的视角后，也就获取了崭新的透镜。

同时，工作坊也加强了家园（发展社群）的作用。跳跃科技的最高领导层都是工作坊的参与者，每周花时间与大家共同成长。而每个人的谈话伙伴通过参加周会，也能听取到更为广泛的对自己的反馈，便于他们在每天的早餐报到中更好地支持自己。当然，教练在跳跃科技是随时随地发生的，会议中，会议后，邮件里，早餐时，而情境工作坊则是一个可预期的每周都会发生的仪式。所以每个人都会在日常工作中留意，这一周我要带什么议题参加工作坊。而当工作坊开始逐步取代一些管理会议时，这就意味着管理内在世界是管理外在结果的有力方式。

每月的 10X 要素

跳跃科技还有一项可预期的活动，节奏是月度的，叫作 10X 要素。每个月都有这样一场 90 分钟的致力于发展的会议，全公司瞩目，会议中会有 10 位同事来汇报自己对公司的贡献。会议名称源自一个叫作"X 要素"的电视节目，所以该会议张贴出来的海报上也写着：全世界都在看。公司在全球的四个分公司的所有人都会现场参与或通过直播参与。

10X 汇报是公开的、共享的成长机会。在五分钟汇报中，一位伙伴会谈到自己对公司的两种贡献之一，收入或文化。然后其他人在手机 APP 上给出 1~4 的评分，另外有评委评分和做现场点评，评委往往包括查理·金和梅根·麦森哲。

有时候现场反馈是尖锐而严苛的，这是为了帮助汇报者学会更好地分享自己的挑战以支持所有人学习。以下是一个评委点评的例子。

你的成果是清晰的，你把一个原本要花 3 个月完成的评估流程减少到 10 天，而且还更有效。可视化做得也很好。但是汇报的战术上，你错失了不少机会。你应该更聚焦于如何达成而不是做了哪些具体工作。在 10X 你的任务是让大家有所学习。那你是如何做到的呢？我认为这在于你有勇气，不畏失败，不断迭代。而你的汇报没有能够让大家获得这个洞见，运用勇气去失败才是真正有教育意义的点。

这里非常重要的一点在于，大家参与 10X 不是去庆祝具体的成果，无论体现在收入上还是在文化上，尽管结果也很重要，但这每月一次十个人的故事分享的目的不在于此。得分高的汇报都是因为汇报者的故事讲述了自己如何克服自身局限来达成更好的商业结果或文化贡献，所以分数奖励的，是展示超越限制的过程，是转变思维模式和心态的过程，而不是具体成果。这与桥水将赞美转向到"积极的挣扎"有异曲同工之妙。

　　10X 的体验对所有汇报者都是高风险的。毕竟这对个体参与者是几个月才发生一次的大型事件，所以心跳加速掌心出汗也在所难免。而如果汇报是关于文化贡献的，那么收到的反馈总体会更严格，毕竟文化提供了学习与进步的练习场。跳跃科技用水位线的隐喻来区分，水位线之上是文化，之下是收入。当你掌舵一艘远洋客轮在冰冷的海面上航行时，水位线之上的冰山不会击沉客轮，但水位线之下的冰山会。与企业文化相关的项目代表了更大的个人风险，但却有更大的空间去试错或失败。10X 本身就是一个文化驱动的项目，由 20 多位员工共同发起，引领了项目设计并初步实施，并教练其他同事接管和不断改进。

　　除了上面介绍的每天、每周、每月的固定活动外，第 1 章中我们也描述了其他练习，比如，超级星期六的招聘流程，新员工入职的个人领导力训练营和各种形式的成就"更好自己"的实践。这些练习共同打造了一个塑造性格的环境。跳跃科技认为，成人发展，乃是每个人的习惯。

帝客赢：你的能力比你想象的还能放大十倍

　　在参加帝客赢会议时，我们会很快发现设立适宜的氛围很关键。帝客赢的领导者们公开表示，在所有对话特别是挑战性的对话（比如会增强人们脆弱感的对话或暴露冲突的对话）开始之初，就需要让大家有"一致的意图"。

一致的意图不仅指人们对会议议程甚至会议目标有清晰的了解，而且是一个信号，告诉大家我们将要开始练习去做一个相对艰难的事情，一个很有可能因为害怕失去而想逃避的事情。这时候，与其以"自动驾驶"的模式，从之前的工作任务或场景中带着惯常的思维模式进入对话，毋宁要连接到更深层次的意义，正是这种成长的意义才将相关的人聚集到这次会议上。接下来我们会展示帝客赢如何运用一系列做法来确保人们连接到企业的商业需求和个人的发展热望。

在帮助读者全面了解帝客赢的具体操作办法时，我们特意聚焦于 AL 好莱坞影院致力于打造发展文化的实践，因为虽然公司其他部门的做法也提供了类似洞见，我们认为院线的实践会给大家一个更为独特的视角。原因在于，在桥水和跳跃科技这样的知识经济行业里，主要是教育程度高的个体从事高收入工作，而影院员工的角色则非常不一样，但你会发现他们的个人成长同样那么具有冲击力。他们的角色属于零售行业里的服务导向的职能，贡献在于给客户带来有意义的观影体验。

我们认为，对于发展人这项工作来说，行业、场景、角色的不同并没有那么重要，能够超越这些界限的，也是我们希望读者朋友能获得启发的，在于一家企业是如何打造致力于帮助人们发展心智层次的文化，而不管其对象是影院的年轻员工还是资深的工程师和金融分析师。

接触点

AL 好莱坞影院在周六晚上总是忙碌的。观众通过大厅涌入影院观赏最新大片，或独立的小制作影片。影院的设计舒适至上，音效和屏幕都按高规格配置，影片开始、影片落幕，一切有条不紊。

在这些活动之中，在观影体验之下，是一系列紧紧咬合的练习，来帮助员工在忙碌的业务中仍以发展为核心任务。叫作"接触点"的每日全员会议中，经理会将日常工作与每个人的个人成长和更大的发展目标联系起来。而每天晚上定期"围圈号脉"，员工和经理则会给出和接受反馈，来看看影院的运营到底怎么样，有哪些可以改进的地方。

在员工办公室里悬挂着巨型的能力看板（Competence boards），彩色的塑料大头针显示着每个成员的能力水平。能力看板会将个人的成长领域与成员的整体能力做比对，影院总经理和轮班主管会就每周的工作安排进行探讨，合理匹配运营需求和轮岗机会，确保不同团队成员是准备好接受新的挑战，还是继续在本岗锻炼。

也就是说，"接触点"是一个频繁且聚焦的机会，把自身的成长和当前所做的工作联系起来。高阶主管和一线员工均需出席。帝客赢的领导层认为，工作在本质上是有意义的，对于所有人来说，接触点对话的"木人巷"式操练相当于发展的针线活，把个人成长与职场编织到一起。

在多数公司里，谈论工作的意义、经历的挣扎、成长的方方面面，这确实有点罕见。对于多数人来说，最多也就是以季度或年度为频率，在正式的述职中涉及一下，而在帝客赢，"针对发展表现的对话"也是刻意安排的，但这些是作为更为频繁的接触点对话的额外补充。

一线员工告诉我们接触点的规律性和重要性。这些对话帮助他们认识到自己的工作是如何与个人对未来成长的期待清晰相连的。

比方说，AL 好莱坞影院成员克莉斯汀娜（Cristia）告诉我们，她在接触点对话时，表达了成为电影布景设计师的意向目标。在那之后，她的上司就创造机会让她参与所在影院特别策划活动的装饰工作。所以对她来说，公司十分重视她的发展目标，也会创造机会让她能在当下的工作里进行锻炼，以接近自己的未来愿景。

克莉斯汀娜的上司迈克尔（Michael）则认为，接触点在某种意义上，能让一线员工切身理解到他们在 AL 好莱坞影院可以有所学习并实现自己的梦想。就算有人不会一直待在 AL 好莱坞影院，每个人都有机会学习跟业务运营相关的知识，而这些知识技能都是可以转移的。无论成员是已经设定了具体的努力方向，还是更宽泛地将帝客赢的业务场景作为全方位个人发展的试验田，像迈克尔这样的管理者都会采取各种方式，帮助下属连接个人成长与业务机会。

瞄准线

正像在大多数企业中经常发生的，有时候接触点会议的时长被挤压了，又有时候个别同事的接触点对话效果一般，而接触点在最佳状态下，有着更为深入的设计来同时满足业务和员工的需要。帝客赢的领导者把这一更深的设计称为"瞄准线"。这显然是对于一致性的又一隐喻，与此前提的会议之初的意图统一有同样的作用。帝客赢的管理者们每天都在寻找对准的机会，来帮助员工把"为什么"通过"做什么"和"怎么做"连接起来。也就是说，接触点的教练方式自带一种提问的实践，而不单纯是汇报一下进展。

对于一位一线员工来说，这意味着与上司的对话使他看到他在诸如现金管理这一能力（怎么做）上的进步，反映在更短的排队时间和更大的准确率（做什么）两方面，而这将提升客户体验，因此对业务有正向影响（为什么）。

围圈号脉

让我们回到 AL 好莱坞影院的周六晚上，他们还有一项练习叫作"围圈号脉"。由于场次变化迅速，这一对话显得格外热烈。从某种程度上说，围圈号脉可以说是帝客赢的一项保留节目，彰显了人们可以同时工作于业务改进和自身发展。（在第五章我们会探索锐意发展型公司是如何将两者合二为一的。）

换班过程中会定期有一个"围圈"，经理和员工会在影片再次播放的间歇时间内，聚在一起十分钟左右。围圈后，参与者会谈论一般企业也会谈论的话题，比如运营情况（是否有大型首映活动）、售票达成率、满座率等，但与此同时，他们还在此过程中学习有效地给出和接收反馈的技能，学习给自己在公司运营中定位的能力。

那么在一个圆圈里会发生什么呢？这里有一个典型的例子。大家聚在一起之后，其中一位给出了反馈，说由于最大的一个影厅没有准时向观众开放，使得客户体验欠佳，于是要求两位同事要加快下一场电影的整理和换场速度。轮班经理发现一位叫安吉（Angie）的同事正在努力取得蓝色大头针（某个角色的能力标签），就让大家多支持她，给她反馈。

围圈结束后，员工各自回到工作岗位，检票、清洁、引导，等等，总经理和轮班经理留下来进行即时反馈。总经理向轮班经理讲解说，"以后需要明确指出安吉究竟在努力取得何种能力（引座员督导），这样大家的帮助会更具有针对性"。因为这里不仅涉及支持安吉的成长，也包括如何使得反馈效果更佳。

从发展的意图来看，一个围圈活动最为吸引人的设计在于它的对话至少在三个层面起效。首先，成员会在所有信息刚刚发生的当下，讨论如何从当前的工作中学习并改善运营。其次，成员会直接练习互相给出和接收反馈。如同大部分其他公司的雇员一样，初来乍到的 AL 好莱坞影院员工对于反馈也没有什么经验，但围圈的安排提供了一个标准化的练习机会，有结构地进行针对性练习，并且活动本身是安全的，被期待的。最后，第三个层次，是对反馈的反馈。给出反馈的成员会由经理那里获得如何提升反馈技能的教练帮助。

这样的围圈使得成员能够更加整体地看待整个影院的运营，将影院作为一个系统来评估，如同总经理会给来访者进行整体介绍那样。也就是说，成员们首先被看作商业人士，而非局限在某个具体的工作职责里。AL好莱坞影院反复强调，"是一线员工在运营这门生意"，而围圈就将此落在实处。

能力看板

此前提及的能力看板就是海报一样的张贴板，每家影院的办公区域的墙上都会悬挂，每个人来到工作场所第一眼看到的就是它们，场间休息和换班时也会看到。每个成员有机会获得大概 15 个角色所涉及的能力，这些能力都需要通过考察来获取合格证书。每取得一项能力，经理就会公开此项成就，方式就是用不同颜色的大头针在能力看板上做标注。蓝色表示已经在多次轮班中都表现出此种能力，可以接受评估了；绿色表示成长的中间阶段，尚未获得合格证书。

成员任期初期，有些角色的首批大头针相对容易获得，其他一些角色则会更为复杂，涉及影院运营的方方面面，而获得这些更具挑战性的大头针不仅是能力的标志，也为帝客赢的更高管理层提供了信息，让他们了解哪些人可能是潜在的领导者。

成员们在影院后台附近的能力看板旁站着聊聊天，感觉就像在村里的水井边，大家一边看着看板上各人取得的新大头针，一边展开对话。成员们对看板背后的信息非常清楚：这个社群的核心就是让人们不断成长而获得更高的技能水平；同时成长并非只是某个人和上司之间约定的目标，而且是一项公共资源。每个人都知道其他人在工作于哪些技能，也就能够更好地给予反馈和支持。大家也都明白，为了使业务顺利开展，组织中不同角色需要什么样的能力。

所以说看板是一个数据信息追踪系统的一部分，来时刻反映公司无处不在的学习与发展。而影院管理层的每周例会除了检视传统的商业指标外，也会讨论哪些一线员工能进入管理层。清楚知晓每个人的发展程度，是帝客赢所承诺的"人人都在发展中"和"人人都在边学边教"的具体体现。

追踪个人成长的一个重要部分是创造和校准发展拉力。拉力指的是一种激发成长的挑战：把个人的能力与一种要求（比如，一个新项目所需的技能）去做匹配，而该项要求超过此人当前的能力水平。强有力的发展拉力会创造条件让员工承担尚未熟练掌握的角色的责任，负责复杂度超出自身能力的任务。而当支持是足够的时候，这样的拉力就会自然而然地促进员工成长，因为个体（或团队、部门）必须不断提升以满足要求。当然，这背后有的一个假设是帝客赢领导者坚信的"人们的潜能往往比你想象中还要再大十倍"，也就是说他们深信不疑，人可以成长，能够担起更多，只要有合适的结构和条件，他们就会绽放。

在帝客赢，能力看板与一套排班的规范结合起来，让发展拉力最大化。每周，每个影院的管理层都会进行排班和角色分配，一般来说，管理者认为，经常性地转换职责是很有价值的。（"不要让事情安定下来，"他们会这样说。）

帝客赢领导层业务会议

最后这一项练习将公司的各个部分统合在一起。每3~4个月，全公司的领导者，所有经理，都会参加一个为期一整天的帝客赢领导层业务会议。会议通常是大家围坐一圈，每个人都能看到其他人。

帝客赢领导层业务会议相比于围圈号脉，推进得更慢一些，反思得更为深入。这个会议不会聘请外部主持人。[1]该会议通常由每个人的报到入场开始，分享自己当下的担忧和兴奋点，这样每个人都确认了自己所关心的是什么，当下有哪些想法，也是允许他人更好地了解自己的内心世界正在经历着什么。所以这样的"报到"也可以说是"人到心在"。而高层领导者会在开始统一意图，指出需要整个公司共同行动的一些重要事项，以及需要大家都作为商业人士来进行思考，而非局限在各自角色的面具里。这些事项可能是一项令公司的规模和业务复杂度都会延展的地产交易，可能是影院的全国扩张，也可能是发布新的产品线，而此前公司对此未有足够经验。

在这一天当中，有全体讨论时间，来探讨业务目标的需求，以及如何支持公司的某些部门扩展其能力从而完成商业增长；也有分小组讨论时间，依据不同部门来划分；同时还会花时间公开表彰体现公司价值观的模范员工。领导者们可能会分享一份艺术作品，比如一首诗，在共鸣中带领大家欣赏与讨论，以这样的形式增强大家对前路挑战的觉察，鼓舞每个人振作精神，深信自己能够有所成长，助力于公司发展。

帝客赢、桥水和跳跃科技，为每位员工提供了一系列发展的机会，而这些机会涵盖了各种例行的时间刻度，从每小时，到每天、每周、每个月。这些机会也提供了安全的、可信赖的、一致性的空间，从个人教练，到团队发展对话，再到组织层面的共同学习，人际尺度也不断扩展至整个社群。以这样一种精神，借用一位帝客赢的一线员工的话来说，我们认为锐意发展型公司具有这样一种总体的特性，那就是要想在工作中努力发展自身，就要求每一位伙伴，从首席执行官到一线员工，都有队友来跟自己共同练习，队友组成了可信赖的集体，每个人知道他们会挑战自己，也会支持自己。

锐意发展型公司实践的五项品质

现在让我们从每一家锐意发展型公司的具体练习中退后一步，越过表现出的不同之处来检视其相似性，这些基于发展设计的实践有着深层次的共性：

• 练习将我们内在经历的挣扎外显化。三家公司的实践均提供了进入内在世界的入口。商业世界的例牌假设不允许人们说出和深挖自己的局限，也就很难克服局限。而锐意发展型公司的多项实践展示了不同的方式，让人们公开并处理在一般情形下"越界"的自我的一些部分。只有向我们自身和他人揭示我们如何思考，正在感受着什么，因何而卡壳，我们才能随着时间不断构建新的自我。

• 练习将业务工作与在自己身上开工连接起来。无论是问题日志，还是 AL 好莱坞影院的排班，锐意发展型公司的做法在提升业绩的同时提供了有形的自我提升之道。这里没有独立于外的发展活动（比如，外部教练、送高潜员工读 MBA），而是让员工在满足工作需要的过程中有机会提升自己，这是合二为一的。

• 练习将我们的注意力从关注结果，转移到关注产生结果的过程上来。在我们纵览的各项练习中，反馈不在于立刻改变行为，而是强调转变思维方式以改变行为。锐意发展型公司的做法是不会独立于过程而简单就结果进行奖惩的，他们会瞄准去改善那种制造出结果的思维，所以在锐意发展型公司里工作意味着你不会过度在意一场比赛的得分，而会关心你如何不断提高自己的竞技水平。跳跃科技的查理·金经常这么说："我们聚焦于长期，而不是短期。"

• 语言也是一项练习，它为新的范式创造了新的工具。锐意发展型公司的文化有着意义构建的作用，是基于对话的文化。(在这里，单向输出的 PPT 汇报是相对少的。)他们也发展出一种内部语言(反手拍、连点成线、拉力)。有些实践在外人看起来就好像雾里看花，特别是当锐意发展型公司不断成熟起来，其颗粒度极高的、可训练的差距越来越复杂时。这并非是模糊的，如果没有一种语言支持，也就无法进行教练。而锐意发展型公司优先考虑的是强化其文化。这样的社群做出了权衡——他们放弃了一些惯常的商业用语来帮助人们参与那些效力更强的实践。这对外人来说会感到不同寻常甚至有狂热倾向，但外人往往忽视了这一点：一个组织在发展出自身的实践语言时，能释放出巨大的力量。

• 系统性拉伸涵盖了每个人、每一天、整个组织。锐意发展型公司之所以能够通过其实践获得发展动力，是因为整个组织都浸入在各种练习中。如表 4-3 所示，练习分布在不同的时间和群体刻度中：每天的、每周的、每月的；个人的、两两的、团队的、部门的、公司的。所以绝不是几个人在拉伸和发展，而是随时随地、各个层级地刻意练习，大家共同创造了锐意发展型公司的系统性拉伸。在这样的文化里，每个人都被练习所设定的挑战牵引着，承认并尝试克服那些局限自己的假设。用桥水的比喻来说就是每一份工作都是一根拖绳。

表 4-3　系统性拉伸：在不同层次整合各项实践

层次	桥水	跳跃科技	帝客赢
微观(个体)	日常汇报　保持一致性	谈话伙伴	接触点
中观(团队)	问题日志　连点成线	情境工作坊	围圈号脉
宏观(组织)	每日案例	10X	领导层业务会议

铺天盖地式的发展性文化

> 尽管实践者可能毫不知情，但他们所有实践都是置于理论之上的。
>
> ——彼得·德鲁克（Peter Drucker）

比对第二章中更为严谨的、基于研究的成人发展理论框架，上述这些实践是否能真正支持成长呢？直到我们完全沉浸在这些公司的日常工作之前，我们对这个问题的回答也不是确定的。而最终的结论让我们自己都感到惊叹：无论这几家公司是否熟悉成人发展的相关理论（事实上只有帝客赢的一些伙伴是深入了解该理论的），他们都各自发展出一套木人巷式的实践方法来使得企业文化成为个人能力成长的孵化器，重点是此种成长文化涵盖范围之广，也是我们前所未见的。

要知道我们毕竟也研究过很多卓越的企业文化，因此若非必要，我们绝不会随意地做出这样的宣称。那究竟是什么让我们敢于这样说呢？长久以来，发展研究工作者对于什么样的人际环境最能支持发展，该环境所具备的基本特性等，早已有共识。这有可能是父母之于儿女的亲子关系，也有可能是职场关系。技术上我们将此称为一种"托展空间"（holding environment），这样的环境必须在恰当的时点上实现三项功能，分别是："允许"（holding on），"放开"（letting go），及"酝酿"（sticking around）。

"允许"是指对一种包容空间的诉求。在这个空间里，员工被允许以及欢迎以他自己最真实的面貌来呈现真我，在当下不要求他表现出他未能呈现的自己。他是被赋予大量机会去行使他正在发展、同时被组织认可及欣赏的能力的。

我们需明白，投入现实世界里，尤其在碰到歧异性与挑战性的体验时，个人会将现行对于世界的建构想象推到最边际处。这可能会挑起他们想要维持现况的防卫反应，将困难都看成外在的威胁；又或，若有一个能托住他们的空间，他们可以选择去感知，以至想去建构一个在心智复杂度上"更上一层"的自己。一个好的"托展"空间，虽无条件地接受那个正在成长中的个人的真实面貌，但同时也可以被看作为催化此类成长的源头。

关于"放开"（Letting Go）。有时候，人们在托展空间里会冒出对成长以至对自身心智重构的需要（和他与世界的新关系，也包括与托展空间自身）；在其他时间，托展空间会扮演一种始作俑者的角色，催化那种正在涌动的新感知（在最理想的情况下，极可能是两者的混合）。试想父母若对于子女过度侧重维护现在作为孩子的样貌，而没有更多地扶持他们成为将来可能成为的人，那便不利于一个人的成长。同样地，一家公司若过度维持一个人在同一份工作过长的时间，只追求可靠性与从属，尤如鼓励该员工不断做过往一贯的自己，这不是最有利于成长的。

所谓的"放开"是指员工不再需要依赖托展空间来保护员工的那个原来面貌，或那个环境不再需要像以往那样"托管"着该员工的自我，他现在可以试着"离家上路"了。他现在心里有了另一套让他为之好奇的自我对话：离开托展空间（例如，我的父母或我现存稳定的工作），我会失去这个空间的庇佑，还是会与托展空间重新开展另一种新关系？抑或是肯定我可以成就更大的自己，与舒展更大影响力的托展空间？提出这类问题帮助我们开始下一段新的托展，在这里我们称它为"酝酿"（sticking around）阶段。

不同于见证我们的成长便功成身退的短暂性支持，托展空间认为孕育我们的成长的长期关系（在家庭里以及在工作里）是异常珍贵的，因为它对人生达致圆满与成长之延续是一种重要的必要条件。有时候，在工作里，我们需要找到一些更大的工作任务来拉动更大的个人发展，以便将我们推离原来的位置与样貌。但，如果，当我们准备好要成长，我们的工作环境却不能给予足够的托展空间，未能让我们潜伏其中，开展对自身重新认知的"酝酿"时，这将对我们（或公司）而言是一种重大的损失，从而没有得到我们成长所应该带来的好处。这就像"只会抓鹿，不懂脱角"一样的可惜。

一个理想的心智发展的工作环境，不仅仅在任一"允许""放开"或"酝酿"中做得很好，还全都做得特别好。这种全面性是如此的重要，因为这样的组织不仅能服务发展在某一阶段的伙伴，也能照顾那些心智发展同时分布在整个成人发展路径上不同阶段的伙伴。

现在你会真正理解，当我们说锐意发展型公司有着人人成长的文化时，这个"人人"的全部含义是什么。它不仅意味着每个人而不是少数被选中的人会得到发展上的支持，而且意味着其文化基于一种锐意发展的初衷而运作——不管某人处于哪个意识发展的阶段，这一文化都会支持你、挑战你。从发展的角度来说，它服务于每个人。

你可能会觉得，这真是难以完成的任务！你是对的。大概每一家锐意发展型公司，包括本书研究的三家公司，都会在进化过程中感到某些方面并未达到理想状态，毕竟，发展型组织也需要时间去发展。

让我们特别注意的，是在调研这些公司所运用的实践的过程中，发现他们是非常"泛发展化"（Pan-developmental）的。"泛发展化"中的"泛"，有着"全天候""铺天盖地""一个都不能少"的意思。这里尤指两件事：一是这些公司都在其托展空间的发展三部曲——"允许、放开、酝酿"上面——能够全面地照顾到；同时它也指所有员工——无论他们身处在哪个发展阶段——皆在成长。

所有心智层次的允许、放开、酝酿

表4-4表明，这三家公司的不同实践均服务于区别一般企业的"允许"方式。此前你已了解，展示脆弱的经历在锐意发展型公司是一种源泉，但你能够愿意去暴露自己的脆弱，必须得信任这个群体仍会接纳你，包容你，承认你的价值。我们都经历过那种让我们感到被边缘化、孤单、没有价值且羞愧地暴露脆弱，而"稳稳托住你的脆弱性"（well-held vulnerability）则是在你感到你与平时那个坚强的自己离着十万八千里的同时，仍被他人包容和承认。

通常，人们没有太多机会经历自己的脆弱性被稳稳地托住。当被问及他们何时有此种经验时，大多数人会提及亲密关系或某种治疗过程，又或宗教社群里的体验；也有人曾效力于作战单位或密集训练的运动团队。除了在锐意发展型公司，很少有人会联想到这种经历与自己的职场有关。

在以特殊方式"放开"的同时，这些公司在"放开"方面也有一套办法。"每当我感到自己终于踏实了，在这个角色里如鱼得水了，我就被邀请进入另一个新角色。"在三家公司的访谈中我们都听到类似的说法。而挑战人们离开舒适区不仅仅员工所做的具体事情有不同，更是不断让人们在思维方式的层面跨越过往的界限。

表 4-4　锐意发展型公司作为一个托展空间

允许	• 员工体验到自己的脆弱性会被托住； • 员工暴露错误和弱点的行为受到嘉许； • 企业文化邀请一个真实、完整的自己投入其中（没有工作与非工作的界限）； • 企业文化欣赏并恳切地聆听人的全部。
放开	• 员工持续接收反馈； • 员工持续给出反馈； • 员工不断与"差异性"相遇； • 员工有打破低头拉车、超越本位的视角； • 认为最好的工作是"你尚未能搞懂怎么做"的工作。
酝酿	• 工作范围与权威性不断增长的换岗是常态而非例外； • 高阶职位没有通常的特权，向上级反馈是被鼓励的。

我们观察到这些不同练习产生的最常见的模式，是把人从一个相对狭隘（不那么复杂）的关注点拉开并退后一步，看到更广阔（更为复杂）的视角。比如，帝客赢的"号脉"练习就让一线员工超越本职本岗的任务视角，超越自身表现，来了解更大也更为复杂的系统，了解某个具体部门如何与整个运营发生关联。同样地，跳跃科技的谈话伙伴实践和情境工作坊，以及桥水对根本原因的分析，都在挑战人们不仅仅对某项具体决策或工作结果做出反馈（不那么复杂的），还要留意众多决策和结果背后的模式，从而帮助伙伴识别出产生这些模式的心智结构（更为复杂）。

转向更大的复杂性倒不一定是为了处理更多的信息（更为具体），而是将信息更有意图地组织起来，与更大的系统连接。个人必须能够从具象的信息退后一步，进行更为抽象的、层面更高的分析。众多练习的作用是鼓励人们在元认知（meta-cognition）层面提升，也就更能帮助他们超越现有发展阶段的思维模式的局限。

表 4-5　持续不断地接收反馈对锐意发展型公司成就"泛发展"之益处

	规范主导的心智	自主导向的心智
支持与肯定	我能洽切地留意某个在群体中运作的核心价值观①，让我在接收反馈时（我愿意聆听，而没有即时做出反驳），感到我与同伴是同一阵线，是忠诚于他们的，同时也感觉自己是被接纳的，以及被尊重的。	在聆听反馈时，我多了空间解读及处理我的防卫反应（或我的自动反应）。在评估这些反馈时，我有机会行使一种属于我的独立视角；当我接受这些反馈时，我也可视之为调整与修正我的这个独立视角的机会（它可以是在我原来的视框下进行一些小修小改，或一种对自身视角的大幅重构）；当我选择回绝这些反馈时，我也视之为一个让自己的视角与外界碰撞以作为一种锻炼自己身手的好机会
挑战并拉伸	当我能做到没那么自我防卫地接收反馈时，我看到了可以让反馈内容不与自己的身份认同画上等号的契机（或不用被它摧毁，或不被它扭曲）；在评估反馈时，我有机会内生一个判断的站位，让我站于其上评估我的选择（对之判别，对之回绝，还是对之接受）。当我选择回绝反馈时，我是否能够承受可能不被他人认同的风险？我可以自问："我的不赞同，是否偏离大队，背弃了大家所相信的？"②	在聆听反馈以及考虑做出回应之间，我看到可以让我现有的视角、滤镜或者工具变得"更大"一点儿的契机；我可以让我的视角变得更具"临时性"一点儿，更能承受那种在初始时失去自我或失去抓手的感觉；或更多地用一种精益求精的"成长思维"来对抗于另一种惯于在意自己表现的"固定思维"；可以让自己更轻松地接受重新框定的过程，而非执着于任何一个固定的想法。

---

① 纵使对任一具有一致性文化的价值观、实践，或态度来说——例如，在一个高可靠性的企业对犯错的零容忍；或销售主导型组织的"成交意识"文化——都是同样地可套用于此；但在这论及的与其他文化最重要的区分点在于你所认同的价值观与实践，是更多地能够往更高意识发展的方向推你一把。

② 当然，在锐意发展型公司中，客观来说这"并不是必然的"；但假如从这个心智发展（即规范主导）的位置来说，它更多地想要说明这是一种当下会浮现出来的想法。

对于朝着规范主导心智层次发展的个人来说，需要被"伸展"的，是让自身的具体需求服从于更大的外在系统，包含了他人和他人的想法。比方说，一个就职于 AL 好莱坞影院的尚未成熟的一线员工，可能正在经历这样一个发展阶段。在"号脉"练习里，他会被鼓励去支持更大团队的有效运作，与整个运营保持一致，这些都会将他推向更为规范主导的发展层次。

而给出和接收反馈则会让个人超越规范主导，向自主导向的心智去发展。反馈意味着外部的权威性并不是终极的，人们的目标不再是不经质疑地认同外部权威。相反，个人发展出更加复杂的系统，来理解外部权威与内心正在形成的内在权威之间的关系。

比如在桥水，没有人会期待一个员工未经思考地采纳任何其他人的观点。我们此前提及的罗希特是一个新人，但却可以通过问题日志来挑战部门负责人，道出他看到的问题（部门负责人过于依赖顾问）。而当部门负责人亚历克斯转移话题，说公司在顾问使用方面有着很好的机制设计，而并未解释为什么他认为这个设计是"足够好"时，CEO 的观点是，这样的说法是在以上压下，并没有提供背后的逻辑推理过程，从而无法帮助罗希特评估亚历克斯的思考过程。

正是以这样的方式，桥水的文化积极鼓励员工不要盲目遵从权威的观点（包括员工自己的上司），相反，每个人都被要求独立探询和评估逻辑与证据。而这对于那些刚好在这个时刻处于规范主导心智层次的发展边际的个人，是特别具有牵引作用的。桥水的这些实践意在发展个人在评估和综合各方意见（通过运用逻辑、证据和可信度等原则）后独立得出结论（自主导向）的能力。

同样的，处于自主导向发展阶段的个人也会被伸展的，当他收到的反馈显示出自我系统自带的理论和评估标准阻碍其拥抱新的、异于自身的系统时，他就需要超越内在整合的自我权威和信念系统了。比如说，娜拉·达什伍德收到的警示性反馈是，如果有观点与她自己的观点不一致，她就会反对这项观点，而周围的人就会感到气氛不对了。该反馈向她揭示出过往指导自己领导行为的一些限制性假设，并去探索这些假设是否总是正确的。通过一系列实验和反思去测试这些假设（这样的过程可以帮助员工克服对改变的抗拒，此方面我们会在第 6 章详述），这使得达什伍德意识到，当自己向他人的观点和工作方式更开放时，不仅能带来更佳的结果，也令自身通过不同的领导方式产生了极大的满足。也就是说，同样的文化与练习——给出和接收反馈，既可以"允许"，也可以"放开"不同的成人发展阶段。

全都放进来践行

现在，让我们暂缓一下，来纵览我们途经的这三家公司的日常发展路线。我们已经见证到，这些公司会透过各种多样性、密集性和周全设计的例行工作与实践，来激励人们不断扩展自己的成长边际。那么，这些锐意发展型公司修炼的能量与纪律之源是什么呢？如何能让这些实践行之有效而非仅仅是现有工作的附加任务？我们很好奇，读者对以下这些想法是否能产生共鸣：

- 如果没有一个充满支持的社群提供安全的环境（家园），没有日常的操练来确定工作任务并使之常态化（木人巷），那么你无法让自己发展，也无法帮助他人发展（边际）。
- 这要求每个人都遵循同样的规则，玩同一个游戏，只有这样才能鼓励人们愿意承担真正的风险。
- 假如这里有一种比"能力表现"更值得表扬，且更契合成长取向的文化，那可能是木人巷中的恒常操练，以及它对个人及组织的重要益处。
- 长期练习能让人们产生类似的感觉：如果我冒险展现出我的弱项也没什么大不了的，我会有所学习，而最终我会更擅长于此。
- 帮助他人练习有着其特殊的满足感（更好的你），而每个人，不单单是经理或领导，都有机会去体验它。

我们相信你可能会以自己的方式去理解这些练习，甚至每看到一个都会想象一下是不是适合自己，你会觉得有些能特别引起共鸣，而另一些则让你有点畏缩。（而如果你有所畏缩，你可以问问自己，这个练习的什么方面让自己那么不舒服？如果你是当事人，你会不会觉得太冒险了？而如果你是置身在一个所有人都积极参与这项练习的机构里，你的反应会有所不同吗？）

　　说到底，这些练习本身并无特异，它们不是一个清单或食谱，我们也不认为任何一种练习能适用于所有场景，更多的，我们希望你能看到这些实践体系背后的深层结构，尽管它们源自不同公司、不同行业，而且在我们介绍他们认识之前尚未互通有无。

　　所有练习的共通之处并非在于表面上有哪些特征——比如，是否某种对话一定要成对地展开，必须要有每周或每两周一次的节奏，透过 APP 或面对面地在某个会议室发生。当然，愿意付诸实践的人可能首先看到的是这些有形的特征。

　　然而，与其直接把某项练习直接拷贝运用，我们可以更多地去考虑这些练习是如何在原组织所展开的实验测试中逐步成型的。在不断的试错中各种实践方法持续进化，有些不合适的被淘汰了；而一些新办法在最初可能很有挑战，但仍需坚持足够长的时间来看是否长期有效。

　　管理者们期待员工通过日常工作中的挑战不断地成为更好的自己，所以好的工作业绩与成就更好的自我互相促进。三家公司的领导者同时能够适时调整其实践方法，而调整的依据来自源源不断的商业数据流：业绩提升是否因为人们能做出更明智的决定，他们是否能成长得更快，是否在越来越复杂的任务下能担起更大的责任，是否不会再花过多时间维护面子，是否能作为一个整体更有效地工作。

　　更重要的是，他们理解这样一点：透过一切练习与实践所塑造的文化，必须是让每个人去发展的文化。不能依据不同层级设定不同的操作办法，或给领导者特权与例外。所有行为都是透明的，愿意展现脆弱的，互相信任的。如果没有系统的开放透明性与可信度，没有对公司和领导层意图的清晰度，这些练习很有可能沦为某种猜谜游戏，每个人都假装参与但没有任何实效。

所以当读者考虑如何在自己所在或意向创建的机构中实践上述办法时，我们邀请你去思考这些日常练习背后更为深层的意图——如何透过每一天的实践去发现、探索和超越关于个人和商业的局限性假设。我们也鼓励你从这一更深入的基点出发，去想象在不同行业、不同企业里，还可以有哪些类似的练习。哪些日常任务中的例行做法可以帮助你和周围的人感到足够的信任，同时结构化地直面个人和集体在改变时所遭遇的障碍。

正如锐意发展型公司内其他实践一样，任何练习都不是一成不变的，这三家机构既不断重新设计整个系统，也致力于细节的持续微调。所以我们认为，处于任一阶段的锐意发展型公司，无论他们正在早期的文化转化中，还是如同这三家已经颇为成熟的公司，都应被看作"在制品"。这里有双重含义。锐意发展型公司仍在进行中，也将永远在过程里，你将在第 5章发现，锐意发展型公司基于这样一个假设而运行：人才的持续成长促成业务的不断增长。因而，随着人的变化、实践与商业机会的改变、市场与行业条件的变迁，组织也在随时调整。

但这里的"在制品"还有第二层意思。一个锐意发展型公司不断进化，正如一个被创造的对象，本质上能够自我生成持续的进步。这个进步体现在商业结果上，体现在个人生命潜力的绽放上，体现在集体能力的提升上。这个新型的创造物究竟是如何成为不断产生进步的强大引擎的呢？我们希望透过第 5章，读者能意识到正是一种持续的、浸入式的、多层次的实践体系，保障了整个组织在各个层面上，不管员工处于个人发展的何种阶段，都能够产生思维方式的转变。有了这样清晰一致的实践系统，各类透过业务实践达成人才成长的发展工具也就在每一间办公室和会议室里触手可及了。

注释

[1]我们研究的每一家 DDO 都是让内部领导者成为学习导向的相关体验的老师和引导师。与此同时，公司会确保这些"作为老师角色的领导者"会从学习者那里收到足够的反馈，这样的引导式的领导活动，本身就创造了实践与成长的机会。

5

但这真是一种经营之道吗？

成为 **DDO** 的确切商业价值

人们最容易对 DDO 产生的误解之一就是断定这些组织的人员并未认真地直接营运商业。当久经世故的商人看到公司中资历最老的某人花费数小时与年龄仅为其一半的员工讨论他们眼中小小的"人事问题"时，他们最温和的评价恐怕也是："不错的尝试；但差劲的商业运作。"

"我不会像有些人那样，说这些公司的领导太幼稚或称这些公司为邪教，"一位商业分析师告诉我们，"但很明显这些人干的是完全不同的事。这些公司的领导者更像教师，而不是商人。如果你希望自己的企业能为开办大学或开设人类潜能开发中心提供支持，当然这没问题。这是你的权利。但是你最好有雄厚的财力或者有十分畅销的产品等能为这些折腾买单，否则你马上就会破产。这可能是一种帮助别人找回自信的好方法，但并不是用来经营企业的路径。"

对我们来说，这方面最有趣的问题并不是是否有可能在如此关注、培养员工能力的同时，经营一家成功的企业（这里的成功就是传统意义上的成功）。我们认为这个问题已经有了答案。《经济学人》（*Economist*）杂志称桥水为其投资者带来的回报比历史上任何其他对冲基金都多。帝客赢的综合影院有着北美最高的场均毛利。而《Inc》杂志（INC Magazine）称跳跃科技为"你从未听说过的最成功的公司"。

DDO 当然可以获得成功。2008 年，美国以及世界大部分地区遭遇了自大萧条以来最严重的经济崩溃。预测师、财务顾问和战略咨询公司不是因为未能预见到如此大规模的经济衰退而焦虑不安，就是用其他人也未预测到这次经济衰退的想法安慰自己。但是，并非没有人预测到这次经济崩溃。桥水的领导者警告了所有愿意倾听的人，遵循了自己的分析，并保护了其客户的投资。

至于跳跃科技，高科技公司编码员的行业年均员工流动率高达 40％。即使替换一名员工的显性成本和隐性成本都是很高的。想想看企业每年近一半的收入都用于支付这些成本，就能瞥见这个行业的波动性。在成长为一个成熟的 DDO 之前，跳跃科技的年度员工流动率与其他高科技公司一样（2010 年和 2011 年员工流动率为 40％）。现在其年度员工流动率仅为个位数，而该行业的年度员工流动率依然为 40％。

可以预料，为老年人提供居住设施和照顾的老年公寓行业是一个受到严格监管的行业。而此前从未涉足医疗保健业的帝客赢在几周内就在加利福尼亚州获得了审批并进入了该行业。

一个更有趣的问题是：这些公司是不是因为其非同寻常的文化而获得了成功？其成功及其处于 DDO 时期仅仅只是巧合，还是成为 DDO 确实有助于其成功？这是本章中将要探讨的问题。

桥水、跳跃科技和帝客赢的领导者确信是他们的文化让他们在商业上取得了成功。作为友善的怀疑主义者，我们要求他们说服我们。为了让桥水证实自己所言，我们说道，"你相信它，但这是真的吗？""在此之后，因而必然由此造成"（Post hoc ergo propter hoc）是逻辑上的一个基本谬误。问题是："你创造了某种文化，在那之后，你的事业蓬勃发展。但是你怎么知道这两者之间存在因果关系呢？"也许瑞·达利欧只是一个天才的投资者。

跳跃科技的年增长率约为 30％，而其在发展成为一个成熟的 DDO 之后三年内，年增长率都超过了 100％。企业领导者认为是一件事导致了另一件事，但他们有充分的理由吗？也许，跳跃科技这家电子商务企业只不过是借了经济复苏的东风；因为人们在经济复苏期间会更多地购物。

在仔细思考这个因果关系的问题后（我们简要介绍了思考过程），我们得出了与这些领导者类似的观点。与你分享这些，你可能会觉得我们提前透露了结论——但我们并不这么认为。我们还保留了一些小惊喜。如果你真的相信这些公司的商业成功可能更多的是因为他们不同寻常的文化，这对我们来说会是一个惊喜。但是我们将把这个惊喜留到最后。

跳跃科技的成功及其 DDO 时期

当我们要求查理·金和联合领导者梅根·麦森哲说服我们，跳跃科技的年度增长率（从 30%）猛涨至 100% 并且员工流动率（从 40%）减少到个位数的原因是跳跃科技明确承诺要发展成 DDO 时，他们没有迅速做出回答。（顺便说一下，虽然麦森哲本质上更加慎重，但对于金来说，没有迅速回答任何问题反而是不寻常的。正如你已经了解的那样，跳跃科技的每个人都可以告诉你他们偏向于傲慢还是不自信。金会明确告诉你他偏向于傲慢。）

他们回答我们的问题的唯一方法是解读他们带领跳跃科技变得更注重锐意发展，这在实践中意味着什么。回顾过去，他们认为这一过程是一次进化，而不是一场革命。这一进化的起始时间远远早于 2012 年（也就是领导力"成熟"的那一年），并带来了出色的财务业绩。

在早年间，跳跃科技的许多领导能力培训项目并未覆盖整个公司。公司的文化并不是每个人的文化。这些培训项目针对的是最有前途的特定个人，并在其职业生涯早期就对其进行投资。跳跃科技的高管告诉我们，这最终导致了员工留任率的提高，因为很明显，跳跃科技致力于以更快的速度在内部培养领导者。然后，该公司甄选出那些在小型团队中有效的措施，并将其扩展到整个公司的计划中。金说："财务业绩是最后表现出来的，是本公司文化的滞后指标；培养人才需要时间。这不是一朝一夕就能完成的任务。"

他们认为公司运营方式上最重要的变化是什么？他们指出了两个方面：

1. 他们不断将权力下放。从最高层开始，两位最高层领导者将其大部分工作交给了最有才华的副手。正如你所认为的那样，多年来，金和麦森哲确实参与到了公司的运营中。他们就像是"营收队长"一样，每周监控着追踪业务运营的各个方面的仪表板，并采取相应的行动。现在，他们手下两名训练有素的副手负责公司的每周运营。（顺便说一下，其中一个32岁，另一个28岁。他们去年的电子商务销售额达数十亿美元。）

2012年，麦森哲生下第二个孩子并受到身为职场妈妈所带来的时间限制，这一经历加速了权力的转移。她回忆起与金的谈话，当时她说："我不想在这些时间工作。我希望有更多时间陪伴我的孩子。"金回答道："我不想独自经营公司。实现这一目标的唯一方法是让其他人掌握所有权力。我们需要培养更多的领导者。"

权力的下放使员工的工作变得更加复杂，因此也对他们的学习和绩效提出了更多的责任和新的要求。那些转移了权力的人们可以自由从事另一种工作。他们应该怎样处理多出来的这些工作中最宝贵的东西，即高层人员的时间呢？

2. 他们重新构思了教练的角色。麦森哲和金将大部分空闲时间用于指导，指导他们的直接下属和指导其他领导去指导他人。他们对教练这一角色的再造彻底成为公司基因的一部分。如果足够诚实，大多数与业务相关的教练会承认其只了解客户全部工作内容中的一小部分——客户让他们知道的那一部分。而跳跃科技的教练并不是这样。

在跳跃科技，你不能对他人进行指导，除非你完成他现在正在做的工作并且彻底了解了那份工作。教练角色并未外包出去；跳跃科技公司对持续教学的全面承诺并没有带来员工数量的增长。更确切地说，这一角色被融入上级和下属利用时间的方式之中。

企业即大学

碰巧本书的作者都是专业的教育工作者。我们在教育学研究生院工作，而不是商学或管理学研究生院。我们持续对教学工作进行过研究，思考过在课堂、学区或大学中显著改善学习质量需要做出哪些重大改变。在考虑跳跃科技所做的改变的这两点关键特征时，我们只需稍微扭转视线来看看我们已经熟悉的东西。

支撑学校的两大支柱分别是课程内容（学习什么内容？）与教学法（如何教授？）。对这两个要素进行的任何轻微调整都可能导致人们学习的性质、深度和质量发生相应变化。若想改变学习型企业（在学校或工作中），则需要重新构建课程内容和教学法。这与跳跃科技所做的差不多。在不断将工作下放的过程中，公司将不断给员工提供定性上更重要的工作（不仅仅只是承担定量上更大的责任范围）；工作变得更加复杂。公司会不断提升在工作内容方面的挑战程度。

但就其本身而言，这种变化还是不够的。为了提供一个定性更复杂的课程内容，教师必须改变所提供教学支持的性质，以便学生可以掌握这一课程的内容。公司可以预判员工无法成功完成的工作。在传统的工作环境中，这似乎是一项出乎意料的工作资格。但是在一所学校中，如果你能在第一天中就掌握一年的课程内容，你就不属于那个年级。

因此，首先公司可以预计员工无法成功完成工作，并为他们提供一名教学人员，帮助他们逐步成长到能够承担这项工作。通过将教练活动融入直线领导的工作职责中（自己亲自完成过这项工作的直线领导），你可以改变教学的来源、可信度和质量。简而言之，跳跃科技从根本上改变了工作的课程内容和教学法的性质。

提高留任率和生产力

我们已经介绍了跳跃科技改变的本质。但我们为什么要相信这些行动可能会对留任率和生产力产生直接影响呢？

先从留任率说起。如果你问他们(那些员工)对于在跳跃科技(或帝客赢、桥水)工作最满意的一点是什么,那么最常见的两个答案是,"在其他公司,我得等上好几年才能接手我目前从事的工作"以及"我对于在这里工作最满意的一点和最讨厌的一点是一样的。那就是每当我将要掌握一份工作时,他们就会给我安排一项新的工作,然后我又会开始在我的脑海里咆哮"。

第二个回答是一个诚实的答案,值得我们停下来进行一番思索。这个答案反映了我们所有人都在努力克服的一种冲突,即我们内心对锐意进取和谨慎保守的渴望之间的冲突。可以一直从事已经掌握的工作,并且对一贯提供的可靠和高质量的工作成果表示欣赏并给予奖励的工作环境很适合偏向以保守的方式解决这一冲突的人。这种保守的冲动高度重视维持均衡。这种偏好并不意味着你不好。但普通组织通常更偏爱保守派(即使他们也会谈论创新和创业),并且可能会剥夺员工发现自己真正偏好的机会。

当DDO中的员工大骂他们已经开始爱上的东西时,他们实际上是在承认保守派的吸引力,但同时却也是在重申他们发现自己的进取经历更为珍贵。经历如此多的不平衡会让人觉得麻烦和混乱,让我们感到始终无法精准掌握事物的状态、确定性、可预测性和控制力。当然了,所有人都会在有些时候喜欢少一点刺激;但总的来说,因不断成功完成已经掌握的工作而获得奖励的感觉就像是在借助惯性滑行一样,我们会担心自己可能错过明显更优的选择。任何在DDO中工作的诚实人都会告诉你,有时候他也会想要暂时告别DDO的体验。但是在DDO中工作过后,对许多人而言,普通公司就变成了不错的临时之选,但却不是长久工作的好去处。

这种偏好有多强?如果普通公司提出向你支付更高的薪水或者为你提供更多高科技公司员工期望和要求的高额津贴和福利呢?如果普通公司一直用这些待遇不断诱惑你呢?跳跃科技每年会收到数千名初入职场的应聘者发来的简历,并且会聘用大约十人。受聘者通常来自麻省理工学院、卡内基梅隆大学或佐治亚理工学院的杰出人才。市场对这类员工的需求量很大。那些发现DDO的压力不符合其喜好的人不费吹灰之力就可以找到新的工作。金和麦森哲告诉我们，他们的员工每周都会收到极具诱惑的跳槽邀请。

2010 年，跳跃科技成为来自美国东海岸各个高校的工程师的主要招聘者，其员工流动率飙升。该行业的工程人才十分短缺（现在仍然如此）。跳跃科技成为工程人才的聚集地，而其他科技公司发现招聘工程师的最快和最好的方式是从跳跃科技挖墙脚。工程师离开跳跃科技后很容易就获得了更高的薪酬，通常可以比在跳跃科技的时候翻上两三倍。

但随后跳跃科技于 2012 年发展成了一个成熟的 DDO，现在工程师很少会跳槽。在跳跃科技转型之前，工程师的上级领导很少会将自己的工作交给下属来做，但现在却会这样做了。我们不知道这之间是否存在因果关系，但这似乎是个令人信服的假设。

每个人可能都希望在自己认为收获最大的地方工作；但是收获分很多种，有外部收获和内部收获。这些收获包括金钱，也包括感受自己进步的机会。对我们大多数人而言，每一种收获都有一定的价值。只是每个人重视的收获类型不同。

我们还能如何解释员工流动率的急剧下降现象？其他公司并没有突然停止挖墙脚。跳跃科技在转型为 DDO 的同时并没有大幅提升薪资，也并未开始为员工提供租借来的跑车。跳跃科技只改变了一件大事，那就是提升了员工的内心与内在的收入。而且，随着时间的推移，跳跃科技的招聘工作明显越做越好，并且开始寻找认为这种形式的收获很有价值的人。对我们而言，将成为 DDO 与更好地寻求认为在 DDO 中能取得满意收入的人在这两点进行结合，似乎是对跳跃科技解决员工流动率问题的最为合理的解释。[1]

在跳跃科技改变其工作的课程内容和教学法的方式与其生产力的提高之间画等号更容易。其生产力可以与其能够启动和掌控的创收项目或计划的数量直接挂钩。

成为一所好学校

对跳跃科技向 DDO 的转变的另一种描述是，跳跃科技将其业务转变为一个队长培养机制。在一个工程师遍布的公司里，领导者最值得骄傲的工程壮举是他们创造了一个培养队长的引擎。

培养队长不仅仅意味着让更多人有机会去领导计划和项目，还意味着为他们提供持续不断的指导、辅导和教学，提高队长获得成功的机会。通过让从事过这些工作的人成为教练，跳跃科技提升了教学质量。通过从现有员工中选出教练，跳跃科技已经从权力下放的好处中获得辅导时间，并改善了教学的经济可持续性。以下公式仍有待商榷：(a)更多的队长，承担(b)更多的创收项目，并在(c)持续不断的支持下，带来(d)生产力的显著提高。

当然，员工流动率的降低也与生产力的提高相关。培养队长需要时间。如果员工流动率太高，就意味着没有人会在"学校"中待上足够长的时间直到好处体现出来。

我们并不是说跳跃科技的不寻常之处在于其将学校教育的基本特征带到了职场中。无论是不是DDO，每个工作场所都可以视为一所学校，可以通过其课程内容和教学法对其进行评估。只是老实说，大多数工作场所都不是很好的学校。

在大多数情况下（特别是在成熟的公司中），职场并不是一个好学校，因为员工学习的一直是相同的课程。但是员工不会认为自己失败了，被迫重复上一门课程而不是获得晋升，他们发现其可靠性被冠以成功的标签，能够为其带来回报。

在某些情况下（通常是在初创公司，或在成熟公司的整个企业范围内的转型期间），职场会因为完全相反的原因成为差劲的学校：公司为员工提供极具挑战性的课程，却未能普遍提供足够优秀的教学支持，以便员工掌握课程内容。

所以，因为这样或那样的原因，大多数组织都是差劲的学校。如果这些组织的领导者表示："我们不关心我们是不是一所好学校；这不是我们存在的原因。我们只关心我们是不是一个好企业。"如果成为一所我们在此讨论的这种好"学校"对于在既动荡不定、难以预料，又错综复杂、模糊不清(VUCA)的环境中成为一家好企业并不是至关重要的，那么这种"不关心"是理解的。

对一家公司而言，成为一所好学校有多重要？我们刚刚开始探讨这个问题，并将跳跃科技作为第一个深挖点。在转型为DDO的过程中，跳跃科技通过下放权力和提供系统的支持改变了其工作的课程内容和教学法，从而帮助员工掌握更复杂的工作。我们提出过这些转变可能为该公司带来了直接的好处。现在我们想通过帝客赢或桥水的员工在阅读本章时的想法——"嗯，这正是我们所做的！"——来概括这一点。将工作下放和帮助员工成功地应对其工作的变化不仅仅只是跳跃科技架构的基本要素。鉴于这两方面是三家公司的显著特点，这可能是DDO本身的基本要素。

桥水的成功及其 DDO 时期

桥水的首席执行官格雷格·詹森对于他对本章问题的回答无比明确："我们不认为文化是商业成功的'促成因素'；我们并不认为它是一个'因素'。实际上，我们认为文化是成功的原因。我们因文化而获得了成功。我们认为文化本身就是我们的商业策略。这就是全部答案。"

你已经知道桥水文化的口号是挑战一切观念，所以对于詹森已经思考过这一观念的依据并不会感到惊讶。最开始，詹森思考了在投资管理业务中取得成功所需的条件。"首先，你需要有一个独立的观点，因为你正试图跑赢市场，而且市场已经消化了普遍的共识，"他说道。"其次，你需要真正的洞察力；这种独立观点必须有意义。再次，你在犯错的时候要保持谦虚以生存下去，因为你大部分时间都在犯错。最后，从长远来看，你准确的次数必须要比犯错的次数多。"

詹森将桥水文化与这些特性画上了等号。

如何才能得到真正独立的观点，而不是基于或反映别人想法？如何才能多做正确的事，少犯错？面对自己的成功，如何保持谦虚，以免被成功冲昏头脑？对于我们而言，我们认为我们是世界上最成功的投资管理公司（在客户回报率、全球最大对冲基金等方面），并且保持独立，富有洞察力，行事准确和谦逊；我们是如何做到这一切的？当我们看着自己所创造的一切时，对我们来说，这一切都来自对可能出现的错误、理念精英制度、关于最佳行事方式的争论以及说出别人没有的想法的关注。细数我们的创举，其中包括首家将人类直觉系统化的投资公司，首家分离 alpha 和 beta 的投资公司，率先向机构投资者出售纯 alpha（因为这是其获取 alpha 的最佳方式），完全重新定义了人们将被动式投资组合与本公司"全天候"方式结合在一起的方式，这些创举都是世界首创，桥水的任何一个人都无法独立创造它们。这是一种理想状态下的任理念为贤的制度，这种制度使我们能够以完全不同的方式去做那些成千上万人用同样的方式去做的事情。

改善员工和客户留存率

除非公司或组织能够长久地留住员工，否则就无法像 DDO 一样创造一种文化。我们提到过，在经历危机考验后的两年内，仅有少量员工离开了桥水。

合适人才的低离职率本身就是一个积极的业务指标，但詹森是否认为这可以归功于桥水的文化？"如果没有这种文化，没有完全诚实所带来的各种关系，我不认为我们的［留任］员工人数会那么高。"他说。

我自己就能看清这一点。当我加入时，我当然没想到自己会在这里待上 20 年。我留下来的原因包括：完全诚实所带来的这些关系；我从获得的反馈中得到的成长；我所有弱点都被指了出来；以及那些让我能够在生活中前进的反思。但是，这只是我个人的想法。我们每两个月会对员工进行一次调查，并且每年都以匿名的形式进行。绝大多数人都表示文化是使他们留下的绝对关键。

对于专业服务公司的成功而言，还有什么能比其与客户的关系质量更重要的呢？桥水为与大多数客户建立了独特的关系而引以为豪，而詹森将这种独特性与文化直接联系在一起。

我们与世界上任何其他对冲基金都不同，因为我们的客户将我们视为战略合作伙伴。当我们对客户进行调查并要求其描述我们时，一半以上的客户不会将我们称为对冲基金或投资管理公司；而是会称我们为战略合作伙伴。这在我们的行业中是很激进的。在大多数情况下，投资管理公司与其客户之间的关系更多的是交易关系。他们雇用投资管理公司，试图获得最高回报，试图通过协商获得最优惠的费用等。在我们的行业中，深厚的可信赖关系极为少见。

有趣的是，当被问到他认为公司的独特关系来自何处时，詹森立即将之归功于文化，而不是客户享受的经济回报。"来自20年来一直以符合我们文化的方式与客户关联到一起，一直对他们完全诚实，为他们带来别人没有的想法，从不考虑产品的销售，而是考虑最佳行事方式，与客户携手合作，让我们的客户顾问建立这种关系——这一切都来自桥水内部的文化和向外输出给客户的文化。"

在考虑DDO的严格商业价值时，为了对桥水进行探讨，我们必须简要地回顾其最独特的商业成就之一。在大萧条以来最严重的经济危机时期（也就是2008年，那是经济危机之后经济衰退最严重的一年，当时个人、公司和国家正在萎靡不振的市场中苦苦挣扎），桥水为其投资者赚取了9.4%的收益。当时将损失降到最低就已经算是一项非凡的成就了，但桥水却为其客户带来了收益。在经济衰退的几年中，桥水的80%的交易都获得了盈利，而其首席执行官瑞·达利欧更是在经济衰退到来前几年就警告过即将发生经济危机。

的确，所有这些都证明了存在某种特殊的优势；但将这一成功归功于桥水是一个DDO是否合理？当你与达利欧或詹森在一起时，你会发现他们对于人们在感到无比确信时会错的有多厉害这一点感到无比确信。对于桥水因得知某些他人不知道的事，并在他人对这件事的认识都是错误的情况下持有正确的观点而获得赞美时，达利欧和詹森并不会把自己当作伟大的先知，而是知道自己必须始终保持警惕，切记自己往往很无知，经常会犯错，并且知道这一点就是他们所知道的最重要的事。

作为一个曾经以"我每天都会失败"为主题给整个公司写了一封电子邮件的人，达利欧会告诉你，桥水在经济危机期间的成功与该公司的文化有着相同的源头。电子邮件中有这么一段话：

> 这些结果归功于桥水的生存之道，最重要的是因为深刻的独立思考，以及就真理进行的辩论使我们能够理解去杠杆化，并持有一种与舆论不同的深思熟虑的观点。[2]

对于桥水成功地预测了经济衰退这一点，詹森的印象远不如外部观察人士那么深刻。他的观点似乎是，就像一个停掉的表每天也有两次能够显示正确的时间一样，一个人总会提出正确的预测。更重要的是要为预期的事情以及做错的事情做好计划。詹森认为这才是真正的成就。并且由于桥水的文化，这种计划会予以充分执行。

> 我们如何为银行倒闭以及如此严重的金融危机制订计划？又是怎样根据此计划在公司的任何负责人都没有亲身经历过这样的金融危机的情况下成功地管理资金的？我们的流程总能深挖可能在哪些方面犯错，总能记录我们的理念，对我们所有的想法进行压力测试，超越我们自己的经验，思考我们可以从先前的情况中吸取的经验教训和彻底想清楚在大萧条和日本泡沫破灭中发生的事情，通过这些流程，我们强迫自己更好地思考如何应对真正的金融危机。在我们应对金融危机的过程中，我们犯了很多错误，见证了许多犯错的方式，从中汲取经验教训并将这些认识综合起来，改善我们的模型。

这听起来像是在歌颂火眼金睛的分析判断和对每个因果命题的逻辑和证据进行严格的压力测试的价值。但在桥水，这仅仅只是"深入"的一半意义，无论讨论是否关于银行的信贷模式还是某名经理连续第三次未能在其承诺的时间交付工作产品。达利欧是一位博学的脑科学爱好者。在这两种情况下，分析不仅是新皮层（大脑的分析部分）的工作，也是关于杏仁核（更原始、被动反应的部分），以及用心理学家丹尼尔·卡尼曼（Daniel Kahneman）所说的"慢思考"和"快思考"之间的关系。[3]

我们对损失的厌恶之情，即我们对失去地位、控制、可预测性、感情、尊重等的威胁感，如何使我们产生认知扭曲，扰乱我们的判断，并导致作为人员管理者或资金管理者的我们表现不佳？在这两种情况下——桥水的文化认为在所有情况下——我们管理的只有一件事：我们自己。这就是我们第一天拜访时，这位银行业专家在被问到桥水的文化与投资顾问的工作有什么关系后告诉我们的内容："文化不是工作方式的一部分，而是进行工作的整个背景。我每天起床都非常清楚我在干什么——提升自己。"

上文中我们提到了詹森的观点，即在犯错的时候要保持谦虚以生存下去。看看桥水在哪些方面没有获得成功，就可以了解他用谦虚这个词是要表达什么意思。2009 年，桥水创始人瑞·达利欧宣布他已准备辞去首席执行官的职位。一个独特形象在很大程度上依赖于创始人的公司如何才能在创始人辞职后生存下去并将这种独特性传承下去？对桥水而言，这是一个现实问题。但是在某种形式上，这个问题也是一个许多初创公司所面临的广泛问题。"这将是一个很大的考验，"詹森说，"并且这不是一个我们确信可以通过的考验。"他继续说道：

> 你能否创造出一种非常独特的文化，并使其在离开其创造者之后继续传承下去？瑞的最后一个愿景就是让这种文化永久地发挥作用。显然，随着我们不断学习和进步，我们的想法会发生变化；没有人认为这会永远不变。但是，这个我们用来学习的过程——持续关注我们

作为个体和一个集体究竟什么是对的什么是错的，如何维持这种任人唯贤的制度等所有这些内容——如何让其永久地持续下去。我们已经进入了十年计划的第六年。这是个坎坷而困难的过程，因为我们，包括我在内的领导团队，都在努力完成必要的工作来落实该计划。

在这种情况下，说文化是成功解决这一企业问题的原因还为时过早，因为这个问题还尚未成功解决。但很显然，与其他公司不同，桥水将赌注压在其文化上，因为它对所面临的其他所有业务挑战都有帮助。

听一听詹森讲述他和同事们如何利用其文化作为成功接过达利欧转交给他们的责任的策略。

> 我们以完全透明的方式完成了这项工作。公司里的每个人都知道我们的努力。所有参与者都因为以极度开放、关心、透明和合乎逻辑的方式经历了这一过程而不断成长。这似乎是很独特的，因为整个集体都可以完全了解这个过程，并且就我们的行事方式和我们在做的事提供反馈。当你看到创始人的转变时，我认为这是一个独一无二的过程，即宣布这将是一个十年的过程，知道这将是一场斗争，并且以完全开放和透明的方式进行这场斗争。我们将会见证一切。我当然不是说因为我们的文化和流程会解决所有问题，所以我们可能无法成功，但是如果我们未能成功，也会以一种公开、透明和符合逻辑的方式失败。将我们的文化用作应对一切（甚至是领导层交替的挑战）的战略是正确的。

我们问詹森事情进展如何，以及他如何判断事情进展的成功程度。毕竟，六年是个不短的时间样本。

> 这是一次美妙的学习之旅，所以在一个层面上这已经是一种成功了。因为我们以一种透明和符合逻辑的方式去做这件事，我们都在努

力解决这个重大问题的过程中学到了很多。我们了解了彼此，知道在文化和公司方面有效和无效的工作。这部分取得了巨大的成功，因为这是非常有意义的工作，这个学习过程让人感到难以置信。我认为大多数参与了这个过程的人都感觉到自己与这个过程紧密相连，正如其自身的一部分一样，并且他们感受到了有意义的工作的好处。

但是，回到本章开头的话题，桥水不是一所大学。詹森再次说道：

当然，目标不仅仅是学习，虽然学习是在这里工作的人活着的重要原因，所以这本身就是一件好事。但就业务成果来说，桥水在20年后甚至30年后是否还会以使其成功的方式保持独特？当看到那一幕时，我们会说："六年过去了，我们取得了令人难以置信的进步，但概率依然低于我们的期望"——这意味着，因为我们尚未填补一些需要的领导角色，因为我们发现自己和他人依然有尚未克服的其他弱点，这意味着仍有差距，我们仍然缺少一些需要的东西。从我们成功使这种极为不寻常的文化再传承20年的概率性的角度来看，这一可能性可能是40%。这不是我们理想中的数字，但六年前，当我们开始这个过程时，这一可能性几乎为零。因此我们在六年内将可能性从接近零提升至40%，并且我们正在努力让这一可能性接近60%。

詹森在评估转型的进展情况时，没有提及公司在这一时期的表现，因为领导层已经从达利欧过渡到了下一代领导层，这一点可能会引起读者的兴趣，就像引起了我们的兴趣一样。当然，华尔街和其他观察人士将基于为投资者带来的回报，以及这种模式是否表明桥水可以在没有达利欧掌舵的情况下"继续顺利运营"，来回答这个问题。

实际上，鉴于全球经济形势，这一时期显然非常具有挑战性，而根据任何传统的商业指标，桥水在这一时期的表现都可以说是非常出色的。就公司的盈利能力、投资者回报率和客户满意度而言，"我们比以往任何时候的表现都要更好，"詹森说。但是，我们觉得那些能吸引别人眼球的优秀指标似乎仍然没有给他留下深刻的印象。

你是对的，那并非我们评价我们在转型方面的工作表现的方式。更明确地说，我们认为公司极有可能在20年内仍然存在并且获得相当的成功。但这不是我们的目标。我们的目标是，公司依然是一个富有创造力的独特的工作场所，而非很容易就变成那种完全依赖于已经建立起来的声誉、平庸的投资管理公司。我们不在意那些事情[公司目前作为一个企业的表现]，因为我们知道这些是滞后性的指标，而不是决定性的指标。

根据詹森的观点来看，文化既是领导者希望赖以实现成功转型的手段或战略，同时也是转型的目标。对桥水而言，实现了存续却失去了这种文化并不是一种成功。鉴于詹森认为文化是成功的原因，他也不会期望桥水以这样的方式取得成功。最后，对詹森、达利欧和世界上最大的对冲基金桥水，弗尔曼、昂格和帝客赢以及金、麦森哲和跳跃科技来说，文化和业务都是一个整体中的一部分，两者互相依赖，既是手段，也是目标。

"无论何时，只要需要在文化和盈利能力之间做出选择，"詹森说，"文化始终优先。"但即使这不是因为桥水（或任何DDO）将文化置于严格的商业动机之前。詹森告诉我们，他们曾不得不遗憾地解雇了一名从严格的商业角度来看非常成功的员工："这是一名非常优秀的客户专家，客户们很喜欢他。但他与我们的目标并不一致，因而我们面临着艰难的选择：是要把盈利能力和业务指标放在首位，还是要把文化放在首位？"如果不是始终将文化放在首位，我不知道他们会如何去做。有些事是不能只做一半的（下文将给出关于此例子的详细说明）。

现代土耳其的奠基者穆斯塔法·凯末尔·阿塔土克（Mustafa Kemal Atatürk）强调，有些变化必须是全面充分落实的，例如，把汽车在道路右侧行驶变为在左侧行驶。詹森说，"如果有人没有完全投入，那始终应该试图弄清楚'他们这时候是不是没有向我说实话?'这就是为什么说文化是原因所在,而不仅仅只是一个促成因素。一旦你说文化只是一个组成部分,你就将其与其他考虑因素进行衡量,那我觉得你迷失了。如果这意味着少了某些人工作就变得很艰难,那我们需要找到方法来完成这个工作,不然放弃和回避这项工作的成本与短期利益相比就太高了。这似乎是毫不妥协的,但这很有必要"。

文化始终优先,但这不是因为其优先次序高于盈利能力;盈利能力是维持公司生存的氧气。文化优先是因为其被视为实现盈利的手段。在我们看来,不得不炒掉那个明星客户专家不是因为文化优先于盈利能力,而是因为文化优先于短期盈利能力。"那是对的,"詹森说,"利益只是海市蜃楼,追求短期利益最终会让你一败涂地。文化会带来成功,而成功使你可以进一步投资文化。这是一个循环,这一切其实都只是一件事。"(正如您即将看到的,帝客赢的文化将帮助我们更好地理解这个循环的概念,文化和长期成功是"一件事"。)

此外,桥水为我们提供了另一种深挖本章主要问题的方式:成为 DDO 与商业成功的驱动因素是共存的,还是其是成功的促进因素,甚至是原因?我们有一位朋友即将入职桥水,担任高层职务,我们询问了吸引其进入该公司的原因。他是一家全球战略咨询公司的高级合伙人,拿着七位数的薪水并受到同行的高度评价。

他的回答与桥水的文化毫无关系,并且似乎更多地将其文化视为要准备应对的挑战。这是一个以此为生而花了 20 年被深深地带入许多公司的行内人。虽然他并未明确做此规划,但他已成为世界各地复杂业务运营方式的专家评估员,所以你可能想要仔细思考他的答案:"我从未见过任何比桥水管理得更好的公司。"

对抗两种破坏性互动

如果你只研究 DDO 本身,就不可能全面回答成为 DDO 如何使公司在严格的商业意义上成为一家更好的公司,因为答案可能会与那些在 DDO

内不会发生的事相关。你需要将普通组织与 DDO 进行并列比较，以使
DDO 的特点凸显出来。

想想那些熟悉的困扰组织生存的瓶颈和僵局，以及人们逐渐开始视为与
他人做生意所不可避免的成本的阻碍："老样子，老样子"；"时过境迁，烂
事依然"；"情况正常，依然是一团糟"（也就是 SNAFU 这个缩写词的意思）。

桥水的完全透明就是一个生动的例子，反映了在许多普通组织生存中
将麻木无奈视为不可避免的失控流程在 DDO 中无法留存。桥水还表明了，
人们在搞砸后，能够指望整个系统，而不是某个罕见的勇敢的个人，以对
于组织和搞砸了的人而言都富有成效的方式处理这个错误，两者会带来多
大的不同。

让我们思考一下两种组织生活中最普遍、最常见的动态，这些动态几
乎每天都影响着每个组织的经营效率。这些熟悉的现实中的第一个动态是
你在本书的几乎每一章中都阅读到的内容：在普通的组织中，每个人都同
时做着第二份工作，即隐藏自己的弱点、不确定性和局限性并管理给他人
留下的良好印象。这样的第二份工作给公司带来的成本是多少？

公司已经非常了解停工的成本：员工请病假时所损失的工作天数和员
工为非工作原因上网休闲而损失的时间。这些损失，有时是隐形的损失，
大到惊人，以至于公司如今对员工敬业度和身心健康度方面进行了大量
投资。

但我们得知，尽管这种情况下损失的时间和精力很多，但这与员工每
天不断分心去掩盖和伪装自己所耗费的精力相比，就显得微不足道了。想
象一下，如果你能将这种精力重新转向达成公司的目标会怎么样？如果员
工可以放弃他们本来就不想要的这种次要工作呢，这对组织的表现而言又
意味着什么？

这就是在成功的 DDO 中发生的事情。在这里，员工会因展示其不知
道和做不到的事情而受到奖励，就像因他们知道和可以做的事情而受到奖
励一样。在桥水，只有一种错误是无法接受的，那就是不承认自己的错
误。在每天工作结束时，所有你参与了却没有顺利进行的事情都应该记录

在问题日志中。这并不是一个耻辱目录，也不是用来解雇员工或扣除奖金的纸质记录。相反，这是一个活生生的文本（课程），你和同事有机会去学习，并变得更好。

而将更多的精力投入实际的工作这个想法本身，不是隐藏自己，也不仅仅只是一个新时代的空洞想法。每小时将更多的精力投入一个普通的企业中，如果这是一个真实的现象，那么身处其中的你一定能感受到差异。如果你在帝客赢、桥水或跳跃科技度过一周，或者甚至几天，你会经历大家所讨论的"压缩现象"，帝客赢员工将之称为"帝客赢时间"。在这三家公司中，我们听到员工用"这里的一天感觉就像是一周"来描述发生了多少事情（对于个人以及集体而言）。

第二种动态是普遍存在并会对信任造成破坏的不良做法，即在背后说同事的坏话。20年前，我与人合作写过一本书《我们的谈话方式如何改变我们的工作方式》（How the Way We Talk Can Change the Way We Work），书中提出了这样一个问题：如果每个人都说这是不专业的行为，并且如果每个人都说他们重视专业性，那么我们为什么不考虑创造一种工作文化，让员工尝试按约定做法去生活，包括约定将与同事相处时遇到的困难和失望直接告知相关方？每个人都说这是一个美好的想法，并且我们可以期待很快看到这个想法成为现实，就在人们不再对应缴的所得税撒谎，并且放弃所有种族偏见后就可以实现了。

桥水的员工不认为自己是圣人，但他们也不认为这意味着他们一定就是伪君子。如果你也认同在他人背后搬弄是非是不专业的行为，如果你承认自己渴望变得专业，如果你想体验（也许是职业生涯中首次体验）我们称为以原则为生的整个工作环境的"集体诚信"，那么你为什么不欢迎这种让你和所有同事都能按协议行事的做法呢？如果每个人都可以听到所有对话，那就没有背后议论的空间了。这个空间消失了。所有第一次听说桥水会将所有对话进行录音的人都认为这很疯狂。没有人会停下来思考，认为在背后议论他人是让人难以接受的不专业做法，同时依然这样做的行为是不是很疯狂。

问题日志和全公司范围内录音是桥水采取的两种做法，这是我们称为其惯例的特征，这些做法解决了在普通组织中每天普遍存在，并会造成大量损失的两种破坏性动态。第一种动态与员工不讨论和不从事他们应该讨论和从事的事情相关，而第二种动态则与员工不该讨论和不该从事的事情相关。员工浪费时间去美化自己和抹黑他人。

这些破坏性动态不仅浪费时间，还会破坏公司有效地解决和改善任何不良做法的能力，所有组织都深受这些不良做法之害。下面是一个简单的例子。我们目前正在努力帮助一家尚且不是DDO，但是希望成为DDO的公司。该公司有着伟大的使命，并且员工敬业；其表现优于竞争对手，发展迅速，而且盈利能力很强。尽管如此，该公司远未达成其目标，每年错过数亿美元的潜在收入，因为其管理并不符合领导者的期望。原因何在？当有人搞砸工作时，员工不会跨级别和跨部门指出不足之处（尽管他们可以清楚地看到问题所在并且很乐意向其他人抱怨）；当员工知道自己的不足时，他们不会自己指出。在我们合作的非DDO中，我们经常会问："按10分制计评，关于对业务运营很重要的问题，你对其他人有多坦诚？'1'相当于'完全不坦诚'，'10'相当于'完全坦诚'。"我们以匿名的方式收集评分（否则他们也不会对该问题坦诚）。

评分通常为6分左右——低得可怜。想象一下，你的医生、律师或配偶只告诉你其认为你所需要知道事情的60％，情况会怎样。如果我们不得不将整个章节浓缩为一篇文章，并且最多只能用140个字描述成为DDO的严格商业价值，最好的文案可能是，"问：为什么企业应该转变为DDO？答：为了将其坦诚程度评分从6分提高到9分甚至10分！得分为6分的企业以60％的效率运作"。

这两种普遍存在的动态的相互联系的方式很容易理解。我们达成了一系列的协议："如果你不直接揭发我，我也不会直接揭发你。如果你不干涉我的话，我也不会为了美化自己而干涉你正在进行的工作。"我们每个人都可以自由地隐藏自己的弱点，并在他人背后批评其缺点。

当我们退而求其次定义人类天性时，桥水是一个很好的实例，反映了我们这些其他人所犯的错误。人们会告诉你，同事们在背后议论对方不过是人类的天性。隐藏自己的弱点，只展示自己的优势，这只不过是人类的天性。在被问到为什么不想在桥水工作时，一名哈佛大学的学生说："我希望我在同事眼中的形象比我自己的真正形象要好。我不希望他们知道我到底是什么样子！这只是人类的天性，不是吗？"但如果他认为的"人类的天性"在两方面都会耗费精力呢：如果躲藏目光（隐藏自己的弱点），并经常违背自己的是非观念（在背后议论他人）就是人类的天性，那么在桥水或任何其他 DDO 中工作的人就需要好好解释一下了。如果他们不是人类，那么他们来自哪里？在我们开始改变对天性的看法前，还要出现多少违背天性的怪胎呢？

帝客赢的成功及其 DDO 时期

如上文所说，为了再次说明将工作下放，将工作视为学习项目，从而进行彻底的透明化或密切地关注弱点，话题很容易又回到了帝客赢，因为这些都处于帝客赢文化的核心位置，正如其在跳跃科技或桥水的文化中的位置一样。但是，帝客赢还可以通过我们称为整合性的主题帮助我们讲述 DDO 时期与业务绩效之间的关系。

如果你问帝客赢的任何一名领导："你认为公司以锐意发展为导向的文化的哪些方面在严格的商业意义上为企业做出了贡献？"他们会告诉你，"各个方面"，或者，如果他们有更多的时间，他们会用这个问题本身解释他们的问题："对不起，你的问题已经暗示了一种分割世界的方式，而我们正要挑战这种分裂本身。'光的哪个方面是波，哪些是粒子？'这个问题没有多大意义，对吧？光本身是一样事物，也只是一样事物。粒子和波是光的不可分割的组成部分，是看待统一事物的不同方式。"帝客赢领导者从"光"着手，而不是从粒子或波着手；他们从"一件事物"着手，并且更倾向于将不同的方面视为这"一件事物"的不同反映。

"追求员工发展和盈利能力是一件事——不需要任何额外的资源"是帝

客赢的原则之一，正如一份内部文件《帝客赢的目标和手段》（*Decurion's Ends and Means*）中所述：

> 帝客赢的原则是对我们选择如何看待生活和度过人生的陈述，是关于我们如何齐心协力的决定，反映了一种选择，即选择整合性和可能性，而不是选择分离和权衡。我们的原则是将工作、人和发展结合为一个统一，而不是单独的部分。

无论我们是着眼于单独的个体还是整个企业，我们都会看到"合而为一"这个主题贯穿整个帝客赢。"Integer"是整合性（integrity）这个词的拉丁词根，意思是"一"。"如果必须总结在这里工作和在我供职过的其他地方工作的最大区别，"帝客赢旗下罗伯森地产集团的总裁杰夫·柯布兰茨（Jeff Koblentz）告诉我们，"我最欣赏的一点就是：在帝客赢，我并不是过着分裂的生活。我不必在进门前检查自己的一部分人性。我在公司内外是同样的一个人。"

无论是个人克服分裂的生活，还是公司克服在利润与人之间的选择，从"一"开始是该公司的第一原则。"对我们来说，追求盈利和员工发展是一回事，"帝客赢的克里斯托弗·弗尔曼说道，"我们不会选择权衡，当我们考虑为一方而牺牲另一方时，我们就会认识到我们哪一方都未能保全。"

也许直接理解这种整合性的核心取向如何为员工发展带来益处，要比理解其如何对业务发展带来益处更容易一些。本章中我们关注的是整合性在严格的商业意义上意味着什么。可以想象，在帝客赢的朋友们甚至会因为我们愿意挑出一个整体的一半而感到局促不安，但我们这么做的时候却并没有什么疑虑；为了证明这种整合性，你会发现，在本书即将给出的每个商业优势的实例中，都无法摆脱员工发展的明显影响。如果员工发展与商业优势确实是一件事，那么就不可能出现一方发展而另一方完全不受影响的情况，结果证明确实如此。

让我们一起来看看吧。提倡"整合性和可能性，而不是分离和权衡"可能听起来像是企业版圣城。但如果你在帝客赢待上几天，你会很快发现自己并没有陷入迷雾之中，而是陷入了混乱的境地。在这种混乱的情况下，工作繁重，需要不断确认，并着手解决（以及挖掘）长期存在的差距，而这种差距会破坏整合性（并因此影响最佳业务绩效）。

各部门及其领导之间的紧张关系困扰着每一家公司。大多数公司会尽力解决困难，并接受随之而来的时间、效率和创造力方面的损失，将此作为与不完美和不同性格的人做生意的成本。最为开明的组织可能试图达成某种停战协议。然而，对于像帝客赢这样的 DDO 来说，"解决问题"会浪费一个"让问题自行解决"的机会。为什么？"因为那就是利润的来源，"帝客赢的某个人可能会这么说。

当帝客赢接管其旗下首个老年公寓时，领导团队决定让两名高层领导（杰夫·柯布兰茨和布莱恩·昂格）负责，故意将这两个以不同方式思考、交流和工作的人组成一队。"我有一半时间不知道他说的是什么，"其中一人会说。"他思考和交流的方式可以把我逼疯，"另外一人这么说。两个人一致认为："我们真的会让彼此都感到心烦意乱。"尽管如此，随着不断面对彼此对问题的假设和构想，他们两位本身以及公司的运营业务都从中受益。

帝客赢在各个业务层面上将可能不太合拍的合作伙伴聚集到一起。"根据我过去在影院业务中的所有经验来看，让一个 19 岁的员工与一个 65 岁的员工共事是一个必然带来问题的做法。他们无法互相认同，也没有共同的性格。我不记得有过任何成功的先例。看看我们的影院（这里一直这样做），这种做法实际上使集体变得更加健康。我知道共事人员的多样性（并且帝客赢为员工提供了工具，让他们先成为一个全人，然后再从事业务）有助于我们的业务，"时薪员工娜拉·达什伍德告诉我们。帝客赢的大多数员工都是时薪工。

探索帝客赢整合性的商业价值的另一种方法是研究其具有明显业务优势的方面，然后反推其来源。影院业务是以客户为导向的大批量零售服务企业的典型例子。每年有成千上万的人经过其所有任何一个特定的剧院。

你当然熟悉零售客户的体验。例如，你是否曾经住过酒店或在百货商店内购物，并接受了并非普通员工而是卓越员工提供的服务？

我们不是在讨论服务提供者是否亲切友好，乐于助人或过于热心。我们所说的是接受那些为其工作带来无比的活力，以至于让你的体验变得难忘的人的服务。帝客赢的 AL 好莱坞影院拥有许多使观影体验变得令人难忘的特质，包括座椅的舒适性，以及声音和屏幕上图像的质量，但这种卓越员工提供的体验是构成其吸引力的不可或缺的元素，这个方面的严格的商业价值是巨大的。

这种活力从何而来？只有一种方式可以使零售企业的员工日复一日地受到鼓舞。这不会来自每日的鼓励会谈或外部奖励。这些就像意志力一样；其魅力迟早会耗尽。实际上，这种活力来自其活动的意义，这种真实的内在感受，这不是可以"塞进"员工内心的内容；而是他们自己需要每天从内心创造的内容。

你已经看到了发展拉动行动这种想法付诸了实践，就像影院经理将轮岗作为每周重点过程的一部分进行仔细规划。影院领导不断将个人的学习需求——以及团队成员准备好应对的下一个挑战——与运营要求相对应。像迈特·考维（Matt Kauwe，洛杉矶）这样的管理人员致力于确保位置有系统性延伸，将团队成员调至能够让其产生拉力的位置，并提升团队的整体能力。与此同时，他们保持着一种文化，在这种文化中，人员不会被限制于或过度认同任何一个特定角色。帝客赢中从 AL 好莱坞影院的工作人员到高级领导，其中每个人，首先是商人，然后才是小卖部收银员、物业经理或首席信息官。

管理人员和领导者每天都在思考如何将发展融入工作、职责、项目和系统之中。然而，当他们与其他企业领导者讨论追求发展和追求盈利的方式其实是一回事时，他们称有些内容在转型过程中被省略了。（我们承认，作为一个研究团队，我们花了很长时间，并进行了大量落地体验后才领会到这种对坚持统一性的精微和力量。）其他公司的领导者的最初反应经常是这样的：

所以，如果我没理解错你的理念，我认为你们做的事情的确令人钦佩。你们确保了员工获得其需要和想要的学习培训体验，并且作为一家公司，你们有意识地去这样做。这种尽心尽力为员工着想的精神对雇主品牌有益，并且一定会有助于吸引和留住人才。更重要的是，这似乎是你们通过做好事实现成功运营的一部分。帝客赢听起来像是一个工作的好地方，甚至是一个非常特殊的公司。对于你们在成为一家具有社会意识的公司方面说到做到的行事方式，我深受鼓舞。

然而，这些表示赞赏的局外人常常忽略的一点是，这种商业之道首先关注的并不是吸引和留住人才，也不仅仅只是员工在抽象意义上做正确的事，和以企业的社会责任的名义进行有原则的牺牲。相反，将追求盈利视为公司参与者的不断成长是对公司身份至关重要的一种选择。同时，这也是选择看到员工在对盈利能力的追求所带来的个人和集体挑战面前的成长，甚至蓬勃发展。

企业发展需要不断发展的人才；人才的发展需要企业提供良好的发展环境。这两句话都是对的，没有彼此的支持，两者都无法实现。

从夏威夷项目中学习经验

如果我们坚持这种统一性的理念，正如我们要求你在这里做的那样，就能用一种清晰的方法来收集关于帝客赢对发展的关注所带来的业务影响的证据。简言之，我们应该能够观察到重复和特定的例子来说明关注员工发展对于在公司内部创造价值至关重要。

我们来仔细看看帝客赢在房地产业务、老年公寓和影院等商业活动组织中所做的几项战略性投资的结果。在此过程中，思考你所看到的业务优势对于释放帝客赢员工潜力的依赖关系。

在 AL 好莱坞影院的模式改变影院业务很久之后，帝客赢的房地产部门与影院的运作方式完全不同。AL 好莱坞影院由一个对该部门的良好运作负有集体责任的领导小组领导，但这种结构在房地产业务中似乎不太适用。尽管已经取得了进展，但所有房地产职能部门之间的关系充其量只能说是一个孤岛，而且物业经理和会计师之间的关系尤其糟糕。物业经理认为会计人员是严厉的办公室小职员，要求他们关注无聊的细节和死板的最后期限，会拖慢了他们的进度。会计师认为物业经理粗心，不专业并且不可靠。

职业刻板印象也困扰着每个公司，而且大多数公司会努力解决其困难和成本（代价）。而帝客赢则通过使会计和物业管理更加依赖于彼此以获得成功来着手释放房地产业务的增长潜力。

帝客赢当时正在夏威夷进行大规模的房地产开发，这是一个雄心勃勃的项目，包括三座住宅楼、一个购物中心和一家酒店。该项目比以前开发的任何项目都要大，该公司需要就该项目开发一个新的授权、开发、租赁、运营和报告模式。

该项目非常复杂，需要房地产业务的所有职能部门（开发、租赁、财会、法律和地产管理）之间达到新的合作水平。房地产业务的负责人杰夫·柯布兰茨认为，必须采用新的经营方式，这种方式需要体现员工发展和业务增长的整合性。他认为夏威夷项目在传统意义上是一个很好的商业机会，如果房地产业务部门的成员能够克服内部的障碍，该项目也有可能改变公司。该项目的要求提供了一个为整个房地产团队创造拉动力的机会。但是，在员工学会如何开发第一个项目之前，帝客赢无法开发更多像夏威夷项目这样的项目。

柯布兰茨创建了一个以管理影院的团体为蓝本的房地产工作组，并努力加强了其成员的相互依赖性。柯布兰茨对房地产业务决策实施分等级的问责制，但工作组也对该业务的管理共同负责。成员需要学着合作以了解整个业务并共同思考、决策和行动。用帝客赢的话来说，"这就是业务所需要的"。正如柯布兰茨所说的，他向集团明确表示："公司有新的业务需求，因此，员工也出现了新的要求，即各部门之间需要建立更复杂并且更具综合性的工作关系。"

帝客赢将工作组中的人员成长为一个学习型集体作为业务要求。在这个集体中，成员在看待事物时应先从商人的角度出发，而不是从其受限的专家角度出发。随着时间的推移，他们还需要努力认识到，他们目前的能力状态不足以应对夏威夷项目和超越该项目的其他项目的挑战。但是，如果小组成员聚集在一起彼此推动和彼此支持，为房地产业务的良好发展共同承担责任，那么个人将可以按照业务需要的方式成长，并且大家可以将业务挑战作为前期提升自我的练习场。

随着该集团的成员不断专注于克服个人和集体的限制，一些变化开始发生，帝客赢的领导者早前在影院业务中也见证过这样的变化：房地产工作组的成员开始作为一个团体获得评估新房地产交易的技能，并以更为协调的方式，通过更清晰的权衡讨论，以更快的速度识别和评估机会，并提出更高质量的建议。建筑师、内部法律顾问以及物业管理和会计负责人等技术专家开始更加一致地代表公司行事。这并不意味着他们的会议变得轻松简单，条理清晰，顺顺利利，成员毫无紧张感和偶尔出现积怨。但是在帝客赢的员工和企业会共同成长，并且这种成长需要承诺、耐心和每日努力的假设的支持下，工作组成员开始感觉其需要对整个房地产业务负责，而不仅仅是对各自的专业基础负责。

就其本身而言，与柯布兰茨创建和培养房地产工作组类似的举动的发展价值从这一点来看似乎显而易见。显然，这有助于个人发展较少受到职位限制的复杂房地产思维。柯布兰茨解释说：

> 人们想要进步和成长。当你与会计主管谈话时，她会告诉你她对会计师的工作负有责任，但她真正想要的是更类似于首席财务官的职能。她希望能够更多地参与有关收购、租赁、开发和物业管理的业务决策。她希望不仅仅与数字打交道，这一点几乎适用于所有会计人员。物业经理也是如此。最重要的是，作为资产经理而不是物业经理，他们的职业生涯会得到更好的发展。为了成为一名优秀的资产经理，他们确实需要了解财务以及交易的结构和细节。在此过程中，随

着他们对整个业务的了解越来越多，他们会做出更好的决策。

在一个层面上，让会计师和物业经理更深入地了解业务，可以提高他们现有团队的工作质量。但对企业的成功来说，更实际的价值对于柯布兰茨和帝客赢的其他高管而言也同样重要。他从成本结构的角度解释了这一点，这是与企业中的每个人都相关的。

我们可以通过雇用更多的会计师和物业经理来解决我们的问题。但从长远来看，将更多的人派到一个效率低下的系统中（在这个系统中，各自为战的不同职能部门只会产生紧张情绪和效率低下）并没有效果。管理层可以对这种情况进行一段时间的"关注"，并可能会看到逐步的改善，但我并不认为会有任何诚实的人对你说这种做法是可持续的。

我想培养组织的能力。我希望能够解决问题的上游，以便工作的结构能够让员工有更好的表现。在这种情况下，这相当于让员工在其职业生涯的早期就对更多业务负责，并在此过程中做出更好的决策。如果我能够在整个组织内培养这种能力，那关于招聘更多的员工以解决"问题"的对话就是没有实际意义的——我们实际上可以使用更少的员工而不是更多的员工。我的成本结构变低了，因为员工的能力更强，其处于职业生涯的早期，需要的工资也低于经验丰富的员工（但高于能力较差的同行）。这需要的不仅仅是把员工丢进深水区并希望他们可以学会游泳，还需要他们对工作进行有意识地构建以实现这一目标。当我们这样做时，我不必通过员工发展的问题来展开对话。如果有人不想谈论发展，那也没问题。我们可以只讨论结果——我以较低的成本结构实现了更高的绩效。

那么，从夏威夷项目中，我们可以学到哪些关于 DDO 方法的经验呢？首先，帝客赢的领导者将一个复杂的商业项目作为企业必须实现的大胆目标，该项目超越了该企业及其员工的当前能力范围。企业和员工都会觉得有一点儿力不从心。

其次，领导者们花时间达成共识，即只有当员工个人和作为一个集体克服其限制性的假设，达到所需的能力水平时，才能完成这个项目。

再次，公司创建了集体管理，迫使每名技术专家或主题专家开始不断地对整个公司进行思考，去全面了解公司的所有要素，了解由其所在的部门单独创造价值以及在所有部门的相互作用下共同创造价值的方式。

最后，在这些条件下，对盈利能力的追求提供了一种方法，这让个人的成长要求符合公司的需求，而不是与公司的需求相抵触。

通过这种方式，公司专注于发展可以在许多商业活动和战略性投资中创造商业价值。

从老年公寓业务中学习经验

让我们再看一个例子。帝客赢凭借长远的眼光，进入了老年公寓行业：以学习如何将其企业优势和价值观转化为新的业务和（很显然）赚取利润，作为对公司宗旨的表现，即为人类创造一个能够蓬勃发展的空间。

从一开始，该公司的领导者就努力摆脱此类公寓中的许多常规做法。随着时间的推移，他们确定了一些将个人发展和业务成功结合起来的实践。对于其中大部分实践，他们发现了"一开始似乎无伤大雅"的东西，用某个人的话说，"实际上是解决能负担得起的特殊医疗服务这个大问题的关键"。

例如，在公寓运营的过程中，他们发现隐藏在眼皮底下的一种做法就是工作安排。在典型的老年公寓中，高级管理人员负责工作安排，而工作安排是相对静态的。但是，帝客赢的领导者意识到，负责安排更多员工在底层轮岗的人员需要对整个业务有更多的了解。要将拥有合适技能的合适人员在合适的时间安排到公寓中，这个人需要了解整个业务的运作方式。拥有这些知识的人可以做出更好的决策，也更有效率，并且会在其职业生涯中更快地取得进步。帝客赢还要求该职能部门是流动的，并且在组织学习如何更有效地运营时，要立即做出改变。

"这只是务实，"柯布兰茨解释说，"我们利用工作安排和其他类似任务的方式与业内其他公司不同。当我们公司只需要四分之一的员工就能够掌控整个业务时，我们会取得更好的成绩。对于参与该流程的员工而言，他们正在获得和使用的商业知识将推动其职业生涯的发展，无论是在我们公司内，还是在业内其他运营商内。"

与房地产业务一样，公司对低成本结构的需求要求员工以不同于行业内常规做法的方式发展。公司为员工构建了一种克服其限制性视角和了解业务整体复杂性的方法。因此，公司能够从处于职业生涯早期的人员身上获得更高的价值，并且所需要的人数也减少了。

反思角色

就像你之前在其影院业务中看到的那样，为公司创造一个大的延伸目标明显与员工发展和企业发展有关。但是，我们暂时先不要关注员工、经理和高层领导的个人发展成果。企业是否获得成功呢？在 AL 好莱坞影院，醒目的收入增长目标与其战略性投资相关联，这些投资假定员工的成长与院线业务成果相互依存。这些目标中有一个目标特别值得关注，这就是对初级员工、兼职员工和零售岗位员工的不同尊重程度。

娜拉·达什伍德从她数十年的经验中了解到，我们对零售岗位员工发展可能性的默认假设扼杀了这些岗位上的员工。"这是最初级的工作，无论是在影院小卖部卖爆米花还是负责撕下电影票的票根，"她说，"这些都只是人们在找到其他工作前的过渡性工作。但是，这些职业可能做到什么程度，与大多数公司认为这些职业可能做到什么程度是完全不同的。"

影院业务的成功取决于客户体验的质量，而每名工作人员每天开展业务的方式与客户参与直接相关。为了衡量这方面的工作，AL 好莱坞影院采用数据驱动的方式。AL 好莱坞影院仔细追踪行业中标准的财务指标，但也会在每次运营会议中监控两个紧密相关的指标系列：客户参与和员工发展。帝客赢的领导者将影院的盈利能力和工作人员对其工作意义的体验之间用一条线联系在了一起。这条线贯穿了客户体验的质量，而客户体验的质量取决于每名员工都坚持卓越的标准。

上文所述的实践和原则形成了一种职场文化，该文化旨在将员工与个人意义联系起来。通过签到，公司欢迎员工在职场中体现出人性化；你是一个有梦想、有尊严的人，而不仅仅只是公司这个机器中的一个小部件。在"围圈号脉"检查讨论环节中，员工们聚集在一起，在繁忙的夜间放映期间不断地提供和获得反馈，并且在此期间，员工始终处于业务运营的中心。员工们反复描述说发现自己能够做的事情比他们自己知道的要多，因为他们被当作初入商场的商人一样对待并获得投资。这种发现往往会延伸到工作之外的家庭生活、人际关系、大学学习和新的人生抱负中。在 AL好莱坞影院，时薪员工可以学习读懂损益表，然后就下周的影片安排做出决策，这是这个行业中的其他公司不会提供的机会。员工的身份并不会与其所在特定班次中可能履行的职责挂钩，而是经常让员工看到自己在经营整个业务。

达什伍德总结了所有这些对业务的影响："由于关注员工及其批判性思维的发展，我们见证了公司在收入和顾客体验方面的巨大差异。对于业务有利的事实际上也为员工带来了意义和信心。我们在每个方面都取得了突破性成果。这不仅仅只是为了好玩和乐趣而已。"

利用拉动的力量

整合性、统一性、对盈利的追求和员工成长是不可分割的同一件事，这些影院中的工作的特征是帝客赢为个人提供某种帮助的方式的象征。帝客赢通过创造条件来实现这一目标，在这种条件下，不断发展的企业需要持续使员工对其能做的事和能成为的人的期望向更高的水平持续发展。

这种发展的拉动力，正如本章中提到的房地产、老年公寓和影院业务中的拉动力一样，利用业务增长的需求，激励个人克服其限制性的假设。通过上文中对帝客赢的研究，我们希望你现在甚至可以用新的眼光去看待该公司发展拉力的这个比喻，更多地认识到这种拉力在业务方面和个人方面的作用。毕竟，这个比喻的成立需要同时存在产生拉力的事物和被拉动的事物；在没有同时掌握这两个部分的情况下，我们无法理解这个物理概念。拉力会在一段距离上产生拉动力，使这个距离变短。在发展的意义上，当我们努力缩小我们所处的位置和公司需要我们所处的位置之间的距离时，我们就会克服目前的限制。我们正在发展，而企业则完全分享了这些好处。

即使你仍然担心 DDO 中对员工发展的关注是对时间和精力的巨大浪费，我们希望你至少忘掉 DDO 一无是处的观念。在帝客赢，培养更强能力的动力需要强大的集体支持所带来的更大挑战。反过来，更强的能力可以降低成本结构，使更多人为领导岗位做好准备。

帝客赢的员工甚至可能会将这个问题反过来问那些怀疑者，"如果不假设员工成长和业务增长真的是同一件事，那你的企业到底浪费了多少发展潜能？"

令人惊讶的结论

这一章研究了我们在开始与他人谈论 DDO 时经常会听到的问题："好吧，我知道了这种文化可以为其员工带来巨大变化，使员工变得更有能力。这很不错。但企业就是企业，不是大学。我想知道的是，这种文化对企业有什么作用？"

我们认为在第一次收集数据后就得到了这个问题的答案，但收集数据和分析数据是两码事。本章进行的分析让我们得到了更有力的答案。在收集数据之后，我们的初步答案是这样的：如果你问我们是否认为我们已经知道了运营更成功的企业（以普通商业标准来看，即为更强的盈利能力和最大化的股东价值）的秘密，那么也许我们从一开始就误解了彼此。我们承认有很多方法可以运营一家成功的企业，你也可以毫不费力地说出那些极为成功，但并非 DDO 的企业。我们并不是说，"要想成功，你必须成为一个 DDO"，而是在说，"如果你非常关心员工发展（为了公司的利益，或者地球的利益，或两者兼而有之），这可能是组织企业文化的最有效方式，并且有可能在这么做的同时，依然经营着一家非常成功的企业"。

换句话说，我们很乐意将我们的受众局限为那些已经非常重视员工发展的人。我们觉得我们可以向对员工发展有浓厚兴趣的同路人展示一些让人兴奋不已的东西。这一类人会发现自己不止一次地想知道，"尽管我们在过去五六十年中见证了（在科学和技术方面）所有其他知识的巨大发展，我们难道就没有学到任何知识能够以同样巨大的方式重新定义组织和工作支持人力资本发展、领导力发展和人才发展的方式吗？"

从这一点来看，这是我们认为的本书的唯一受众，这对我们来说也很好。对于需要被说服认为这是一个运营成功企业的极好途径的人来说，我们的感受是，看到这些 DDO 变得有多成功（即使是在传统意义上的成功）会多么令人兴奋，哪怕只是因为这些组织反驳了那些不屑一顾的回答，"我可以理解为什么人们可能会因为在这样的组织中工作而收获颇多，但他们无法长期在这类组织中工作，因为这些企业难以为继，并且终将破产"。但是，如果想要成为 DDO 的唯一原因首先是变得更赚钱，那么你的兴趣消退也无妨，因为在我们看来，DDO 似乎需要两种激情——卓越的商业绩效和对员工发展的兴趣，如此，才能让 DDO 发挥作用。

虽然我们在开始分析时并没有明确地意识到这一点，但一旦明确成为 DDO 并不一定会拖累商业成功（某些人代表非商业议程可能愿意支付的一种"成本"），某些人最终会对这个问题产生一系列观点。

1. 成为 DDO 与成为传统意义上的成功公司并不矛盾。
2. 成为 DDO 有助于成功的公司获得更大的成功。
3. 成为 DDO 可能是成功的公司获得成功的原因。

在进行分析之前，我们相信的是观点 2。正如我们在开始时所说的那样，我们认为帝客赢、桥水和跳跃科技至少为相当于观点 1 的观点提供了证据。这些公司显然是非常成功的。我们想通过本章来看看我们的观点有多少说服力，即这些公司不仅成功，还碰巧是 DDO，而且成为 DDO 在其成功中发挥了作用（观点 2）。

但是，任何用过纸笔（或敲过键盘）的人都知道，写作的行为不仅仅只是将想法落实在书面上的过程，不仅仅只是对想法进行记录，写作实际上还是一种检验并弄清自己真实想法的方法。

这里，你得决定你认为我们的分析有多少说服力，但令我们感到惊讶的是，我们总结发现这一章可以得出比本章开头时更进一步的观点。至少就这三家公司而言，我们发现自己更接近于这样一种观点，即成为 DDO 不仅有助于这些公司获得成功，也是其成功的原因（观点 3）。

如果我们不是唯一思考这些内容的人，那么这意味着什么呢？我们的观点是，有很多攀登商业成功高峰的方法，如果你有兴趣使你的公司成为员工发展的强大孵化器，那么这可能是适合你的道路。如果对员工发展不感兴趣，我们希望你能尝试不同的道路，并且一切顺利；我们会在商业成功高峰的峰顶与你相见。关于成功的道路的观点，百花齐放，百家争鸣。

但现在我们不太确定。当我们考虑到这些公司作为 DDO 能够更好地应对业务挑战的范围和性质时，我们发现自己在本章中留下了一个让我们感到惊讶的问题。

这些公司提出了一些新颖有效的方法来应对一系列挑战，包括如何改善留任率、盈利能力、辅导支持、学习准备、发展速度、沟通坦率度、有效授权、有效精简和责任承担；如何减少政治操纵、印象管理、背后议论、停工时间和分心；如何预测公司中无人经历过的危机和顺利光洁度过这些危机；如何发明无人经历过的未来的各种可能性，并将之付诸实践。

还有许多途径可以通往商业成功的顶峰，但也许公司应该在出发之前先问问自己："对于公司的特定业务，此时此刻，我们所面临的挑战主要是技术性挑战（Technical challenges），还是调适性挑战（adaptive challenges）？"这一重要的区别是由我们哈佛大学的同事罗纳德·海菲兹（Ronald Heifetz）提出的：技术性挑战需要新的技能组合，例如，用于某一操作系统的新的应用程序或文件。相比之下，调适性挑战不仅需要技能组合，还需要改变思维模式，即操作系统本身层面的变化，这正是我们用"发展"一词所指代的意义。[4]

如果你的企业所面临的挑战主要是技术性挑战，那么通往成功的道路就有很多，而且每一条都可能比 DDO 这条道路更容易。但海菲兹表示，组织及其领导者最常犯的错误是尝试用技术性手段应对调适性挑战。如果在既动荡不定、难以预料，又错综复杂、模糊不清的 VUCA 环境中，公司面临的挑战主要是调适性挑战呢？如果真是如此，那么大多数公司——无论其最初是否热衷于员工发展——都需要考虑采取能够最好地武装自身以应对调适性挑战的道路。我们所认为的 DDO 就是一种喷射式发动机文化，可以帮助应对调适性挑战，而与此同时，大多数组织的文化就像落后的螺旋桨飞机一样。

因此，在假定 DDO 始终都是一朵奇葩，只适用于那些领导者以激烈的热情将企业发展与员工发展结合起来的公司之前，我们必须再三思考。DDO 可能是第一批吃螃蟹的人，其将异乎寻常的道路转化为坦途。

大多数公司、非营利组织、政府组织和其他公共机构（如学校和医院）可能永远不会呈现出你在本书中了解到的 DDO 的所有特征。但正如 20 世纪见证了更健全的职场从例外情况发展为一种常规（童工、每周工作时长、产业安全、医疗和养老金福利等），为了个体员工及其组织的利益，难道 21 世纪就不可能见证代表着一种更为内在化的健全模式的新发展吗？

注释

[1]One place to look for confirmation or disconfirmation of that hypothesis would be the other two DDOs. Do they have anything striking to report with respect to this critical business metric? Several years ago, Decurion decided to significantly reduce its central office. All the outside advice told the leaders to hold back the information for as long as possible to prevent early departures and emotional disengagement. Instead, they shared the decision as soon as they made it, many months before anyone would be let go. "Because we were completely transparent in our thinking, the community as a whole took ownership of the scale — down," Christopher Forman says. "Because we continued to

support the development of everyone, those who were going and those who were staying, we did not lose a single person we wanted to stay. Not a single person. " Bridgewater's CEO, Greg Jensen, says that Bridgewater is at once "a hard place to stay (because 42 percent of people hired leave during the first two years) and an extremely hard place to leave (because almost no one leaves if they make it past the first two years). " A recent review of hires from ten years ago showed that around 40 percent were gone after two years, but around 50 percent were still there after ten years. Bridgewater lost very few people who made it past the first two years.

[2]Jeffrey T. Polzer and Heidi K. Gardner, "Bridgewater Associates," Case 413－702 (Boston: Harvard Business School, 2013), 4.

[3]Daniel Kahneman, *Thinking*, *Fast and Slow* (New York: Farrar, Straus, and Giroux, 2013).

[4]Ronald Heifetz, *Leadership Without Easy Answers* (Cambridge, MA: Harvard University Press, 1998).

6

浮现自身最大的盲点

你在锐意发展型公司中最需要"开工"的地方

现在你已经了解了 DDO 所促成的发展，我们希望你能直接体验文化的一个方面：优势。还记得跳跃科技的杰姬吗？就是那位被投票淘汰出了公司领导团队的营销经理。虽然大家告诉她，她的反手（短板）是傲慢，但她知道，只有当她感受到大声说出自己的傲慢所在（她傲慢的表现方式是自私）的痛苦时，她才真正将注意力集中在自己的反手上。用她自己的话来说，"哪些事情更有意义，会在你说出来的时候觉得痛苦或尴尬，我认为这就是你真正开始意识到自己的反手的时候。"这就是我们希望本章结束时能够做的事，即你能意识到自己真正的反手，这不是为了给你增添烦恼，而是为了让你识别和体验在 DDO 中有机会参加的个人学习课程。

我们将通过指导你完成变革免疫（ITC）练习来帮助你意识到自己的反手。[1]首先，你要确定一个个人成长目标，即一个对你很重要的自我提升议题。（我们通常将之称为"一件大事"（one big thing），或简称为 OBT。）然后你要回答一系列其他问题，以揭示你如何无意识地阻碍这个重要目标的实现和妨碍让自己变得更好。这是我们所知道的照亮当前盲点的最快和最有力的做法。如果你在整个练习中保持完全的开放诚实，你就会发现自己的反手。（也不见得必然会令人感觉痛苦或尴尬）

然后，你将了解你如何限制了自己，以及为自己的"操作系统"升级可能意味着什么。我们也希望你能通过在更宽广的自身发展环境中看到自己的边际，从而体验到一种自由感和无限发展的可能性。

如果你是一名领导者，我们并不会因你想跳过本章而感到意外。也许你觉得本章与你无关，或者更诚实地说，你因以这种方式看到自身的反手而感到惧怕。"我真的想要感受这种不适吗？"你可能会这样问自己。如果是这样的话，有一点值得你记住，（例如）那就是当杰姬接受她自己的反手后，她的世界变得更宽广了。如果她没有直面现实，那她就不可能知道她默认的假设（如"花时间帮助其他人会妨碍我的成功"）是错的。她不可能知道帮助他人实际上会让她获得更大的成功，不可能发现人们会对她花时间帮助他们而充满感激，以及她在帮助他人的过程中还会获得完全不同的收获，这对她来说真的出乎意料。

你还将在后文中看到在前文中已经见过的帝客赢的娜拉·达什伍德，无论以何种标准来说她都是一位非常成功的领导者，看她如何通过我们在本章中邀请你参与进来的过程面对她自己的限制性假设，从而变得更加有效率。

建构一幅ITC可以揭示一个人需要做什么才能成为（用跳跃科技的话来说）"一个更好的自己"。用桥水的说法则是，这可以让你触动面对现实所需要的神经。你会看到自己需要改善以实现茁壮成长（帝客赢最喜欢的词）的自我素质。如果你想为自己以及自己的生活、领导能力和组织方面做出更大的成就，这一做法可以揭示一些关于这段旅程的重要价值。

我们对如何充分利用本章有如下两个建议。首先，进行练习！不要只阅读给出的例子；将这些理念应用于你自己以及你的想法和行为中。虽然这些理念非常新颖，也很有吸引力，但这些想法本身无法帮助你识别自己的发展优势。你只会在认知上体验本章的想法，从无法感受这些想法或充分理解这些想法，直到你将其应用于自身。其次，我们强烈建议你将自己的回答写入ITC（参见表6-1）。①

---

① 如果想将回答键入模板或将模板打印出来手写回答，也可从 www.mindsatwork.com 下载 ITC 模板。

写下回答最终会帮助你有所发现，这些发现是你在自己的脑海内回答问题时无法看到的。与让你感到舒适和信任的人进行此练习也可能会让你受益（在家庭层面的锐意发展型公司式的一个小实例）。与这样的人交谈可能会有助于你进行更深入的挖掘。

让我们仔细看看如何使用 ITC 来发现自己的优势。

表 6-1　ITC 模板

1. 承诺(提升目标)	2. 我做得太多（或做得太少)的行为	3. 隐藏的相互冲突的承诺	4. 大假设
我承诺自己在……方面做得更好			

第一栏：改进目标和初始的承诺

我们希望并期望你在使用此工具的过程中感到很有趣。我们建议你仔细思考要给出的每条答案，督促自己尽量保持诚实。

首先，你需要确定自己的改进目标。因为这个过程的其余部分以这个目标为起始，所以选择一个好的目标是非常重要的。你应如何确定目标呢？

以下是一些不同的选择路径，供你参考：

• 为了更有效地履行当前职责，你需要在哪些方面做得更好？为了对你的组织或当前的高优先级计划做出更大的贡献，你需要在哪些方面做得更好？

• 为了使你的组织或部门更接近锐意发展型公司的运营方式，你需要在哪些方面做得更好？你需要对自己的行为做出哪些改变？

• 挑选生活中的任何一个方面——工作、家庭、友谊——然后问道：对你来说最重要的是什么？现在，在确定了这一点之后，你再问自己一个问题：哪种改善自我的方式会对这个最重要的事情产生最大的影响？

• 你是否已经尝试过完成一些改进目标？也许你已经尝试了很多次，但对结果或其持久性一直不满意，这些目标是什么？

你先列出一些可能性，然后决定哪一种可能性感觉是最强大的。你越对自己有所觉察，就越有可能用此方式找到一个好的目标。我们发现，个人往往不容易单靠自己就能选择最有可能影响其领导效能的目标。即使在与我们交流过的每个锐意发展型公司（这些组织非常关注帮助个人变得更好）的领导者中，我们也会听到对于每个人确立适切的改进目标有多么难的言论。

因此，我们建议你寻求大量其他人的帮助。询问你的主管、同事、直接下属、朋友和家人："你认为我在哪些方面的改进会让我在这个组织环境中产生最有效益的影响呢？我可以做出最有深远影响的贡献有哪些？为了做出这些贡献，我需要在哪些方面做得更好？我需要做什么才能更好地为你服务？我需要在哪些方面做得更好才能更好地为你服务？"当仔细查看这些反馈时，你要寻找直击要害的模式与问题，以及对你的成长最重要的领域。

在回答这一连串的提问后，最佳的目标，应符合以下标准：

- 最佳目标应该是关于在哪些方面想要做得更好，而不是本身就是一种结果或产出。比方说，"不要那么掌控"不算一个改进目标；它更多的是一种结果或产出。"在不要那么掌控方面做得更好"算是可以的。但改写为"在给予他人更多控制权方面做得更好"则是一个更好的改进目标的例子，因为这个目标说明了可以做些什么来减少掌控，确定了你想要在什么方面做得更好，这引出下一条准则。

- 尽量用正面肯定的语言来陈述目标。说你想通过停止某些行为或惯性来改进，通常不如直接说出你想怎么做来得有力。思考哪方面的成功对你最重要。

- 目标应对你而言非常重要，以便你能够将该目标的实现（若能实现）视为对个人而言有价值、值得做或很有用的事。

- 目标应该是你尚未成功解决的事情，这意味着存在很大的改进和未来发展空间。

- 应该清楚在这个承诺方面做得更好意味着你（而不是其他人）必须改变你生活、思考和行动的方式。

来自帝客赢的娜拉·达什伍德

在第一章中，你了解了娜拉·达什伍德，她认为其个人挑战是如何更好地"与人相处"，让他们以自己的方式去学习如何做事，而不是在她的指导下去学习。她想在其他人做出的决定不同于她所做的决定时不再收回自己的善意，不再让房间里的气氛变得僵硬。与将这一改进过程视为仅仅只是关注行为改变的过程相比，DDO 的方式是更深入地研究当事人的思维方式和信念体系。对达什伍德而言，这一信念体系便是其不受欢迎的行为的根源。ITC（如达什伍德实际构建的 ITC）可帮助我们用一张图概述这个复杂的动态体系（参见表 6-2）。

表 6-2 娜拉·达什伍德的 ITC

1. 承诺（提升目标）	2. 我做得太多（或做得太少）的行为	3. 隐藏的相互冲突的承诺	4. 大假设
我决心在"与人相处"、减少掌控以及在对他人的做事方式更加开明方面做得更好	• 我不听取他人的意见； • 我总是试图说服他人相信我的方式是正确的； • 当有人提出的想法或计划与我自己的观点不符时，我会不断提出问题并在跟进过程中什么细节都要管； • 我用冷漠的表情来逼退他人，拒绝交流，并且不会提供鼓励； • 我只解决我能掌控的小问题或小挑战； • 我不会考虑其他备选方案； • 我将时间花在了我不想做的事情上，我从不授权与他人	忧虑盒子（Worry Box）： 我担心无法完成工作；他人的想法可能比我的更好，我担心会被视为无价值的人；我担心这些想法不如我的好，我不得不做更多工作来解决问题，因为我没有一开始就否决这个想法；我不喜欢以不同的方式进行领导；因为我担心以不同的方式进行领导意味着失去自我；如果以不同的方式进行领导，我可能会失败；我担心可能会被利用或被轻易地打败 我内心同时承诺的是： • 用尽方法避免我认为自己无法完成的其他情况出现； • 用尽方法避免感觉难为情，或我的想法被他人认为不那么有价值的情况； • 不重复做同一件事； • 通过"领导"来对要做的事情保持兴趣； • 不让自己失去自我； • 不要表现出我没法有效地支持他人； • 避免被利用或被轻易地打败	• 我假设我的成就与才能可能更多的是来自好运气而不是我真正的能力使然，因此我是力有不逮的； • 我假设我并没有真正的成长（在所有环境中），我只是在帝客赢的环境中得到成长而已； • 我假设我的本性怎样改都改不了； • 我假设我关心自己多于关心他人； • 我假设很多我所创造的价值来自拥有正确的观点，即其他人做的事情可能并未以正确的方式完成——换句话说，不是以我希望的方式完成； • 我需要某种刺激才能有效率； • 我担任这个角色的主要乐趣来源是拥有正确的观点

达什伍德的 ITC 开始于其最左边的改进目标：

我决心在"与人相处"、放松控制以及对他人的做事方式更加开放方面做得更好。

来自桥水的鲍勃·普林斯(Bob Prince)

桥水的联合首席投资官鲍勃·普林斯曾努力完成一项瑞·达利欧交给他的大型项目，该项目涉及对债券市场进行特定类型的探索和分析。该项目对普林斯提出了一个复杂且具有挑战性的问题；达利欧只是简单地解释了该项目的目标，然后将其交给普林斯，让普林斯领导的团队去实现它。该项目历时多年，遭遇了多次失败，这需要普林斯进行大量的反思和改变。

他被视为一个极富创造力，但在让事情切实发生的可靠性上仍需颇多的努力。根据格雷格·詹森对普林斯的综合评价(桥水的所有员工都可以看到)，普林斯是一个"疯狂科学家的原型，是一个拥有伟大想法的实验者，但是不可靠，有时会炸毁实验室"。

普林斯对这种特征的描述表示认同。同时，他也想改变这种特征。他承认，"我真的不擅长针对目标而保持同步，以及协调各个部分。[关于债券市场项目]我容易偏离正轨，陷入细节并停留于其中，容易将事情导引到非生产性的事务上。这并不是一个妥善管理的过程"。

为了克服这些弱点，鲍勃走上了改进之路(参见表 6-3)。特别是，他希望能够更好地为团队制订一些明确的战略计划，例如，"哪些职责需要哪些类型的人员，以及需要怎样的特质来满足规格表中要求的属性"以及"使用该信息将人员分配到合适的角色，帮助他们找到成功的方法，并保护他们和我们免受弱点的影响"。

鲍勃的第一栏的改进目标如下：

通过与目标保持同步，以及协调各个部分，从而在完成项目任务的可靠性方面做得更出色。

轮到你了

回顾关于自我改进目标的各种想法，并选择符合所有标准的想法。准备就绪后，在你的 ITC 的第一栏中写下用作起步的改善承诺（再次参见表 6-1）。在这里我们已经帮你做了个开始："我承诺在……方面做得更好。"随着练习的继续进行，你将需要返回此页面增添新的条目。

第二栏：做得太多（或做得太少）的行为

下一步需要你对自己绝对的诚实。你需要制定一份无惧的清单，列出所有与你的改进目标相违背的作为（doing）（或做得太多的作为），以及哪些违背了你的改进目标的"不作为"（not doing）（或做得太少的作为）。换句话说，我们要求你诚实地面对自己的不良行为。你的这份清单将会反映出你是如何打乱自己的计划，以及违背了自己的改进目标的。哪些是你作为太多或者作为太少的事情？你做了些什么，或者忽略了什么，从而会影响、破坏或妨碍你的改进目标的事情？

同样，如果你能得到其他人的真实反馈，那么第二栏中所列出的行为将更加可靠和准确。如果你确实能获得定期反馈、监督、指导或正式评估，请将这些意见作为第二栏条目的潜在来源。回去找那些能为你的改进目标提供意见的人，并请他们帮助你确定所有条目中与你的改进目标相违背的任何行为。

表 6-3　鲍勃·普林斯的 ITC

1. 承诺（提升目标）	2. 做得太多（或做得太少）的行为	3. 隐藏的相互冲突的承诺	4. 大假设
通过与目标保持同步，以及协调各个部分，从而我在完成项目任务的可靠性方面做得更出色	我经常会在不寻求他人（尤其是那些更擅长战略规划的人）意见的情况下制订计划并采取行动； 我对自己的计划过于自信； 我往往不会质疑自己制订的计划	忧虑盒子（Worry Box）： 我担心不能做自己想做的事； 不知道如何与他人保持同步； 我担心会被其他人拖后腿； 也担心自己没有为桥水增加足够的价值。 我还同时承诺： 在想的时候做自己想做的事； 不会被他人拖后腿或者依赖他人； 不因为自己的能力不足而无法与其他人同步； 不再觉得自己没有为桥水增加足够的价值	我可能在假设： 如果我试图与我想做的事情保持同步，我将不知道该怎么做，其他人会"拒绝"并阻止我做想做的事情； 我是知道最多的，我的计划不需要任何外部意见，因为保持同步并不会带来任何特别有价值的东西； 一旦我弄清楚自己想做的事情，其他人对我而言更多的是一种拖累，而不是改进设计的资源； 我没有为桥水增加足够的价值； 我需要显著提高自己应增加的价值； 显著提高自己所增加价值的最佳途径是独自完成自己的计划； 对部分工作进行"外包"并不是显著增加价值的方式

关于这个栏目，有两个评估条件。

• 确保列出的条目是行为性的，并且越具体越好。例如，不要写"在指导直接下属时，我感到无聊"，而应该写"当直接下属解释其问题时，我会停止倾听"或"我会在完全听完问题之前就立即解决他人的问题"，这两种都是内心感觉无聊而导致的行为。如果你发现自己列举出的条目更像是一种感受、心态或态度，那么问问自己"我做了什么(或我没做什么)而导致了这些感受或态度？由于这些感受或态度，我做了什么(或没做什么)？"

· 写下的每项条目都应该是你正在做的(或没做)与你的改进目标相悖的事。我们相信你为了实现自己的承诺而做了很多事情，但在这里我们只问你恰恰相反的事情。我们还设想你可以列出一个又长又详细的清单，列明其他人如何破坏你的进步，但我们并不是要求你去这样做。

你列出的行为越多，在后续过程中获得有力洞见的机会就越大。因此，给自己充足的时间去回想一下当你誓言要进行改进甚至采取行动改变行为，却又滑回过去熟悉的工作模式时的情况。

在 ITC 的第二栏中写下你所有的行为。仔细检查你的行为清单，确保清单中列出了所有行为，所有条目都是具体行为，以及列出的所有行为都是与你的改进目标相悖的。

娜拉·达什伍德

改进目标：我决心在"与人相处"、放松掌控以及对他人的做事方式更加开明方面做得更好。

在第二栏(行为)中，达什伍德诚实坦率地列出了她做出的影响及其改进目标的行为。

· 我不听取他人的意见。
· 我总是试图说服他人相信我的方式是正确的。
· 当有人提出的想法或计划与我自己的观点不符时，我会不断提出问题并在跟进过程中什么细节都要管。
· 我用冷漠的表情来逼退他人，拒绝交流，并且不会提供鼓励。
· 我只解决我能掌控的小问题或小挑战。
· 我不会考虑其他备选方案。

- 我将时间花在了我不想做的事情上。
- 我从不授权给他人。

这是一串勇敢、无畏，而且敢于显示脆弱的长清单，这个清单并非为了美化达什伍德而来的。当然，她已经有了一个长期的成功的职业生涯，这让她已站在了其所在领域的最高级别里。在帝客赢，她因感通力、专业水平、教导他人的能力和高标准而受到广泛的赞赏与爱戴。但她不愿意依赖或躲在这些荣誉之后；她愿意更进一步地开放并改造自己，作为一种继续成长和学习的方式。

鲍勃·普林斯

> 我承诺通过与目标保持同步，以及协调各个部分，从而在完成项目任务的可靠性方面做得更出色。

在了解自己如何是阻碍目标达成的一部分后，普林斯确实一直感到很困惑。尽管他想要更开放，试图听从战略规划领域表现出色的人的意见，希望从中能得到更多的指导来弥补他自己在这方面的短板。但他还是经常会自己制订计划并直接行动，而没有意识到自己从更擅长战略规划的人那里寻求意见后能够做得更好。在桥水，普林斯肯定收到过相关的反馈。当其他人看到普林斯以自己都没有察觉到存在问题的方式行事时，他们指出了他的问题。用桥水的说法来讲，他们是在保护普林斯免受其短板的影响。用 ITC 的语言来讲，他们是在帮助普林斯看到自己在第二栏中的作为（或不作为），这些行为阻碍了他的进步。

在一次专门评估普林斯是否取得进步的会议上，达利欧告诉他，"我要说的只有两件基本的事情。第一是你过于自信；第二是你没有很好地解决这个问题。如果你没那么过度地自信，意识到自己有可能会在战略方面犯错……如果对自己少一点确信，你本应该可以做得比现在好更多。但由于你坚决不这么做，你得到现在的结果。如果你能够更加开明，不那么过于自信，你就会做得更好"。（注意，如果这一反馈是对的［普林斯觉得其是对的］，那么这一反馈描述的就是跳跃科技称为过度自信或傲慢的情况。）

桥水的文化设计使得普林斯能够不断获得这种反馈，以确切地知道他做了什么（或者没有做什么），从而阻碍了其目标。尽管这个过程很痛苦，但这种文化的设计也有助于像普林斯这样的人将反馈视为对弱点的诊断和痛苦的来源，同时也帮助他们学习成长所需的信息。（跳跃科技的查理·金将这种反馈称为"阳光"。这有助于你成长。）

普林斯将这些行为添加到了其ITC的第二栏。

· 我经常会在不寻求他人（尤其是那些更擅长战略规划的人）意见的情况下制订计划并采取行动。

· 我对自己的计划过于自信。

· 我往往不会质疑自己制订的计划。

轮到你了

你的哪些作为（以及不作为）阻碍了改进目标的达成？

在本栏中，人们往往会以两种方式偏离正轨。他们要么为有时违背目标的行为写出解释，要么列出他们打算以其他方式去做的事。注意，达什伍德和普林斯都列出了他们的破坏性行为，并没有马上进行解释或承诺改变。如果你发现自己写入了理由或新的改变计划，这很正常，但是要把你的清单限制于行为。

立即开始发誓并计划让事情发生改变是很有诱惑力的。人们通常会对自己的清单感到内疚或尴尬，并希望通过对自己更加严厉，因自己的"不良"行为惩罚自己或用意志力让自己更加自律来清空这个清单。再次强调，第二列中应该包含的唯一内容是你做过或者没做过的事情，这些事情与你的改进目标相悖。不要填入判断、解释或者对自己或未来计划的承诺。

现在请你在你的ITC的第二栏中写入自己的破坏性行为。

第三栏，忧虑盒子（Worry box）：说出你的恐惧与忧虑

从 ITC 的角度来看，即使是非常坦率地反思自己的行为也不足以促成蜕变性的变革和学习。这可能可以带来最具诚意的"新年新计划"，但是这些对于促进持久的变革有多大的作用？列出这些行为，以便进行更加深入的深挖，以及思考（如你将看到的）这些行为背后的根源——你的焦虑、令人畏惧的形象、自我素质和自我保护的模式。

因此，在第三栏中发生了一些让人好奇的事情：一种隐藏且免疫于变革的动态模式开始浮现出来。通常在这个栏目中填写的条目，都是出乎意料地有力和引人深思的。首先填写第三栏的上半部分我们称为忧虑盒子（Worry Box）的空间（稍后将介绍第三栏的下半部分）。

在忧虑盒子中，当列出你想做一些与第二栏中列出的每项条目相反的事情时，内心出现的恐惧与担忧有哪些。通常情况下，人们会花费大量精力试图抑制自己的恐惧，尝试说服自己与他人——自己的能力很好，而且一切都在掌控中。但如果这就是你感觉到的全部，那么你就无法制作出一幅有意义的 ITC 了。尝试在忧虑盒子中列出一些在内心深处让你感到恐惧或有点危险的东西。目标是找到一种真正的厌恶或恐惧的感觉，而不只是关于不愉快感觉的想法。

你可以通过放慢自己的反应，并要求自己想象真正与第二栏中的行为相反（而不仅仅是不同）的行为来让更深层次的感觉与想法反映出来。实际上，要去想象自己正在做（甚至直接尝试去做）与第二栏中的行为相反的行为。将自己间接地置入情景中。现在你有哪些感觉？你感受到了怎样的恐惧或厌恶（或两者兼而有之）？

轮到你了

逐一查看你在第二列中列出的行为，并想象自己正在做（甚至直接尝试去做）与其相反的行为。你会出现怎样的担忧或恐惧？你真正不想别人

在你身上看到怎样的行为？你最不喜欢怎样的自己？

如果你发现了一些让你感觉不好但还算安全的东西，那就请你尝试再深入一点点。问问自己，"对我来说最糟糕的情况会是什么"？如果你已经列出了一些恐惧之处，那就针对每一项条目问自己这个问题。你需要让自己置身在一个能感知到损失所带来的威胁感中，甚至感觉到心里的警铃已经开始响起的地带——例如，别人如何看待你，或你保持控制的能力，或你对自己的感觉（如被爱着、聪明、被需要等）。

现在，请你在第三栏的忧虑盒子中填入你的恐惧。

第三栏，下半部分：揭露你隐藏且相冲的承诺

确认你的恐惧和担忧将有助于你发现更深层的模式——我们称之为相冲突的隐藏承诺。你在上面填写的恐惧，是产生这些承诺的重要参考材料。

实践ITC的一个中心思想是，我们不仅拥有这些恐惧；还会理智甚至巧妙地保护自己免受这些恐惧的伤害。没有人想要感到恐惧或担忧。我们通常不喜欢让自己感觉处于危险或风险中。我们通常不会追求这种脆弱性。相反，我们通常会试图保护自己免受这些感受的困扰。我们会保护自己免受使我们害怕的事物的伤害。我们确保自己不会站在焦虑和危险的深渊的边缘，而是确保自己远离这个边缘——起码是足够远，以至于我们甚至不会意识到深渊就在那里。隐藏的承诺是我们远离深渊的心智战略，也是远离我们恐惧的事物的方式。

尽管我们积极努力确保我们恐惧的事情不会发生，但我们通常不会意识到这些承诺。要意识到这些承诺意味着，我们会不安地意识到我们的恐惧。所以这些承诺通常会隐藏在我们的意识之外，努力确保我们所害怕的事情不会发生。

娜拉·达什伍德

达什伍德调查了她第二栏中的行为清单，并开始想象如果她要做与这

些事情相反的事情，她会有怎样的感受。如果她多听少说话会怎样？如果她实际上鼓励其他人充分发展自己的想法，而不是进行微观管理又会怎样？以下是她的担忧：

> 会出现以下情况：我担心无法完成工作；他人的想法可能比我的更好，我会被视为无价值的人；这些想法不如我的好，我不得不做更多工作来解决问题，因为我没有一开始就否决这个想法；我不喜欢以不同的方式进行领导；因为我担心以不同的方式进行领导意味着失去自我；如果以不同的方式进行领导，我可能会失败；我可能会被利用或被轻易地打败。

这些担忧让她感觉很糟糕，但也很真实。这些担忧向她表明——就像地球上的每个人一样——她也有着基本上无意识地且有力地隐藏的承诺，这些承诺对她有意识地努力做出的改变造成了阻碍。这些承诺保护她免受一些危险，这些危险是她的大脑的某些部分感觉如果她真的要做出改变，就肯定会遇到的危险。达什伍德在这个新角色中是否会失败？是否会不再被视为有价值？其他人是否会利用这种宽松的控制风格？她是否会变得不再像自己？

因为这些承诺通常隐藏在我们的潜意识中，所以我们很难跳过忧虑盒子的情况下发现和列出这些承诺。但当发现这些承诺后，我们就可以看到我们如何阻止自己进行改进。达什伍德发现自己无意中做出了以下行为：

- 用尽方法避免我认为自己无法完成的其他情况出现。
- 用尽方法避免感觉难为情，或我的想法被他人认为不那么有价值的情况。
- 不重复做同一件事。
- 通过"领导"来对要做的事情保持兴趣。
- 不让自己失去自我。

- 不要表现出我没法有效地支持他人。
- 避免被利用或被轻易地打败。

达什伍德清楚地看见自己正在进入一个新领域，在这个领域中她接近了自己最深层的恐惧，即如果以新的方式进行领导，她会有何感受以及有何发现。

在这三个栏目中，她看到了自己的"免疫系统"所生产的模式，这三个栏目所捕捉到的现实是，尽管她确实希望通过对他人的做事方式更开明来提高自己的领导能力，但同时她还有另一部分的自我想要（实际上是需要）做一些与这个目标背道而驰的事情，从而确保自己的安全。这犹如她有一只脚踩在油门上说"走，走，走！"（第一栏上），但另一只脚却踩着刹车（第三栏上）说"不行！"

总而言之，这就是正在发生的事情。我们相信心智就像身体一样拥有它的"免疫系统"——这是一种美妙而聪明的自然力量，在我们的意识之外不断地工作，只为实现一个目的：保护我们并让我们活着。与我们身体的免疫系统一样，我们的心理免疫系统偶尔也会误解现实，并错误地看到那些不存在的危险。随后我们的免疫系统自身就会成为麻烦的源头，在"保护"我们的同时，也会拒绝其茁壮成长所需要的东西（这里可以想象一下自己身体部位的自身免疫攻击或对移植器官的排斥）。

鲍勃·普林斯

当普林斯考虑做出与第二栏中相反的行为时，他想象了若从别人那里寻求更多意见，并积极怀疑自己制定和完成合理计划的能力会是什么样子。他产生了一些自我保护的担忧：

不能做我想做的事；不知道如何与他人保持同步；被其他人拖后腿；没有为桥水增加足够的价值。

普林斯现在发现自己无意中做出了以下行为：

- 在我想的时候做自己想做的事。
- 不会被他人拖后腿或依赖他人。
- 不会因为自己的能力不足而无法与其他人同步。
- 不会觉得自己没有为桥水增添足够的价值。

用桥水的说法来讲，普林斯触动了自己的神经。用我们的话来说，我们现在可以想象到他的"免疫系统"。通过从忧虑转向隐藏的承诺，然后连接其有意识和无意识的评论之间的各点，我们可以看到一个正在发挥作用的系统，这个系统必然会产生对其目标而言无效的结果。他有一个未能实现的、有意识的目标（成为一个更有效率的项目经理），但导致他失败（用詹森的话来说就是炸毁实验室）的行为都巧妙地服务于他隐藏承诺的无意识目标（例如，我不想被拖后腿，不想在我想做某事的时候被阻止）

与达什伍德一样，普林斯终于能够看到让自己停滞不前的原因，那就是一只脚踩着油门，而另一只脚踩着刹车的综合结果。这种矛盾并不表示他是一个不明智的思考者或是个不合逻辑的人。这不是什么值得羞耻的事。事实上，这只说明他已经建立了一个会照顾和保护他的免疫系统。这个系统曾经在生活中以多种方式为他提供帮助，并且极可能对他的成功和专家地位做出了贡献。然而，他的免疫系统也解释了为什么他没有成功实现他现在的目标。作为这种系统的俘虏，没有人能够成功。

轮到你了

你可能不想体验你在自己的忧虑盒子中列出的那些恐惧或担忧（更不用说让其发生）。你的每种恐惧或担忧背后都有着哪些自我保护的隐藏承诺？不要试图有意识地弄清楚这一点。只需在第三栏下方重申你的担忧，作为对防止你担心的事发生的承诺。

以下是有助于你列出明晰的隐藏承诺清单的三条准则。

• 在写你的隐藏承诺时，尽量保留在忧虑盒子中你曾描述过的特定恐惧、担忧或害怕的语言。例如，"我担心其他人会认为我不能胜任这项工作"应该转换为"我承诺不要让其他人来看低我"，或"我承诺不要让其他人认为我能力不足"，而非"我承诺让其他人对我给予高度评价"或"我承诺让其他人认为我很称职"。你可能需要使用烦冗的双重否定语来说明保护自己免于遭受的危险，这也没关系。这并不是在上英语作文课。

• 切记，隐藏的承诺是自我保护的形式。隐藏承诺可以保护我们免于那些我们害怕的恐惧，或背后的危险。如果你在首次尝试受明确的担忧时产生了更多听起来很崇高，且不那么需要自我保护的担忧，那就不断问自己"万一情况出现，感觉最糟糕的是什么，你在保护自己免受什么样的伤害，对你来说什么才是利害攸关的，以及什么会让你感觉不愉快"，一直到你陷入更深层次、更难以面对但完全真实的隐藏恐惧为止。

• 隐藏承诺的存在可表明你在第二栏中列出的行为现在看起来是非常有意义了。矛盾的是，有效的隐藏承诺意味着那些"不良的行为"同时也是"聪明的行为"，能够确保总有一只脚坚定地踩在刹车上。问题不在于你不能改变自己的行为，也不在于你意志薄弱，或不够强壮、聪明或勇敢。你只是将自己照顾得很好。实际上，问题在于你合情合理的无意识的照顾自己的行为带来了另外一系列行为，这些行为阻止你实现自己的目标。

在 ITC 的第三栏的下半部分（忧虑盒子的下方）中写下你的隐藏承诺清单。

免疫系统

既然你已经确定了自己的隐藏承诺，那么你应该已经看到三栏的整体情况，也就是你的个人 ITC 的情况。你现在应该看到了自己如何一脚踩在油门上（改进目标），另一只脚却踩在刹车上（抵触的隐藏承诺）。你应该明白了为什么之前未能在改进目标上取得进展。

只有更深入地了解自己是如何——以及为什么是你自己——阻止自己取得进步时，你才能进入一个新的空间来着手进行改变。只有拥有准确的心理地图，你才能正确地看到障碍物，以便提前绘制向前的路线。你已经创造了一个也许会令自己感到痛苦的生动有效的问题地图。现在，你可以开始制定有效的个人解决方案了。

你会想在哪里制定方案？很少有人会想在公共场所内大庭广众之下制定方案（更不用说去权衡这样做的价值）。相反，在大多数工作场景中，心理上的自我保护通常会火力全开，这已经是一种工作的常态了。正如我们一直所说的，个人在一般组织中会消耗大量的精力来保护自己。人们会隐藏一部分自我，避免冲突，不知不觉地破坏自己为进行改变而做出的努力，并熟练地将完整的真我与在工作中表现出的自我分隔开来。你将这些部分自我隐藏起来以保证自己的安全。隐藏这部分自我是因为你（或正确或错误地）认为公开这部分的自我只会让你处于危险之中，并且你所在的组织也一直允许你这么收藏自己。

我们一直认为，在普通组织中，对资源的最大浪费莫过于将我们的精力用在隐藏自己的弱点和影响他人对我们的良好印象。当一个组织想要迈步成为 DDO 时，现下关注的问题便变成：还有谁应该知道你的隐藏承诺？这些承诺还会在哪些方面破坏你的工作效率？因为你的免疫系统，你（以及其他人和组织）承担了多少成本？

提出这些问题并不意味着你会知道如何解决问题，以及如何结束这种斗争。这些会在后文中讨论。爱因斯坦曾说过，如果他有一个小时的时间来拯救世界，他将花 55 分钟的时间来确定问题，然后用剩下的 5 分钟来思考解决方案。那是因为若我们不能真正了解问题，我们就无法找到正确的解决方案。我们终将找到解决方案，但必须是在真正了解问题之后。

人们有时会告诉我们，制定自己的 ITC 会让他们迅速地得到洞见，了解到他们为什么会停滞不前。而其他方式则需要更多时间和帮助才能获得感觉有意义的东西。我们希望你感觉自己正在接近某些对你而言既有效又有趣的东西。

因此，此时我值得问一问自己，"按 5 分制(其中 1 表示无效或无趣，5 表示非常有效或非常有趣)计评，ITC 对你可有帮助？"如果你的回答是 4 或 5，那很好，你可以随时进入本练习的最后一栏。但如果你的回答是 1、2 或 3，我们建议你接受一些帮助，以便优化所输入的条目。如果 ITC 对你而言并无效果，则你的一栏或多个栏中可能存在问题。你可以在"使你的 ITC 更加有效"的副框中找到有帮助的内容。

使你的 ITC 更加有效

如果你的 ITC 让你觉得无感，那怎么做可能对你会有所帮助呢？

- 确保在将忧虑盒子中的恐惧、担忧或害怕转换为隐藏的承诺时，这些恐惧、担忧或害怕的感觉没有失掉。因为如果这些恐惧、担忧或害怕消失了，这就意味着那个"病毒"(免疫系统正在保护你免受的那些危险)并没有在你的隐藏承诺清单中好好地"被命名"出来。切记，使用繁冗的双重否定语也行。(对于担心"没有人听我说话"，转化为隐藏的承诺时可以是"不被忽视"，"不要沉默不语"，"不要变成隐形人"，而不应该只描述为"需要被倾听"这样的承诺。)

- 在查看自己的隐藏承诺时，应该能够看到自己是如何保护自己的。如果不能，那就问自己："对我而言，潜伏的危险是什么？我在尝试以怎样的方式保护自己？"

- 检查你确定为隐藏承诺的所有内容是否也表明你在第二栏中列出的行为现在是有意义的。你现在应该能够发现，为什么只试图通过意志力或更多的努力来改变这些行为没有起到作用(也不会起到作用)。这是因为当一只脚越用力地踩油门，另一只脚就会越用力地去踩刹车。你会花费更多的精力同时朝着两个相反的方向前进。如果你无法看到隐藏承诺如何使你在第二栏中的行为看起来完全合理，这就表明你在某处脱了轨。你可能需要修改你的隐藏承诺或回头查看自己的恐惧，检查是否需要更清楚地了解自己的恐惧。

第四栏：大假设（Big Assumptions）

破坏你的免疫系统最可靠的方式，是先确认什么是维持你的免疫系统的核心假设。大假设是支撑你的整个免疫系统背后的核心信念，几乎是你所有行为的根源。假设指的是信念，即我们对自身和世界的想法，是一种心智结构，但我们倾向将这些信念视为真理，或关于世界实际上是怎样的规则。在我们能将之命名出来和探讨这些假设之前，我们并不知道这些假设是否正确。

当我们将假设视为绝对真理时，我们允许其控制我们的行为和塑造我们看到的一切。我们不会考虑或探索其他可能性，因此这些假设对我们持续不断地作用着一种巨大的约束力。这就是为什么这些假设是"大假设"。但当我们列出支撑我们免疫于变革的大假设时，我们就可以考虑这些假设实际上有可能不是百分之百的正确。

娜拉·达什伍德

列出自己的恐惧和隐藏承诺帮助达什伍德确定了她已经形成的关于自己的信念——这些信念对她的自我身份认同至关重要。

- 假设我的成就与才能可能更多地来自好运气而不是来自我真正的能力，因此我是力有不逮的。
- 我假设我并没有真正的成长（在所有环境中），我只是在帝客赢的环境中得到成长而已。
- 我假设我的本性怎样改都改不了。
- 我假设我关心自己多于关心他人。
- 我假设很多我所创造的价值来自拥有正确的观点，即其他人做的事情可能并未以正确的方式完成，换句话说，不是以我希望的方式完成。

- 我需要某种刺激才能有效率。
- 我担任这个角色的主要乐趣来源是拥有正确的观点。

达什伍德自我的一部分认定她是天性难改的，与一个身处第一线、行事明智、积极进取的领导者相比，她认为自己不会喜欢成为另一种不同类型的领导者。她认为自己需要这种领导风格所带来的刺激，并且认为自己是唯一一个以正确方式做事的人。为了顺利过渡到新的领导角色，她必须发现这一部分自我是错的，并且不得不进行一次探索，以了解她是否能做出比自己想象中更多的事情，她能否成为一个比以往更强大更有能力的人，以及这些转变是否会为她带来喜悦。

达什伍德转型成功的原因在于，无论是她还是与她合作过的人，都认为这不仅仅是学习新技能和新信息的技术性问题。事实上，这种想法可能会导致转型失败，因为只要她的恐惧和依恋未被探索和未经检验，这些恐惧和依恋就会引导她坚持控制型的领导风格。她明显的、位于"新皮质层"（neocortex）的承诺（第一栏）将受到位于"杏仁核"（amygdala）的承诺（第三栏）的阻碍。现在大脑心理学讨论"并行处理"和"快思慢想"的重要性。当我们将这些思维模式带入与他人的谈话中时，我们会更有效率，正如实践ITC为你提供的帮助一样。

达什伍德的学习内容（即锐意发展型公司为她提供的内容）比仅仅只进行技能变革的技术方法要深刻得多；它还包括思维方式变革的自我适应方法。达什伍德的ITC清晰地展示了她的思维方式塑造她的行为，并阻碍她发展的方式。ITC有助于阐明人类意义所形成的这种更深层次的心理层面，而这也是锐意发展型公司希望为其员工揭示的内容。

但是，ITC更有价值的目的是通过创建自己的图来生成此类洞察力。换句话说，创建自己的ITC本身就是一个反思过程，让你在锐意发展型公司或任何其他环境中揭示自己那些限制性假设的更深层次的心理根源。达什伍德创建了一个ITC来帮助自己揭示她所面临的挑战的更深层次，并将其改进工作的重点放在推翻自己的"变革免疫症"上。

鲍勃·普林斯

看着自己的免疫系统，普林斯确认了一些支撑其免疫系统的大假设。
我可能假设：

- 如果我试图与我想做的事情保持同步，我将不知道该怎么做，其他人会"拒绝"并阻止我做我想做的事情。
- 我是知道最多的，我的计划不需要任何外部意见，因为保持同步并不会带来任何特别有价值的东西。
- 一旦我弄清楚自己想做的事情，其他人对我而言更多的是一种拖累，而不是改进设计的资源。
- 我没有为桥水增加足够的价值。
- 我需要显著提高自己增加的价值。
- 显著提高自己所增加价值的最佳途径是独自完成自己的计划。
- 对部分工作进行"外包"并不是显著增加价值的方式。

为什么要揭示这些假设呢？切记，我们称这些假设为"大假设"恰恰是因为这些假设并未被视为"或真或假"的假设；而是被视为一种绝对的、不容置疑的真实存在。通过接下来的这个关键步骤，普林斯创建了一个明确的焦点学习内容，以便在全新的层面（而不仅仅是在诊断层面）思考桥水最喜欢问的问题——什么才是真的？在诊断层面，他会深挖自己是否真的存在问题；但在全新的处理层面，他会改变其想法。通过意识到自己的大假设，普林斯变得可以寻找真相是什么。他提出的问题可以变得更深入。

- 如果我试图与我想做的事情保持同步，我将不知道该怎么做，其他人会"拒绝"并阻止我做我想做的事情，但这是真的吗？
- 我最清楚我的计划不再需要任何外部意见，因为与他们沟通保持同步并不会带来任何特别有价值的东西，但这是真的吗？

- 一旦我弄清楚自己想做的事情，其他人对我而言更多的是一种拖累，而不是改进设计的源泉，这是真的吗？
- 我没有为桥水增加足够的价值，并且需要显著提高自己增加的价值，这是真的吗？
- 显著提高自己所增加价值的最佳途径是独自完成自己的计划，这是真的吗？
- 对部分工作进行"外包"并不是显著增加价值的方式，这是真的吗？

这些是普林斯深挖的问题。观看他与达利欧谈话的视频有助于普林斯开始挑战他的一些关键的大假设。现在他人作为观众，让他能够退后一步，并使用第三方观点去寻找可能向他表明这些假设不准确的信息。他得到了一些洞见。

- 在这种情况下，认为他"让事情发生的可靠性飘忽不定"的这种描述不是准确的。
- 项目中还存在其他极为擅长项目管理的人。
- 利用对自身弱点的认知，以及他人强项在哪的信息来确定"谁该负责什么"是可以带来更好的项目成果的。

在意识到自己之前忽略的事项，以及其他人已经见证这些动态过程发挥作用之后，普林斯获得了明确的信息，表明他的大假设（即他最清楚，他的计划不需要外部意见，以及保持同步并不会带来任何特别有价值的东西）是错误的。

随着这个重大假设开始被推翻，他看到其他的重大假设也开始瓦解。如果根据人们不同的优点和缺点来理解和分配工作会带来更好的产出，那么独自完成他的计划并不是在桥水提升价值的好方法。

相反，他对项目的卓越想法使项目本身更有可能受阻，这正是他害怕的结果。

普林斯解释说："如果我以不同的方式工作，我可以更富有成效，更有能力追求自己的想法，并为桥水增加更多价值；将管理设计'外包'出去，学习如何与目标、其他人的方式保持同步。这一发现帮助我进步，并（在压力更小的情况下）为桥水增加了更多的价值，所以这对我来说非常值得。"

我们应该注意到普林斯与达利欧、詹森谈话的视频（在这次谈话中，达利欧和詹森都仔细思考并描述了普林斯的弱点）被编辑成了一个简短的案例（或趣闻）并发布在公司的平板电脑上供所有员工观看和思考。在桥水，普林斯被认为是一位伟大的英雄，他为桥水的成功做出了巨大贡献，但他也有过挣扎。这个过程表明了每个参与者如何从这种挣扎中受益匪浅，以及每个人应该如何从痛苦的反馈中进行学习和发展。

普林斯经历了一番"苦苦挣扎"，因为他公开接受了对自己弱点的反馈，并承认了这些弱点。实际上，他对桥水做出的令人钦佩的贡献归功于他经历的这一番苦苦挣扎。观看这一案例的人则被邀请去"将自己的挣扎过程公开，因为这对你和周围的人都有好处"。

轮到你了

在查看发现的所有内容，尤其是第三栏中的隐藏承诺时，这些内容对与你的免疫系统相联系并为之提供支撑的假设（即关于自己和事物的信念）提出了什么建议？列出尽可能多的大假设。

以下为进行此项工作的指南。

- 有些大假设可能感觉是一些无可置疑的事实（"什么意思，'一个假设'？我认为这就是可能发生的可怕事情！"）。而另一些大假设则可能觉得并不是真的（尽管你假装和感觉其是真的）。还有一些假设你可能觉得只是部分正确或有时正确。无论你相信你的大假设有多真实，请将所有这些假设都填入第四栏去，如果你决定挑战一下自己，推一推自己的成长边际，向这些假设动手将是宝贵的资源。（参见《帝客赢的大假设》了解部分领导者如何描述他们的大假设。）

• 每个大假设都应该表明为何你认为一个或多个隐藏承诺是绝对必要的。你应该能够回溯你的ITC，看看这些大假设如何使第三栏的承诺看成是必要的，第三栏的承诺如何导致第二栏中的行为，以及这些行为如何破坏第一栏中的成长目标。

• 大假设对必做事项以及禁止事项进行了明确限制；你应该能够看到你的大假设是关于如何过自己生活的规则，如果你想避免危险、灾难和失败，就必须遵循这些规则。但是你也可以看到（至少在假设上），你的规则像其他规则一样，是可能被打破的。

列出尽可能多的大假设，并将其写在ITC的第四栏中。

从中得到什么？

既然你已经诊断出自己的个人免疫系统，你可能会渴望学习如何开始推翻它，这是可以理解的。在我们进行后续步骤之前，我们希望你花点时间思考一下你对此练习有何感受。我们希望你经历了摆脱固有思维（行为的根源）的些许不适感，这正是将自己推向有利成长的边际的意思。

在这个过程中，你也可能经历一系列情绪变化——正如达什伍德和普林斯那样——就像在锐意发展型公司中工作的人经常在他们的工作中经历的那样。你可能已经感受到了痛苦或羞耻，这种情况往往发生在你对自己的局限性有了深刻认识的时候。你可能也感受到了获得深刻"看见"的乐趣，这些"看见"可能会带来生活中的转型变革，这是让你成为更好的自己的一种方式。之所以存在这种可能性，是因为ITC针对的是隐藏的恐惧、承诺和信仰，这些恐惧、承诺和信仰一旦被揭露就会对整个自我再次发起挑战。ITC并不会将个人挑战仅仅视为第一栏和第二栏中出现的条目（确定目标、寻找动机、关注希望改变的非建设性行为）。如果你愿意，你会看到自己可以将整个自我置于风险之中用以实现变革。

帝客赢的大假设

在确定了限制自己的重大假设后，你会体验到与更常见的技术性学习截然不同的更深层次的学习。帝客赢的领导者们描述了他们正在努力推翻的限制性假设。

布莱恩·昂格(COO，首席运营官)。"我目前的做法是以简单、原始和情绪化的方式从即将面临的事情着手，更多地公开自己的想法和感受背后的内容。我的担忧是除非我是某方面的专家，否则我会被拒绝；如果我未能从容自若地顺利完成某项工作，我就会受到评判。所以我正在练习展示真正凌乱的自我。"

娜拉·达什伍德(AL 影院的 COO)。"我想我真正练习的是如何习惯做真正的自己，并且相信自己足够好，以及变得更"需要关爱"和更相互依赖。我认为自己必须要坚强，独立，照顾好自己，因为没有人会来照顾我。对于一对慈爱的移民父母的女儿而言，[这是]一个很好的座右铭，但其效用已经过时了。"

杰夫·柯布兰茨(罗伯森地产集团总裁)。"我努力在结果不好时不要与人隔绝或关闭我的心扉。早年推动我不断向前的信念是，世界可能会伤害我，如果我取得了出色的成果(即'有能力')，我就可以保护自己。我确信这有时对我很有帮助，但只是将自己与那些进展'极佳'的事情联系起来并不是一种有效的商业运作方式，更不用说作为为人父母的方式了。"

下一步是什么?

既然你可以发现并感受到处于成长边际的感觉，你想在何处开展通过类似的练习发现自我的内在学习过程？在锐意发展型公司中，你可以与组织中的其他人分享你的学习。他们可以为你提供反馈，从而帮助你改善第一栏和第二栏中的条目。你可以开始测试大假设的准确性(有关详细信息,参见《如何检验大假设》)。你可以让同事知道你已经确认的大假设,以便他们可以帮助你确定这些假设是否与你认为的一样真实。你也可以为你的同事提供同样的反馈和支持,以便他们也能获得发展。你可以将这部分工作当成每天工作的一部分。

这种做法与一般组织的处理方式形成了对比。在一般组织中,你可能会被建议去找到一个私人空间和一个值得信赖的教练或辅导员,与他们一起解决这种行为引发的问题和影响。你可能会说:"我不想在公共场合中处理私事,让工作中的每个人都能看到。"如果你的工作环境要求你持续保护自己的形象并隐藏任何不足或不完整的迹象,那么这是可以理解的。然而,你每周只有一小时的时间去咨询教练,并且你实际上并不能在教练的办公室里练习新的行为。

现在想象一下,你可以获得持续不断的辅导,并且工作场所是一个可以每天进行练习的安全场所。你所在的组织发现其应该帮助你克服自己的局限,不仅仅出于集体精神的美德,还因为这种做法符合其利益:你成功隐藏自身限制的时间越长,公司就需要越长的时间为这些限制付出代价。那么,进一步想象,你可以在日常工作中弄清楚这样练习的含义,而不是在你的教练紧闭办公室门之后才开始。

如何检验大假设

检验大假设对推翻 ITC 是至关重要的。

检验的目的是通过观察你在有意改变自己的常规行为时会出现的情况,来了解大假设的准确性。当你设计并进行检验时,你需要假定大假设可能不像你认为的那样绝对真实。检验的目的不是立即改进或更接近目标。你既不是在检验自己,也不是在尝试确定自己是否有足够的资源或勇气去做大胆的事情。以下是一些建议。

- 一个人的大假设甚少会以"正确"或"错误"来形容。通常,问题更多的是我们会过度使用和过度概括这些大假设。

- 对于大假设，没有任何一个实验便能够下定论。应将本次实验视为多次实验中的首次尝试。

- 设计一个好的实验过程包括规划如何收集数据。

- 一个好的实验过程应该符合 SMART 标准。

1. SM 是指安全和适度(safe and modest)。安全意味着如果发生最坏的结果，你也可以承受。安全也可能意味着你对自己的行为做一些微小的改变。适度意味着实验过程应相对简单且易于执行。理想情况下，进行的实验最好无须进行额外的工作安排，而是一个在平常的日子里创造一些做不同事情的机会。

2. A 是指能够在近期(在接下来的一周左右)行动并且相对易于执行(actionable)(能够轻易想到一个环境或根据即将到来的情况去进行实验)。

3. R 与 T 是指实验研究(test researches)的问题是"我的大假设有多准确"，以及与任何优秀的研究一样，实验需要收集数据(例如，他人如何回应你以及你的想法和感受是什么)。实验的对象不是你；而是你的大假设。应将实验过程设计成能够生成证明假设不成立的数据(如有)。实验不应只是乖巧地证明你的大假设是正确的方法。

确定一个有待验证的大假设。哪一个大假设最碍手碍脚？或者想象一下有哪个大假设是你可以在 ITC 中忽略的？哪一个大假设的调整能为你带来最大、最积极的正面影响？以上都是为了确保你选择的大假设能为你带来最大的用处。

现在设计你的实验过程。从目标开始，在脑海内问自己，"哪些信息可以让我试着怀疑我的大假设"？(如果你无法想到哪些信息会对你的假设提出质疑或怀疑，那就等同于没有什么可供验证的假设了。)从那里往回推以找出你可以采取哪些能够产生这类信息的行为。你的行为可能与第二栏中的行为，或第三栏的隐藏承诺相反。

你可以使用以下表单来指导你的尝试。

表 6-4　测试大假设

我 的 大 假设是：	因此我会（这样改变我的行为）……	我还会收集以下这些信息……	以 便 确 定 是否……

表 6-5　对大假设实验结果的反思

我 的 大 假设是：	为了测试大假设的有效性，我这样改变了我的行为……	我观察到的情况是……	这是我对我的大假设一些新的认知……

有关推翻免疫系统的更多信息，请参见《变革免疫：如何克服变革免疫，挖掘自身和组织的潜力》①

注释

[1]Robert Kegan and Lisa Laskow Lahey，Immunity to Change（Boston：Harvard Business School Press，2009）.

---

① （*Immunity to Change：How to Overcome It and Unlock Potential in Yourself and Your Organization*），Robert Kegan 和 Lisa Laskow 拉海（哈佛商业评论出版社，2009），尤其可参考第十章。

7

建家园

开始向锐意发展型公司迈进

这是本书的最后一章，但我们更想视这一章为另一个起点，而不是终点。延续我们在第一章的精神，我们向读者介绍了在成熟的锐意发展型公司中生活采用的是什么样的——就是将读者"抛进"成熟的锐意发展型公司之中，并邀请你用这种方式来加以想象——现在，我们想以同样的手法，让读者回览一下那些我们合作过初具雏形的锐意发展型公司。如果某个组织的领导者正在考虑朝这个方向发展，他们可以怎样着手？他们起初可能不知道自己会选择在这个方向上走多远，但他们是如何开始的？

除非能够将自己的行为放在阳光下"通晒"变成一种实践，否则你将很难知道有哪些心智发展的边际需要被推展；然而，除非组织先营造一种氛围，让你在面对下一阶段的挑战时所面临的脆弱时刻，能感觉到被支持与被接受，否则你将难以持续以上让自己沉浸在木人巷中的刻意练习。因此，对于我们来说，第一步往往是关于如何营造一个"家园"，能够支持个人以及集体学习迈进一个新境界。

至于如何着手，我们认为并无既定之套路。读者并不一定可以在我们所展示的那些场景中找到属于自己的正确方法。但我们希望这些场景，能够有助于读者思考什么最适合自己的锐意发展型公司的配置。

在我们开始带你展开这一章的旅程之前，我们要明确一点：本章的目标群众是拥有某种正式权威的人——包括首席执行官、部门领导、团队领导和经理。这是因为我们相信此类人群是处在最具权力的职位上，能够决定自己的组织（或单位）是否愿意走上蜕变为锐意发展型公司的路。尽管他们无法凭一己之力让组织转变为锐意发展型公司，但如果他们不参与其中，那么这个过程在其所领导的环境中就不太可能取得成功。从上文中可以看到，可采用自上而下或从中层着手，或两者结合的方式来进行这项工作。但是，无论采用哪种模式，在团队、部门或整个组织中处于领导地位的人，都要让人观察到他们就是锐意发展型公司理念的热忱榜样，公开与其他领导者一起作为发展型团体开展业务，并向组织的其他成员展示其关系中必不可少的开放性和弱点。前几章中提到的桥水、帝客赢和跳跃科技的杰出领导班子都是其特有文化的坚定拥护者和全面参与者，这绝非偶然。

如此说来，我们往往不希望失去在组织中虽无权力或权威，但却对锐意发展型公司满怀热情的人。我们想澄清一下自己的观点：我们相信处于各个级别的每个人都可以在组织内部以及对组织行使某种权力，并产生某种影响力。有价值的想法可以从一个人传播到另一个人，并且在不久之后，会出现具有积极意义的异端时刻，并让具有权威的人注意到这一情况。顺着以上的说法，不妨考虑"在没有锐意发展型公司下的锐意发展"框中建议的一些做法。

找机会让决策者们能够看见你的激情和想法，保持一种你认为他们会对你的想法产生兴趣并加入其中的态度。

告诉他们在想象成为类似于锐意发展型公司社群的一分子时，哪些方面让你感到兴奋。分享你从亲自尝试过的任一实践中学到了什么。告诉他们你知道在有些组织中以下问题的答案都是肯定的：你的组织是否有助于你确定自己为实现成长可以努力去应对的个人挑战（这个挑战对你来说有意义并且对公司来说有价值）？有没有其他人意识到这个成长的边际，并且会在乎你能否突破该边际？在你努力地超越自己极限之时，你是否有获得帮助与支持？能否予以说明？你是否每日或至少每周都在积极地努力突破这一成长边际？当你取得进步之后，你的进步是否获得认可，是否备受赞美，并且在你准备好后，你是否获得了继续成长的机会？将本书给他们，并且要求在他们阅读完本书之后再与他们进行面谈。让他们知道我们已经准备好帮助你，同时也让他们知道你在本章中将了解的资源也可以为你的组织所用。

在没有锐意发展型公司下的锐意发展

你正处于职业生涯的早期或中期阶段，而且你并非就职于一个锐意发展型公司中。你每天如何努力成长？试试这些做法。

- 与某人结为成长伙伴。营造家园的感觉对你的发展很重要，你们可以通过相互分享自己正在努力提升的方面来体验这种感觉。切记，这并非为对方提供有关如何解决问题的建议，而是为了让对方有机会定期检查你的成长边际是如何在日常工作中表现出来的。可以向成长伙伴提出有用的问题，包括："那种经历给你带来了什么？为什么你认为你会产生这种反应、回应、想法或担忧？"

- 就你的成长边际寻求意见。如果不了解自己正在积极从事的工作，就难以在工作中抓住所有成长机会。试试这个简单的练习，从而快速确定自己的成长边界：要求三个你信任并且知道你工作方式的人，回答你提出的一个问题："作为一个了解我并希望帮助我不断成长的人，你认为我可以在哪些方面采取不同的工作方式，可以让我变得更有效率？"

- 制定一幅自己的 ITC 用以帮助自己推展自己的成长边际。如欲获取有关制定 ITC 方面的指导，请参见第 6 章。与成长伙伴分享自己的 ITC，以及自己对"大假设"的观察结果和测试。

- 从值得信赖的旁观者处获取定期、富含意义且简短的反馈。让受值得信任的同事在会议、演讲等环境中观察你，随后给你一些反馈。

  例如，假设你可能会说，"我正在努力做到多听少说，少为自己的推论辩解，少谈论自己的观点。你能告诉我在这次会议中你对我的行为的观察结果吗"？

- 邀请你的主管加入你的成长计划之中。如果你能接受这种做法，请将你的学习和成长目标告诉你的主管。当你主动寻求反馈并表明你有意继续提高效率时，一般来说，你的领导有更多的空间去指导你。对于大多数管理人员来说，碰上真正对提升自我感兴趣的员工就像吸到一口清新空气一样，这对组织来说也是一个明显的双赢局面。

- 关注其他人树立的榜样。一些同事与经验丰富的领导者在抓住工作中的成长机会方面，能树立极好的榜样。对于寻求有效意见、公开模仿学习行为以及投资于自我成长的人，找出他们的行为证据，观察其所作所为，并要求与其讨论在工作中他们的日常学习与成长方法。

我们先来大致了解一下一家想要成为锐意发展型公司的公司。

XYZ 公司

我们坐在 XYZ 公司（该公司要求不要公开它们的名字，因此我们在此用上了一个虚名，然而下文所有事实均是真实的）总部顶层的一个大型多功能会议室中。会议室中布满了摄像机和灯柱，看起来更像是一个电视直播室，而不是公司的会议室。在我们面前围坐着的是这家跨国公司的十名最高领导者，该公司的年收入超过 200 亿美元。

我们刚刚赞扬了这些领导者的勇气。这个领导团队大约在八年前接手了这家公司，当时该公司的业绩不佳，客户对其看法也不尽人意，这个团队接手的是一个情况复杂的组织，但他们扭转了局面。他们通过在整个组织中建立一种由上而下的有活接活、有指令接指令的强执行文化，使 XYZ 成为业界最受尊敬的公司之一。这种文化的特点是效率、层级分明与对错误的零容忍。

我们随机向出租车司机和在当地与我们共进午餐的人询问了他们对 XYZ 这家公司的感觉，发现 XYZ 的文化不仅经常受到报纸的表扬，也获得了这些人的赞誉。因此当我们得悉 XYZ 打算放弃这种让它们能如此成功的文化时，我们特别钦佩他们的勇气。

我们告诉他们："一般来说，若有这样一家企业创造了如此成功的文化，我们可以预期企业会一直沿用这种方式来做事，直到挂为止！"

他们的 CEO 回应说："我们所创造的这种文化，可能对于一家处于危机中的公司来说是必需的。但我们的员工也一致认为，这种文化不是最适合未来 20 年的企业文化。"

人力资源部负责人补充说道："为了应对我们所面临的世界，充分发挥员工的能力，我们需要一种更具有合作精神、创新精神和冒险精神的文化。"

但是，想要改变任何文化并非易事，更不用说一家拥有超过 10 万名员工公司的文化，这个团队很清楚这一点。"如果你问谁更喜欢在我们希望过渡到的新文化中工作，可能每个人都会举手。但如果你问'谁想要犯下第一个大错'情况就完全不同了，"人力资源部负责人说。

这是一个调适性挑战（adaptive challenge）的典型例子。为了过渡到新的文化，员工们需要学习新的技能和理念。但仅凭新技能和新理念永远不足以让 XYZ 取得成功。员工需要改变自己的定见，而不仅仅是自己的技能。他们需要了解其 ITC 中第三栏以及第四栏中的内容。有哪些隐藏而倾向自我保护的承诺让团队领导者无法将"从上而下的领导风格"转变为"更具赋权性质的领导风格"，或"让团队成员更敢于拒绝上司命令的领导风格"？（如同第 6 章所述，背后隐藏的而相互冲突的承诺可能是"我决心不将实现目标的能力交到其他人手中，以免我对其产生一种依赖"。或者，"我决心不让我的老板认为我不够忠诚，或者不具备团队精神"。员工必须克服这些隐藏的承诺才能实现他们想要改进的目标。）

让每个员工知道自己的"变革免疫机制"固然很有成长意义，但到底让他们的同事们（包括其团队成员和团队领导者）也了解各自员工的"变革免疫机制"对各自的成长又有多重要呢？

不一样的家园

我们正在这栋建筑物最顶层，带领他们在围坐而成的圈子中做什么呢？最简单的答案就是：我们正在帮助这些领导者着手在 XYZ 公司创建一种新的"家园"，在这个大家庭里，员工可以将彼此视为独立而有血有肉的个人，彼此重视，并且更能承受更大力度的脆弱性显现，以便帮助公司应对未来的调适性挑战。我们从最顶层的领导者着手，打算让他们自行制定自己的 ITC，并且他们有机会相互分享自己的 ITC。

　　几周后，人力资源部主管将开始在顶层管理者以外的同事中传播"家园"的理念。他会将我们介绍给分别由 150 名领导者组成的四个团队中的其中一个，这些领导者就是我们将在 XYZ 内进行合作的对象。这 600 名公司高管每人都负责一个业务部门。人力资源部主管将为这家大型上市跨国公司面临自己更大的脆弱性做好准备。

　　他会说："我已经经历了你们即将要经历的一切，并且顶层团队的每名成员都是如此。如果我们没有亲身体验其威力，我们就不会要求你们这样做。"

　　人力资源部负责人会继续说："我会向你们稍稍透露我对此的经历。你们知道长按 iPhone 上任何 APP 的图标会出现所有的图标都开始抖动的情况吗？你们知道这就是这个经历给我带来的感受。那么，现在让我向你们介绍拉海·利萨（Lisa）博士。她来这里就是为了让你们的图标抖动一下的！"

　　XYZ 公司员工的家园概念继续拓展，数月后，在领导力培养部负责人通过在线会议的方式，将我们介绍给来自 12 个国家的约 1000 名员工时，这 600 名高管中的每一位都管理着八至十人组成的顶级团队。家园的概念最终将通过四场类似的在线会议传播给这 600 名高管手下的 5000 多名团队成员。每场在线会议都将在三到四个小时的时间内指导一千多名员工与其团队成员和团队领导者共同了解自己的 ITC。

　　在我们编撰本书时，XYZ 正计划通过一个高度活跃和高度互动的数位空间将家园的概念，从 600 名高级管理人员传达至成千上万的员工。这个由我们共同创造的空间将为 XYZ 公司的员工提供数月的在线支持，而 XYZ 公司的员工将通过实验测试和推翻其在工作中以及在家中会采用的重大假设。（在最近一次访问 XYZ 公司总部期间，一名 XYZ 公司的员工走向了我们其中一人。"我知道你不认识我，"他说，"但是我通过那些有关 ITC 的视频认出了你。我只是想告诉你，坦白地说我并不确定这能让我在工作方面有多少提升，但我的妻子要我感谢你让我成为一个更好的丈夫！"）

早期迹象

XYZ 公司会成为一个锐意发展型公司吗？一个有着 10 万名员工的公司会发展出一种涉及每个人的文化吗？谁知道呢。帝客赢、桥水和跳跃科技都是私营公司，由其领导者所有（至少是部分由其领导者所有），其员工人数均不超过一千人。怀疑锐意发展型公司是否必须符合这些特征是很自然的事。但以 XYZ 公司为例，我们可以想象一家大型上市跨国公司如何开始创建一个不断扩大的家园，这个家园可以容纳像 ITC 这样的一种木人巷实践，为成员带来脆弱一面的显现，并帮助成千上万的处于成长边际的人应对个人和集体的调适性挑战。

我们可以确知的是，这项工作带来了回报。在一年半后，XYZ 公司对这一举措的影响和价值进行了中期评估，将一组与我们合作过的高管人员与一组我们尚未合作过的、处于同等职位的高管人员进行了对比。XYZ 认为决定年终奖的内部重视指标是能够对该举措的影响进行有效评估的指标，这些指标与这些管理人员所负责部门的业绩紧密相关。"总的来看，"他们问道，"参与了个人变革的一组会比未参加个人变革的一组获得更高的年终奖吗？"

结果是：与我们未合作过的那一组高级管理人员相比，与我们合作过的那一组高级管理人员为公司带来了 10 亿多美元的收入。

整合不同视角的四象限模型

在介绍另一个开始探索锐意发展型公司道路的组织之前，我们先回过头来，在第一段的简要描述中，可以看到 XYZ 公司的一些要素。

1. 从整体而言，组织已经确定是在面临一个挑战。该挑战不可避免地在一定程度上既是一个问题，也是一个机遇。在这个案例里，就是一个拥有传统文化的大型跨国公司，希望转型为一个更具有创新精神和创业精神的未来型公司。

2. 因此，组织中的个人会发现自己面临新的挑战，发现自己的角色有了新的定义，还发现对"做好工作"的定义也发生了改变。对于XYZ公司而言，所有人都需要成为更好的权力下放的赋能者；员工需要提升自我并更加积极主动，而不是等待命令。

请注意，在任何组织环境或任何管理学院的课程中，以上两点都清晰明了，无可争议。转变为锐意发展型公司的第一步不会显得特别艰涩难懂；相反，第一步确立在对当前的现实和未来的业务愿景之上，就像任何领导者都可能想到的那样："我们的组织和业务部门目前是什么情况？想要变得与众不同，我们需要做些什么？"（如果第二个问题的答案是"什么都不用做！一切都很好，希望保持这种状态"，你不太可能希望开始任何改变之旅，更不用说探索锐意发展型公司的道路。）

因此，无论你是否阅读过本书，上述两点都非常有意义。但这些并不是XYZ公司这个例子中表现出的唯一要素。我们看看另外两个要素。

3. 为了应对外在的调适性挑战，XYZ公司对内部也进行了大量内观式深挖。领导者问道："我们的机构特性或公司文化是什么样的？我们最常做的事情和最常采取的行事方式展现出了我们的哪些想法和理念？"XYZ公司的领导者认为，"过于专制，管理过于严密，过多地按命令行事"为其组织文化的特点；公司一直在间接地告诉所有员工，不犯错比创新更重要。领导者随后又问："我们改变文化需要付出的代价是什么？我们需要改变哪些集体的定见？我们最可能以何种方式破坏或阻止我们试图进行的任何集体变革？"在XYZ公司的案例中，对整个系统而言，脱离"接受上级命令或向下级发号施令"的管治模式是一个很大的转变。"对于公司的领导层和员工而言，将'家长对孩子'的模式转变为'成年人对成年人'的模式，我们，作为一个群体，会碰到哪些风险？"

4. 这种内部转变不会仅停留在整个组织层面上。个人也将面临新的期望，而满足这些期望个人则需要学习新的技能。如果新技能的学习包含了调适性挑战和技术性挑战的成分于其中，那么需要改变的，是从个人层面的思维定见，到了解阻止或危害个人变化背后的动力。第六章中介绍的ITC就是完成这一过程的一种方式，也是我们最熟悉并且被XYZ公司采用的方法。允许回绝领导者的命令并接受下属回绝自己的命令，将不可避免地对目前有关权威、责任和风险的无可争议的个人假设造成严重威胁。

肯·威尔伯（Ken Wilber），一位意识发展界的重要伙伴，设计了一个帮助扩展意识的"四象限模型"。这是一个很有价值的简便模型，有助于我们更全面地了解任何复杂的社会心理现象。[1]（我们谨此致谢，并对我们在本书中对该模型进行的随意更改致歉。）威尔伯提出的四种元素可以以一种注重个人和组织之间以及外部和内部之间区别的方式排列（参见表7-1）。

威尔伯的主要动机是提醒人们，他们倾向从过于简单的方式来看待一种现象。比方说，具有心理学意识的人可能倾向于"仅仅"从个人内部（individual interior）的角度（"我们如何才能更好地理解国民或食客作为独立个体的动机与感受？"）来思考某些带有变革意义的主题（例如禁枪或健康饮食），而往往忽略考虑更多系统性问题的必要性（"美国步枪协会在阻止国会对70％支持对购枪者进行背景检查的人群做出回应方面起到了什么作用？""我们如何从小就通过社交变得过度嗜糖或对主菜中肉食的量产生不健康的观点？"）。

对系统性、政治性或组织性观点更为习惯的人，可能会反过来掉进另一种过度简单的坑洞，就是过度关注组织外部（organizational exterior）的观点。我们见证过许多努力（例如，在美国公共教育体系改革方面的努力）在变革设计方面遇到了问题，这些变革设计反映了对组织变革的动力和对变革的抵制的认识很成熟，但对必须改变思维和行为方式的管理者和教师来说，他们对于个人心理学方面的组织变革的认识却仍然很天真，反之亦然。

表 7-1　具有潜力成为下一家 DDO 的"四象限"总览图

希望在以下方面做出哪些改变或改进？		
	内向的	外向的
个人的	个人价值观和动机； 基本固定的性格偏好，不太可能改变的事项，（例如，内向、外向或任何 MBTI 极性）①； 个人心智发展之成熟度（可能会发生变化的情况，但变化是逐渐进行的）； 个人的"ITC"	我的职责定位（例如领导授权、员工责任、问责制、绩效指标[何为优秀？]） 我的个人能力（例如，我知道什么，我能做什么）； 我的已知问题或挑战（例如，我不将权力委托给他人，过于被动或过于主动，不可靠，避免冲突，情绪过于冷淡，缺乏条理，微观管理，不为他人提供帮助，不擅长团队合作）
组织的	使命（组织的深层目的或灵魂）； 组织文化或特性②； 组织健康（vs 组织绩效）③； 集体心智发展之成熟度④； 集体变革免疫机制⑤	我们的企业绩效； 我们的业务目标或职能； 我们的人员配置模式； 我们的招聘和人才留任机制； 对我们员工的价值主张； 我们的领导力； 我们的治理结构； 我们的目标； 我们已知的问题和瓶颈（例如，执行问题、边界不清晰、任务错乱、各自为政）； 我们的资源和资源分配（例如资金、时间、人员及其能力）； 我们的关联模式（例如团队、会议、人员支持）； 我们对客户的了解； 我们的奖励机制； 我们的预测模式

---

① 迈尔斯-布里格斯类型指标。参见 Isabel Briggs Myers 和 Peter B. Myers：《天资差异：人格类型的理解》，加利福尼亚帕洛阿尔托，美国心理学家出版社，1980。

② L. G. 博尔曼、T. E. 迪尔：《重构组织：艺术技巧、选择和领导力》，旧金山，乔西巴斯出版社，2013。E. H. 沙因：《组织文化与领导力》，旧金山，乔西巴斯出版社，2010。

③ S. 凯勒、C 普林斯：《超越绩效：伟大的组织如何建立竞争优势》，纽约，威利出版社，2011。

④ 大卫·鲁克、W. 托伯特、D. 费雪：《个人与组织转变》，纽约，麦格劳希尔出版社，1995。弗雷德里克莱卢：《重塑组织：创造受人类意识下一阶段启发的组织进化指南》，布鲁塞尔，尼尔森派克出版社，2014。

⑤ R. 凯根·L. 拉海：《变革免疫》，波士顿，哈佛商业出版社，2009。

四象限提供了很有用的方便法门，邀请正在考虑探索锐意发展型公司道路的人将其注意力放在四个不同的象限里，这四象限被威尔伯统称为"全视角式的整合观"(an integral)。这一模型提醒我们(本书的作者)可能很容易过度注重在表 7-1 中的两个内向的象限(个人和组织的不可见的内部)；而努力追赶季度目标的前线领导和员工们则可能很容易过度注重属于外向的象限。简单来说，我们都倾向于将问题过度简化。

作为本书的作者，我们承认，我们整体天然地偏向于左上方的象限(个人内部)，然后是左下方的象限(组织内部)。我们一直对领导日程和责任管理中不太明显(四象限的右半部分)且容易被遗漏的问题很感兴趣，因为这方面的遗漏很可能会导致公司及其成员不能实践他们理想中的组织生活。

用桥水棒球卡的话来说，我们建议你在这方面"注意"我们。四个象限的右半部(外部要素、外向的)并不是我们的强项，但我们正在学习中。我们在本书中对锐意发展型公司的持续体验加深了我们对内部和外部之间的互动关系与相互依存的理解。尽管如此，我们和其他人一样，仍在学习之中。在范例中将看到我们仍然非常偏向于我们的偏好。即便如此，我们希望这些范例能够从整体上阐释你在考虑自己的锐意发展型公司探索之旅时，能够记住四象限的所有面向元素。我们邀请你在任何象限中填入你认为我们关注不够的条目。

弗雷泽(**Frazier**)和迪特尔(**Deeter**)公司

"我们需要谈一谈。你们所说的'锐意发展'，正是我们公司真正需要的东西，"这是弗雷泽和迪特尔公司的执行合伙人塞斯·麦克丹尼尔(Seth McDaniel)对安迪·弗莱明(本书的作者之一)说的第一句话。(有关该公司的更多信息，请参见"弗雷泽和迪特尔的自述")。此后展开了为期 18 个月的对话和旅程，最终弗雷泽和迪特尔雇用了我们的"成长之道"(Way to Grow)公司帮助其设计名为"领导 FD"的试点计划，并为该计划提供支持。

弗雷泽和迪特尔的自述[①]

弗雷泽和迪特尔成立于 1981 年，是一家在美国公众公司会计监管委员会（PCAOB）注册的国家级会计师和咨询公司，帮助企业和个人在不断变化的市场中取得成功。我们提供广泛的税务、审计、会计和咨询服务。

我们是一家全国知名的会计公司：

- 全国排名前 100 的会计师事务所；
- 美国排名第一的会计师事务所最佳人气雇主；
- 连续六年获得实用会计师实践创新奖；
- 美国 25 家管理最佳的会计师事务所之一；
- 美国顶级注册会计师事务所奖的金牌得主，并且获得了鲍曼会计报告和公共会计业界颁发的会计全明星奖；
- 佐治亚州第二大独立注册会计师事务所和咨询公司；
- 2014 年美国百强企业中增长速度第二快的会计师事务所；
- 致力于高质量完成工作并且通过不断努力取得卓越成果的企业。

为何要选择成为一家锐意发展型公司？

麦克丹尼尔解释了他如何决定转变建立更锐意发展的文化：

从业务的经营角度而言，这是显而易见的推算。展望未来十年，我们可以看到很多今天推动业务发展的高级合伙人将会退休。在大多数注册会计师事务所中，这种交替并没有得到很多关注。因此在失去其业务拓展人员之后，他们最终不得不与其他会计师事务所合并。但我们做了一个决定，我们希望保留自己的名字与文化，成为一家有承传的公司。这对我们来说是很重要的。如果真的想做到这一点，我们可以雇用一大批昂贵的资深人士——其中一部分人将不会成功成为合

---

① 资料来源：www.frazierdeeter.com。。

伙人，并且可能会破坏我们的文化——或者我们将不得不在培养能够成为业务拓展人员方面做得更好。

请注意，麦克丹尼尔对于弗雷泽和迪特尔公司变革故事的描述，明显始于右下方的象限（组织外部）：一个需要解决的业务问题。请注意，从这里开始，他的故事会自然转移到右上方的象限（个体外部），因为集体的需求会牵涉到个人能力方面的问题。麦克丹尼尔解释道：

> 简言之，我们意识到我们需要像关注业务发展那样去关注员工的发展。从长远来看，对于一家专业服务公司来说，这确实是一回事。让我们对锐意发展型公司这个概念产生共鸣的是，我们的日常文化可以作为员工发展的催化剂的理念，对我们公司有很大的吸引力。我们希望帮助员工在公司内部或外部都能做得更好。我们有责任帮助员工取得进步。

对弗雷泽和迪特尔公司而言，发展从一开始就开始了：

> 我们也有责任在招聘中保持真诚——在我们的信息和我们与人的关系中。如果我们要讨论"与公司一同成长"，我们就必须能够证明这一点。鉴于我们需招聘人员的数量与质量，我们认为采用独特的发展方法可以使我们与众不同，能吸引更多我们想要的人。
>
> 大多数中型注册会计师事务所帮助他们的员工培养技能，但他们没有做太多去帮助员工发展调适性技能。这些公司在运作时会假设你是否具备这些技能。每家公司都说，"我们会帮助你成长"，但除了你可以在书本或课堂上学到的技术性知识之外，他们并不会真正提供其他方面的帮助。我只是认为你无法学到像领导力或"专业判断"这样的东西。你学习的课程可能会持续一个月或者最多两个月，然后你就会回去做既存的文化所要求的工作。

因此，锐意发展型公司的理念是适用于弗雷泽和迪特尔公司所在的行业：

> 然后是学徒制模式，这是大多数注册会计师事务所采用的方式，但这并没有保证，而且我们现有的大多数高级合伙人都依靠自己的实力。我们认为这背后有太多的偶然性，风险太大。因此，除非我们进行不同的尝试，否则我们就会看到我们招聘和雇用的有能力成长的年轻人无法发挥全部潜力。

对麦克丹尼尔而言，"培养我们的员工"不仅是实现创造新一代资深业务拓展人员这一首个业务目标的手段，其本身也是一个目标——实际上，这是第二个业务目标：使发展本身成为在弗雷泽和迪特尔公司工作的价值主张之一。对于锐意发展型公司理念的先行者（即视员工发展为企业的手段和目标的领导者和组织）而言，这是典型的预料中的情况。

那又怎样？

麦克丹尼尔及其合伙人一直认为他们需要专注于培养年轻人。虽然议程已确定下来，但麦克丹尼尔知道他不能简单地命令公司推行这一安排。

因此，麦克丹尼尔要求我们其中一人在弗雷泽和迪特尔公司合伙人的寓所就成人发展做一个演讲（麦克丹尼尔自己也可以做这个事，并且也可以做得很好，但他想参与谈话并重点关注其合伙人的反应）。接下来，他决定与少数选定的人审查了ITC这种方法。他认为如果要采用该方法，这些人需要成为锐意发展型公司的倡导者。麦克丹尼尔让我们中的一个人与这五个人一起举行了ITC工作坊，这样他们就能更好地了解公司成为锐意发展型公司意味着什么。

换句话说，麦克丹尼尔采取行动去建立一个"家园"，以便开展工作：与合伙人讨论是否应专注于培养年轻人；让合伙人接触成人发展；参加寓所演讲；与少数人一起审查ITC这种方法。

这也是麦克丹尼尔的故事发展至四象限的左半部分。但不仅仅指麦克丹尼尔确定了一个业务问题，或他发现业务问题会对个体成员提出了新的要求，或他对业务问题的理解包含了人的发展因素于其中的双重概念等重要发现。他可以做到所有这些事情，但它仍然更像一种技术性的由此及彼的解难的路径设计。在这条道路上，他的中心需求是制订一个良好的计划，让人们加入进来，从而使其行为朝着预定方向转变。

但麦克丹尼尔在早期对他们自身行业的批评，本质上是对其业务目标具有适应性维度的一种诊断，这意味着只关注行为却不关注驱动行为的思维模式是不可能获得成功的。这种从只关注可见行为到关注不见可内部动因的转变，使其进入了四象限的左半部分。

有关 ITC 的说明

我们绝不会说麦克丹尼尔选择的手段，即 ITC 方法，是组织应使用的唯一工具，或者说是组织必须要使用的工具之一。ITC 在本章的众多例子中，确实以某种方式发挥了重要作用。因此我们可能需要简要地说明其具有效能的原因。答案并不志在表达我们其中两人成为发明者的骄傲，也不是因为这是我们最了解的方法(关于这一方法，所有作者加起来可能拥有相当于一百年的经验)。我们喜欢 ITC 是因为这是我们见过的最具有针对性、最实用、最快速并且成本最低(在心理上，对于个人和组织而言)的方式，能够让每个人都以勇气、头脑与行动相结合(在进行这种结合时你的感受、你的思考方式，以及你能做什么)的方式专注于其心智成长的边际。

除了 ITC 以外，什么是最常见的替代方案？那就是等待人们搞砸，然后挖掘其中宝贵的经验教训并从中学习。有了适当的支持、意图和对内部的专注(而不仅仅只是解决问题)，人们犯的错误可以成为锐意发展型公司的金矿。但如果作为产生内部学习机会的核心引擎，这一方法具有严重的局限性。

首先，公司需要很长时间才能让每个人都拥有丰富的工作上的学习课纲(必须等待所有人搞砸)。其次，制定这样的课纲内容需要组织承担很高的成本(每个人的课程计划都是以某种损害为代价获得的)。对于大多数人来说，他们做错事后的那一刻并不是学习的最佳时机。相反，ITC能够在不造成任何损害的情况下，让所有人很快了解到自己的成长边际（至少能在一定程度上认识到他正在努力克服哪些缺点，并了解其克服缺点的方式如何导致其效率低下）。

让我们说回麦克丹尼尔的故事。ITC会议的结果是，五人小组同意公司进一步探索成为锐意发展型公司的道路；为期一年的试点项目诞生了。小组委员会随后制定了一个流程来回答关于涉及对象的问题。最后，我们希望所选择的十个人能够成为最好的案例，以便查看弗雷泽和迪特尔公司是否有可能以一种服务公司的方式加快人员发展。

锐意发展型公司的首次实践

该计划围绕10名选定的专业人员进行，这些专业人员代表着许多不同的领域和级别，形成了一个努力改善自身、彼此和公司的发展型集体。在前四个月中，在会计师事务所旺季的高峰期，参与者主要通过在其日常工作中进行与解释和改进目标相关的基于制作ITC的小型实验来实现自己和彼此的发展。他们两两结成同事教练搭档，每周会面，并且定期与外部变革免疫教练和公司内部充当持续导师的合伙人进行交谈。

2015年3月（项目进行到3个月时），以及在夏末，安迪·弗莱明采访了麦克丹尼尔和其他三位参与该项目的公司成员，听取他们迄今为止对其经历的看法和观察结果。总体而言，该项目的10名参与者报告称在前六周内进行了100多次实验和25次同事教练会议。

为什么会有这样的参与度？他们在学什么？他们认为事情进展如何？让我们听一听麦克丹尼尔和贝丝·牛顿（Beth Newton，人员与文化总监）、苏珊·柯柴瓦（Susan Koschewa，高级审计经理）和查理·泰勒（Charli Traylor，税务经理）怎么说。麦克丹尼尔和牛顿是该项目的主要监督者——他们冒着失败的风险推动了该项目——而柯柴瓦和泰勒在经申请后被选入10名参与者的队伍。

这段旅程迄今为止的感受：麦克丹尼尔

用麦克丹尼尔的话来说，"我的大假设是我总是需要给出答案，我已经通过一些实验告诉人们，'我已经充分考虑过了，没有答案'"。他描述了当他违反这种假设时发生的事情。

> 我发现人们不一定期望我给出答案。很多时候，他们更乐意自己思考这个问题，或者和我一起思考。当我不必背负为日常挑战给出所有答案的负担时，我就解放了，这让我能够专注于解决更长期的战略问题。
>
> 例如，现在，我们正在寻找一家目标收购对象，我下周将在异地派遣一个团队来制订详细的合并与整合计划，而不是像过去那样自己主导所有详细规划。我与我们的团队见了面，并且稍后我会与目标公司一同审查该计划。实际上我将原本打算前往现场的那一天用于会见一所大学的一些关键人物，我们希望与该大学加深关系，以便我们能够了解并招聘该校的更多优秀学生。

作为该项目的内部教练，麦克丹尼尔也了解了其他人的大假设。特别需要指出的是一个普遍存在于整个文化中的假设，与未来业务拓展人员的发展有直接关系。以下是他对此做出的评价：

> 我了解到，一小部分年轻人对业务发展抱有许多焦虑和误解。他们认为他们应该不断地与许多陌生人建立联系，并以某种方式与他们达成交易。由于已经出现了这个假设，我可以与大家分享我的经验，那就是，业务拓展并不像看起来那么复杂。实际上，在你与开始服务的客户建立关系时，业务拓展就开始了。在我向上晋升的过程中，我发现我一直以来服务的客户现在已经爬到了可以雇用弗雷泽和迪特尔公司的职位了。我已经开始和我们的员工谈论这一点。我不希望他们去参加大量会议，并在这些会议上花费大量时间和脑细胞试图与陌生人建立联系。

所以我认识到了我们很多员工的思考方式和他们心智发展的坑洞……以及我们的一些文化的坑洞。我很高兴看到第一批的十个人对组织所产生的影响。他们会运用他们正在学习的东西并帮助他人吗？是否会产生乘数效应？目前为止，我对我所看到的一切还比较满意。

贝丝·牛顿，人员与文化总监

2013 年 8 月，弗雷泽和迪特尔公司聘请牛顿担任学习与发展总监一职，这一职位明确体现了该公司对培养员工和文化的坚定承诺。牛顿说她加入弗雷泽和迪特尔公司是因为她想参与锐意发展型公司项目，她承认这是一项挑战。

我意识到这对参与者和对公司来说都不是一条容易的道路。我越来越确信，这是一个深刻的变化——而不仅仅只是深入的探索。这涉及为员工深深植入一种新的思维过程和一种新的思维方式。我看到了我已经认识了一年半的人们所发生的改变，这些人一直以来接受的培训都是遵守规则和勾选正确的方框——即使在他们自己的学习和发展方面也是如此——我见证了他们的转变。

在大约一个月后我们与所有 10 名参与者进行的电话会议中，我听到他们说："我不太明白这个过程；我没有搞懂它想要怎样。这值得我花时间吗？"他们希望立即达到与改善目标相关的里程碑。在几周后召开的检查点会议上，很明显他们开始意识到这个过程是让他们按照自己的进度进行学习，并将他们的改进目标用作更为深入地了解自己的手段。对于他们而言，这是一种非比寻常的学习方式。感觉就像为他们所有人点亮了一盏灯。

现在，如果能够以某种方式将他们在变得更开放、更清醒、更愿意从不同的角度看待事物后与其队友、客户、合作伙伴及员工相处的所有时间相加，我想你会发现这对业务所产生的巨大影响。随着他们

不断地发展，以及我们让更多的人参与到这个过程中，这一切会走向
何方会很有趣。

苏珊·柯柴瓦，审计部门高级经理

我的第一个改进目标是减少焦虑以及不要总是尝试控制每种情
况。关于在工作中和家中必须控制一切的大假设无疑阻碍了我的进
步。我的第一个实验是在家里进行的，即要求其他家庭成员负责本来
由我做的一些事情。这有助于我进行练习。然后在工作中，我开始尝试
将更多通常由我自己亲自做的工作委托给他人，特别是在我感到焦虑的
时候。在我的教练指出我可以用不同的方式看待为我带来巨大压力的情
况后，我开始更快地处理困难情况，而不是任由这些情况影响我的心
情。我开始约束自己掉进低头拉车的时间——一位合作教练说，"比完
美更重要的是完成"——现在我能够更快地放手并且更有效地工作。

事实上，我可以直接比较我今年和过去几年间所做的事情，因为
我的大多数项目都是重复的。在过去的五年里，我一直都在负责这些
项目，并且可以看到与前一年相比，我今年的进度如何……或者我们
在同一时间中通常会做到哪一步。而现在我会说我们比通常情况提前
了五六周。我们完成了更多的项目；如果有些项目尚未完成，这些项
目的进度也比往年快得多。

显然，这对我和业务而言都有好处，因为我能够在更短的时间内
完成更多的工作。但根据我最近负责的一个自己完全不擅长的项目的
经验来看，除了效率更高之外，我还可以看到对业务的另一个好处，
那就是在将员工派遣到需要他们的项目方面具有更大的灵活性，即使
他们最开始不完全具备能够让他们感觉良好的任职资格。

我最近就加入了这种项目，当我遇到通常会拖慢自己进度的不同恼
火时刻时，我会继续使用这些工具并问自己，"其他人会怎么看待这个
问题？"没有这些工具，我被"锁定"在自己情绪上的时间肯定会更长。而
有了这些工具，我能够将自己投入其他视角，并实际处理这种情况。

查理泰勒，税务经理

我在日常工作中很容易陷入困境并视野狭窄，我只关注需要在极为狭窄的意义上完成的工作；我很容易变得以自我为中心，尤其是在每个人都承受巨大压力的旺季；我很容易不考虑他人的需求以及他们如何诠释这个世界，从而不去尝试换位思考。但通过"领导FD"项目和辅导，我发现自己开始思考其他人会如何因为我的行为而能够（或不能）完成工作。

例如，上周五是纳税期限的前一天——也是我作为经理遇到的首个纳税期限——所有工作都赶在了一起。我手忙脚乱，跑来跑去，并且还需要在忙碌中将一项任务委托给实习生（其仅仅与我们一起工作了45天），我在指示她完成这项任务时只交代了三言两语，而这项任务实际上是服务于一类特别的客户并要满足其需要。

在我走开后，我对自己说："她不知道我为什么要她做那些事情；她无法理解她被要求做的事情的真实要点。"我本可以而且应该花时间来解释——这也花不了那么长的时间——因为从长远来看，这对她有帮助；她可能会需要重复进行工作。因此我确实通过她完成了手头的工作，但当晚回家后我认为我在这样做时应该做得更好——进行更好的解释，教给他人一些他们以后能够用上的东西。

现在已经是星期一了，我还没有去找她，但我将会这样做。我跟在场的另一个人谈了，对方告诉我："我已经习惯了你的工作方式，但其他人还没有。"所以现在我更清楚地了解到别人在面对处于压力下的我是什么样的体验了，我有了一个与此相关的真实情境。

识别大假设的过程有助于我了解自己为什么会有这种行为——当我意识到时，有时这种行为看起来真的很蠢……推动我行为的一个大假设是，我总是认为其他人领先于我（我在年轻的时候并没有受到过很多指导），这导致我对自己设定了不切实际的期望。我最近与一位资深合作伙伴（我的合作教练）分享了这一点，她对其他人领先于我的这种想法提出了质疑并与我彻底讨论了这种想法。这真的很有帮助……现在我意识到了自己的倾向，我会陷入充满压力的情境，并且我也更加了解自己如何对待他人和工作。

在过去，有人鼓励我，帮助我做得越来越好，这对我来说意义重大。现在我看到我们有十个人向前迈进，以便确保我们将该项目中学到的经验应用于培养他人，以及确保这种文化在整个公司中传播。

前行之路

可以想象这些人（以及其他参与者，如果我们还想听取他们的意见的话）都会对我们提出的指向锐意发展型公司文化的三个特征说"是"，是的，他们每个人都有自己需要成长的边际（edge），即个人成长目标或他们现在正在努力完成的一件大事；是的，他们有一个家园（home），即一个由一群知道他们在做什么，并且关心他们在这方面是否取得进展的人组成的社群；是的，他们有一个能借事修人的木人巷（groove），即他们参与的一种实践，可使他们在其工作中能够努力突破自己成长的边际。而且由于组织具备这三个要素，他们已经开始产生了他们想要看到的变化。

与 XYZ 公司相比，弗雷泽和迪特尔公司采用了一种较慢的方法，利用试点项目一步一步来扩大其边际、木人巷和家园。XYZ 采用的是一种从 CEO 和 600 名高层领导者着手的自上而下的方法，而弗雷泽和迪特尔公司采用的则更多的是一种我们称为从中层着手的方法。

但是，相同的是，两个组织选择转型为锐意发展型公司并不意味着他们承诺会一路走下去，成为一家彻头彻尾的锐意发展型公司；也不意味着整个公司文化有一天会达到帝客赢、桥水或跳跃科技等公司的文化的发展强度。这只意味着弗雷泽和迪特尔公司的领导者致力于以有限的方式采用某些锐意发展型公司的原则和实践（并创造出自己的原则和实践），看看可能学到什么以及可能出现的最佳后续步骤。在踏上这条道路时，他们是在走出自己的道路，而我们团队中的一些成员则很幸运能够陪伴着他们。

回到四象限的模型并保持诚实，这个例子可能阐明了四象限的右半部分和左半部分，以及它们之间的关系。但是就左半部分而言，重点在于个体内部。也许我们的下一个例子可以纠正这一点。

好医（WellMed）

"我们最大的恐惧是什么？是被其他医生视为已经走向了黑暗面。"

"是的，还有认为自己抛弃了自己的使命。变得太被公司同化了。"

"我同意这一点，但我认为还有另外一个问题，这个问题对我们的团队而言更为内在。我认为我们不愿意触怒彼此。我们宁可避免冲突而不是让冲突浮出表面并参与冲突。"

[假装愤怒]"我强烈反对这一点！"[整个小组笑了起来]

"这是一份很详尽的清单，但我可以补充另外一点：我认为我们拥有的权力比我们能行使出来要多得多。我认为我们不愿意声称我们拥有的权力并行使这些权力。"

我们当时坐在得克萨斯州圣安东尼奥的一个会议室里，有九位医生正在对他们作为好医医疗管理公司医生领导团队（physician leadership team，简称PLT）的表现进行一整天持续而坦诚的集体自我反省。该公司专门为老年人提供医疗保健服务，在得克萨斯州和佛罗里达州拥有100多家诊所，为超过25万名患者和医疗保健组织（HMO）会员提供服务。该公司拥有2000多名员工，2015年的收入约为20亿美元。

自1990年由医学博士乔治·瑞皮尔（George Rapier）创立以来，始终有一点让该组织显得非比寻常，好医至今仍是一家由医生主导的公司，并为此感到自豪。同样不寻常的是，在过去的几年里，该组织越来越多的高层人员变得习惯于将其内在生活作为工作的一部分。本节开头部分的一小段谈话在任何公司的会议室中都是不常见的。而在医生群体中，则是真正的极为罕见。

那天在圣安东尼奥，医生领导团队的领导者医学博士理查德·惠特克（Kichard Whittaker）总结了医生所遇到的困境："作为一个专业工作者，我们可能更关注其他人内在的部分——他们的身体和情绪——而不是关注我们自己的内部，以及作为一个群体的内部。毕竟，我们是解决其他人问题的医生。我们不会花大量时间审视自己。"

最初始于一系列私下一对一的教练活动的项目，后来扩展到了公司的主要领导团队。首席执行官办公室的成员——其中包括瑞皮尔和惠特克——都已经制定了他们自己的ITC，医生领导团队的成员也是如此。该公司已开始考虑进一步朝着锐意发展型公司的方向发展意味着什么，但该公司已经开始创建我们所说的家园。

一家由医生主导的公司——尤其像好医这样快速发展的公司——的蓬勃发展，有赖于能够吸引愿意承担管理职责的医生，即使他们继续开展实践活动并保持其作为医生的身份。事实证明，这在许多方面都具有挑战性。瑞皮尔现在已经是一位广为人知的医生总经理，但他是第一个会告诉人们他在创办该公司时几乎没有为这一角色做任何准备的人。

医学院以至整个医学领域并不是滋养商业能力的理想之地（"大多数医生在下放权力方面都是糟透的"，瑞皮尔说，"也不擅长让人们负起责任"）。更重要的是，许多医生在承担额外的专业职责时，都会面临严重的身份冲突，尤其是在承担正如你所看到的那样可能会让许多医生产生矛盾情绪的专业职责时。

为了达到这种更深层次的反思，人们需要能够帮助他们深入探索以发现未经审查的深层假设的实践（用我们的术语来说，即为他们的木人巷），这些假设使他们一直存在内心冲突和矛盾心理。之前的对话是一个结构化的促进过程（由我们中的一个人提出）的一部分，在这个过程中，医生领导团队不仅有机会发现自己的局限性，还有机会更好地理解其限制行为服务于一种"集体性的ITC"（collective immunity to change）。他们的集体性隐藏承诺是什么？他们的集体性大假设又是什么？这可以在表7-2中查看其集体ITC。

表 7-2　医生领导团队 ITC

1. 承诺(提升目标)	2. 我们做得太多(或做得太少)的行为	3. 隐藏的相互冲突的承诺	4. 大假设
从"一群领导者"转变为一个"领导团队"	• 没有问"好的问题"(而太快提出解决方案),没有问"愚蠢的问题"; • 习惯个人的思考而非团队式思考,单打独斗的思考模式;没有制定能彼此共享的大目标; • 更专注于自有的诊所(相对于承包的诊所); • 焦点关注在最舒适的感觉上,如"灯该放哪最好"; • 太忙致没时间参与; • 优先考虑其他承诺; • 不经常召开会议; • 评估和奖励——将个人置于团队之上; • 彼此不互相问责; • 团队没有人对结果负责; • 不考虑其他方案——用老办法着手; • 根据自己的议程改变会议主题; • 避重就轻; • 未与共同的使命建立足够的联系; • 等待领导者提供指导,提出建议,设定方向; • 低估我们可以产生的负面影响; • 不要求自己理解现实——不去思考和理解或不去进行本可以进行的深入系统化的思考和理解; • 不作澄清; • 不相信我们解决重大问题的能力; • 团队边界——什么是不协调? • 不弥补或不参与突破专业关系的界限(避免冲突); • 不提出发生在医生领导团队之外但涉及医生领导团队的问题; • 不尽量为彼此奋斗、辩护和提供服务; • 不行使权力	• 不知道或不得不承认我们状态不佳和我们不能胜任任务,不被视为毫无作用,能力不强; • 不去经历我们无法适应的情况; • 不让首席执行官认为我们行动太慢,太浪费时间; • 不在时机不对的时候提出问题; • 不冒犯他人(在医生领导团队内部和外部); • 不让自己承受额外的压力,不承担更多的责任和失败; • 不被视为"阴沉的坏人"; • 不被视为"太过公司化"; • 不经历令人不安的不确定性; • 不抛弃自己的使命感; • 不失去自己的医生身份,甚至成为"公司人"; • 不忽视我的"特许经营诊所"(孤岛); • 不要"弄混"我的优先事项(通过加入更多更大的优先事项); • 避免不舒服的谈话和不要太脆弱; • 不被"打垮"	• 如果首席执行官变得不耐烦,我们一定做错了; • 我们没有权力采取行动;我们必须按令行事; • 团队的需求不是我的需求; • 我们无法从不能胜任变得可以胜任; • 我们不具备在这个级别运作的能力; • 我们假设我们必须从一开始就做得很好(作为一个团队,我们不能存在学习曲线的过程); • 成为团队的一分子,你必须更少参与自己特许经营诊所的管理; • 我们的组织不需要医生领导团队; • 如果我们等待足够长的时间,自然会有人告诉我们该做什么; • 作为一名医生,我接诊病人; • 无法同时成为一名优秀的医生和一名优秀的领导者; • 作为领导者,我不会像我作为医生那样优秀; • 我作为领导者创造的价值低于我作为医生带来的价值;我的真正价值在于救治病人; • 作为领导者,其他人只会看到我不好的一面; • 我的改变不会受欢迎; • 我们将威胁到关键关系和利益……会对ELT造成威胁; • 更多的责任必定意味着更多的工作; • 一切都会更好; • 对不确定性的不安是对前进的阻碍

通过让整个团队看到这种思维定见，特别是通过揭示他们的（可能是过于简陋的）大假设，医生领导团队的成员现在有了一个集体的机会去对他们的限制性思维定式采取一些措施。现在这九个人都能够接受桥水最喜欢的问题，"这是真的吗？""我们必须一次成功，不得有学习曲线，这是真的吗？""培养管理能力需要冒着放弃医术的风险，这是真的吗？"医生领导团队有一个集体改进目标，即成为一个真正的领导团队（而不仅仅只是一群每个都在寻找自己责任范围的领导者聚在一起）。对于一个由医生领导的公司的团队而言，可能没有比这更重要的目标了。

我们再举两个开始探索锐意发展型公司道路的例子，以作为结束这一系列的简短介绍。由于以下组织的规模较小（这些组织差不多可以说是项目），我们无法更深入地了解左下象限（组织内部）的复杂性，但我们能从每个组织中吸取其经验教训。

第一个例子是阳光集团（Suncorp）的战略创新部门，由与我们同宗同源的成人发展理论工作者詹妮弗·加维·贝格（Jennifer Garvey Berger）向我们讲述，她在世界的另一端正在开展跟我们几乎一样的工作。阳光集团的战略创新部门是一家大型公司中新成立的部门，正在采用一些与锐意发展型公司相似的方式工作，并慢慢地将其方法辐射到更大的系统中。

阳光集团的战略创新部门

阳光集团大楼的大多数楼层都展现出预期中的景象：办公室隔间里满是打着电话的人们；墙上贴着安全海报和其他励志海报；还有用于追踪员工到岗的签到板。然而如果你误入战略创新部门（SI）所在的四楼，你会看到完全不同的景象。这里没有办公室隔间，只有带轮子的椅子、带轮子的桌子和安装在轨道上的白板，这些白板可以向各个方向滑动以组成墙壁，形成工作台，甚至是用作展示反映团队成员思想的便利贴。唯一一面固定的墙壁上满是该团队在过去三年中创作的绘画作品，每幅作品都通过视觉隐喻，表达了最能引起创作者共鸣的战略、未来或风险。

对于这个新成立的锐意发展型公司而言，这就是"家园"的样子。这一新成立的锐意发展型公司是位于澳大利亚悉尼的金融服务公司阳光集团人身保险公司的一个特殊部门。战略创新部门于三年前作为对企业长期竞争力和复原力的战略投资而建，其只有一个目的，那就是向组织的基因中引入一种不同的思考战略和未来方式。

阳光集团人身保险公司的首席执行官兼创始人马克·米林纳（Mark Milliner）越来越担忧现状对于一家成功的企业所带来的风险，以及一种"看不见的变革力量……不仅会重塑未来整个保险业，而且重塑我们未来世界"所带来的威胁。米林纳也热衷于要求公司的领导者以新的方式思考日益逼近的不确定性。他说，这项投资"是为了让我们的企业更能面向未来，以免我们某天早上一觉醒来发现我们的企业已经倒闭或者我们周围的世界已经发生了变化"。

阳光集团人身保险公司有一个传统的战略团队和一个企业风险管理小组来帮助企业做出选择和减少风险，但是米林纳想要的是一个能够同时满足许多业务需求的内部职能部门。他不仅希望新的部门以新的方式思考——从而挑战假设并帮助组织了解变革——还希望新的部门能够寻找其他商业模式和新理念以满足新出现的需求，在全球各地与会成为战略合作伙伴的创新思想家建立关系，培养整个企业内领导者的能力使其以战略方式思考，并继续发展人身保险业务。

一切都关于风险

为了实现这些目标，战略创新部门的成员以不寻常的方式思考风险。他们不仅仅只关注降低风险，还会思考特定风险会如何带来新的机遇。在之前的项目中，整个企业的员工开始想象一系列可能对人身保险产生破坏性影响的未来。战略创新部门的核心任务是发现和管理在这些未来情景之一发生时公司可以考虑的选项。

这意味着该团队的成员必须让自己沉浸在实际上不存在的未来世界中——从这些未来客户的角度出发，想象他们未来的生活——然后在当下创造可能服务于这些未来的新可能性。

这种繁重的脑力和情感活动需要的是大多数人在正常生活中不会培养的能力。他们必须同时应对许多相互矛盾的观点，不断挑战自己最深层的假设，并将多样性和冲突作为解锁新想法的工具。他们不断通过共同努力，提升自己的能力，创造出一种完全不同的意义。因此，该团队正在努力使其工作、结构和文化朝主动发展的方向发展。

与作为本书核心的更为成熟的 DDO 一样，战略创新部门的团队成员认为，自己作为人类的发展与完成工作是一回事。战略创新执行总经理柯尔斯顿·邓洛普（Kirsten Punlop）在该团队成立时并未听说过锐意发展型公司 DDO 这一术语。但她了解成人发展理论，她希望她的团队不仅要考虑新事物，还要以新的方式思考。她不知道具体要怎么做；她称团队成员正在做的事情为"裸奔"，因为他们是在自己的能力和舒适程度的边界上进行练习。

团队成员将摆脱被以往观点局限的能力视为以新的方式思考保险的未来（通过思考整体的未来）的核心能力。他们认为，他们的思维和存在模式太具约束性，无法提供创新力。这意味着心智发展上的提升是势在必行的。他们的理论是，"规范主导"的观点可能过于局限于当前的环境，无法进行所需的创新。哪怕是那些已经处在"自主导向"层次的视角，也可能受限于某一种过于单一的世界观。在战略创新部门，员工甚至需要走进"内观自变"的心智层次来进行工作与对话。鉴于这些思维的复杂性是如此的不寻常，他们知道必须支持人们去进行心智的发展。

定期反思

在四月初秋的一个早上（记住，那时我们是在澳大利亚），团队成员聚集在一起参加定期反思日。24 人围坐成一个大圆圈，所有白板都被推到一边，以腾出最大的工作空间。圈中有核心团队，即该部门的 12 名固定成员，以及被称为"业务干部"的一个团队——来自业务部门，并将被派往战略创新部门任职一年的 12 名人员。（每个季度会有三人一组的新成员加入业务干部的团队，因此团队中总会有一些新人，和一些即将离开的旧人。）

今天的主题是核心团队与业务干部之间的紧张关系。所有人都不清楚是什么原因造成了这种紧张关系，但这已经开始妨碍工作并拖慢团队的步伐。战略创新部门团队采用了通常的做法（正如在其他锐意发展型公司中见过的做法一样）：成员们通过进行一系列鱼缸式对话来剖析他们的理解，而不是猜测问题是什么或进行不明确的"团队共创会"。

首先，坐在内圈的是 3 名业务干部，他们谈论了对两个角色之间差异的感受。他们谈到对能够从事这项令人兴奋的创新工作的高兴之情，他们对一部分人即将在未来几周内离去的关注，以及他们对回到之前工作岗位的一些焦虑。

当他们停下来时，外圈的人会对谈话过程中他们提出过的好问题，以及用心倾听的时刻表示欣赏。有些人会指出可能存在紧张或不适的区域。

下一轮开始时，一些核心团队成员会进入内圈，一些人则退至外圈，以便了解不同的见解。谈话开始深入，现在大家开始谈论权力上的差异，谈论他们对进入"选项团队"的人感到的困惑，谈论他们如何发现自己变化的如此之快，以至于因为过于努力而头晕目眩。这一刻，此前处于背后的紧张关系开始浮出水面，参与者们在他们的谈话中将这种紧张关系翻转过来以便他们能够理解这种关系。

在第一轮中，坐在外圈的成员明确表示了欣赏；在这一轮中，他们则投下了更具批判性的目光。他们会问坐在内圈的成员如何确定自己的价值观被行使；他们有多认真地提出好奇性的问题，而不只是在表达意见？他们有多认真地进行相互倾听？他们浮现了多少真正的冲突？随着选项团队的问题逐渐退场，更核心的问题开始浮现出来：有些人担心其他人会追求私利而不是满足团队的需要。

这在被一名业务干部称为"在我们的职责与个人发展之间起舞"的主题中得到了体现。大家普遍认为成员们正处于成长和变化之中，他们之前关于世界的假设在提出新的假设之前就已经消失了："我们在这里成长得如此之快，几乎没有时间反思我们正在成为什么样的人。"他们讨论他们如何更了解自己，以及如何更了解自己的弱点和优势。他们正在重新定义工作和领导力。"现在我认为领导力指你有多理解自己周围的人和自己的工作环境，"某人说，"领导力并不意味着可交付的成果——我曾经认为这才是重点。领导力意味着旅程，而不仅仅是终点。我开始注意到真正了解是什么感觉。"

大家普遍认为成员们正在发生变化，但在认为团队及其工作是首要因素的人与认为自己在过去 12 个月中的个人成长才是最重要的业务干部之间出现了分歧。一名加入时间较晚的团队成员说："我自己才是最重要的。我必须丢开自己的救生圈（即放弃我的充气游泳辅助工具），在自己思考和行动时变得比以往任何时候都更加独立。我需要觉得自己不会游泳，然后我才不得不自己抬起头。在考虑什么对团队最有利之前，我必须专注于自己的个人发展。我只有一年时间！首先，我需要学会游泳，然后才能去考虑回到我的团队并教他们游泳。"

但其他人反驳道："发展的重点在于我们为企业做了什么。我们在企业对我们的需求方面变得越来越好——我们不能只顾自己。"

"这就是重点，"另一名成员补充道，"我们为了更好地开展工作而关注自身的成长和发展。如果世界一成不变，我们也可以保持不变。如果世界瞬息万变，业务日新月异，我们也需要做出改变，否则我们无法推动业务的发展。"

对反思进行反思

在第一轮金鱼缸式对话中，对话又快速又激烈，大家似乎更倾向于反驳同事的想法，而不是将这些想法作为基础。到了第三轮，对话变得越来越慢，越来越令人反思，大家也越来越仔细地倾听。即使对话充满激情，他们仍能代入与同事不一致的视角，并尝试进行理解。他们进行探询并澄清问题："我理解错了吗？""我误解了你说的话吗？"他们注意对话过程本身，一名成员大声地提出疑问："嗯，我刚才是在试图将对话从一个令我感觉不适的话题转移出来吗？"他们追踪着自己的变化，并注意到，"我在三个月前都想不到有这样的想法!"他们同时意识到这个过程和内容，意识到较少被他们捕捉到的自己的反应，并且能够深刻理解和考虑持有不同意见的人的观点。

一些重要并且有些危险的问题被提了出来。"我真的对这些自我关注感到不适，"一名核心团队成员说，"专业发展不是为了自我，不应该专注于自己。专业发展是为了让我能更好地完成工作!"

有人哭了，也有人生气了。但是这些强烈的情绪在这里此起彼落，但并没有被禁止。在更加深入进行这个重要而艰难的对话前，小组成员会传递纸巾或退回一步一起大笑。即使在这种紧张的情况下，在这里待了六个月或更久的人相对更容易找到他们的节奏；而新来的人则会在离开小组之前看看自己能做些什么。

对话开始将个人发展和团队发展概念以及个人和组织的部分交织在一起。成员们以一场关于其目的(作为家庭、集体和该组织中一员的个人和集体目的)的对话结束了金鱼缸式对话。他们重新认识到保险的最终目的是在不确定的世界中创造一种希望和安全感，而不确定的世界则是他们与客户共有的一种担忧。他们讨论了保险如何通过支持成长和承担风险来创造更美好的未来——有时保险是灾难发生后唯一令人宽慰之处。他们分享了自己对组织的信念，以及对需要找到新的方法来保护人们最重视的东西的信念。

核心团队成员大声地询问他们可以做些什么来帮助扩大这种共同的目标感；业务干部则谈论他们对个人支持和反思时间的需要以及对拓展工作要求的需要。

到 90 分钟结束时，内圈的人们彼此依靠，他们的语气充满了反思和透彻。外圈的人则围绕着中间将椅子紧紧地围在一起。他们了解到自己的担忧不是完全正确的，但也不是毫无道理的。他们共同开辟了一条新的前进道路。因此处在创造的新的意义，房间几乎隐隐颤动。

当天晚些时候，当团队成员从顾问对权力、发展和目的的理论和研究的见解中学到经验，并且团队经历和创造了发展的实践后，在反思会议中提出的问题变得更加深刻。他们讨论了 ITC 中发现的隐藏假设，并剖析了团队的集体假设。他们着眼于权力和联系互动的各种方式，他们未采用更为常见的倾听方式，而是通过深入地倾听同事创造的意义，为下一步会发生的情况建立论据。

有关实践的理论

将内容与有助于心智发展的实践相结合，并将之放在"团队反思日"进行反思的做法，可以追溯至刚开始的时期。团队形成后不久，他们首次的活动便已经将复杂性、不确定的未来与成人发展理论编织在一起。成员们的第一个学习活动是如何实践深入地倾听及诚实地分享反馈。与本章中其他雏形锐意发展型公司一样，战略创新部门的团队成员使用ITC发现个人的大假设并找到其发展的边际。在他们讨论发现的关于其特定发展阶段的益处和局限性时，他们还通过个人发展的评估工具来探索自身发展边际可能在哪。

随着时间的推移，该团队已经创建了持续的实践来强化其集体，并支持其发展。团队成员已经策划了仪式来欢迎新成员，并与即将离开的人告别。他们认真思考转型的理论和实践，这种做法对于一个始终处于转型期的团队来说至关重要。新成员接受发展评估并从理论层面和个人层面了解成人发展。他们通过共同创造艺术作品，可以将内在世界外化出来。

离开团队重返公司的业务干部（现在称为开拓者）获得了行动学习小组的持续支持，他们在这个小组里了解到，在遇到老同事和面临挑战时，以新的方式思考世界意味着什么。

传播思想

战略创新团队就像一个由24人组成的小岛，漂浮在这家大型公司中由15000名员工组成的大海上。然而，随着战略创新团队从一个边界群体转变为阳光集团人身保险公司并创造未来产品以扩展其世界视野的能力，战略创新团队开始看到其部分实践和思维方式逐渐转变为主流。

战略创新部门短暂的历史，影响了阳光集团人身保险公司更大的生态系统，使人们的工作方式发生了重大变化。例如，该公司已经尝试了员工在家办公的创新方法，从而获得了极高的客户满意度、前所未有的低缺勤率和较高的销售业绩。战略创新团队还引导公司建立重要的新合作伙伴关系（例如，与初创公司合作开发保险业的首创颠覆性商业模式），以及调整核心保险业务的模式，从而为变革做好准备。战略创新团队日益需要在整个企业中支持创新思维。

该团队现在正处于十字路口，因为其对视角和时间的需求超过了当前拥有的资源，并且下一步行动（战略创新团队应该扩大吗？应该在每个业务领域内创建小单元格吗？）不仅要塑造该团队的发展性质，很可能也会塑造整个企业的发展性质。阳光集团人身保险公司会发展为锐意发展型公司吗？阳光集团的所有部门都会尝试这种新方法吗？也许我们将了解到锐意发展型公司实践如何创造重塑整个组织的传染效应。

或者，也许很多组织都会按此行事，正如下一个例子所示——包括如可口可乐一样值得尊敬的大型组织，或新兴的初创公司一样的组织。

位于佐治亚理工学院内的闪点（**Flashpoint**）

6:00……5:59……5:58……5:57……红色字体的数字时钟在你的面前倒数计时，你和你的初创公司团队站在 40 个聪明机智、忠诚坚定的人面前，他们在接下来的六分钟里只想从你那里听到一些新鲜的真实情况。你上周做了什么？你上周学到了什么之前不知道的东西？你可以谈一谈关于客户和你的商业模式的真实情况吗？你下周要做些什么来了解更多的真实情况？

每周二下午，在佐治亚理工学院内闪点的开放坦率的环境中，10 到 15个初创公司团队聚集在一起参加每周的高级讲习班。闪点（FP）是一个史无前例的初创公司工程工作室（参见下文《什么是初创公司工程?》）。在散布的桌案和电脑椅的围绕下，闪点在精心设计的深度发展课程中最引人注目的惯例活动开始了，即每个团队对其过去一周内的研究进行简要介绍，随后(或在中断介绍过程后)则是他人提出问题和反馈。在闪点总监兼创始人梅瑞克·弗斯特(Merrick Furst)的领导下，一群经验丰富的导师和顾问提供了坦诚的(往往是批评性的)反馈意见，这些反馈最主要的目的是明确："你究竟问的是什么?""你提出这个问题的目的是什么?""他们是如何回应的?""他们用了什么词?""你认为他们是什么意思?""是什么让你这么想的?""你到底知道什么?"

那些想要创建可扩展、可持续发展的企业的新手和资深企业家构成了大多数 2~5 人的团队。剩下的与会者则是产品或品牌经理以及其他与创新相关的专业人士，这些人士由各自的公司派遣而来，目的是寻找未被发现的真实需求的来源(正如弗斯特说的那样)。也许更重要的目的是探索他们如何输出闪点的模式和方法，以便刺激其所在组织的持续创新。

什么是初创公司工程?[①]

初创公司工程是一个程序和框架，用于发现真正的需求，建立可规模化的公司从而满足这种需求。初创公司工程师努力识别客户生活中有意义的痛点，将这些痛点与企业家通常以为是对的但不靠谱的市场理论，以及客户自己可能想象的解决方案区分开来。这些工程师就客户改进目标和阻止现有解决方案满足这些目标的制约因素提出理论。他们为推翻其理论，努力通过测试、修改和重新测试理论，找到可行的真理。他们通过一个理解、约束和减少所有早期公司所面临的风险的框架来确定优先级并衡量进展。

完成初创公司工程的过程需要两名或更多的创始人花费约六个月的时间开展尽心尽力的全职工作。在这期间，约有三分之二的初创公司通过实施该计划成功发现了真正的需求。在此发展的基础上，闪点通过一个塑造产品和公司的过程来协助管理初创公司，该过程将通过使客户克服其限制并实现其改进目标，以可靠且可扩展的方式实现盈利。

---

① 资料来源：http://flashpoint.gatech.edu/startup-engineering.。

对所有参与者而言，个人利益关系都很重大，因为他们中的大多数人都迷上了（并且已经投入了大量的时间和资金）某个特定的想法或愿景。这些想法或愿景都是他们在周二下午或在 FP 流程中的早些时候发现的，但这些想法或愿景几乎肯定是错的。马里奥·蒙塔格（Mario Montag）以前是一名 FP 参与者，他现在是 Predikto 公司（一家成立三年的预测分析公司，最近筹集了 360 万美元的风险投资）的创始人兼首席执行官。以下是他的首次周二演讲报告，他在演讲中提出了一个他认为是汽车融资领域"大创意"的想法：

> 我花了约六个月的时间研究我的想法，当我第一次在闪点介绍这个想法时，我故意详细介绍了在我看来该想法的巨大优势以及我们可以在该想法中进行的任务。我认为这会吸引人们的注意力并让他们加入进来。令人惊讶的是，老练的企业家们很快就指出了我只是略微了解的几个方面，并直接说明了我们所做的假设以及与此相关的极为明显的风险——如果我们无法验证这些假设并降低风险，即使这些假设再小，也会将我们引至万丈深渊。

在闪点，参与者就客户、其商业模式和自身提出的假设随时都会受到挑战，包括在高级讲习班、导师会议、与弗斯特进行的每周一对一的对话和与其他团队的对话期间，以及在整个过程中对 ITC 进行正式与非正式的使用期间，有时甚至是在这个过程正式开始之前。

可口可乐旗下酷乐仕（Glaceau）公司的品牌维他命水（Vitaminwater）与醒目水（Smartwater），其高级全球品牌经理凯文·伯克（Kevin Burke）描述了他的团队在申请过程中与梅瑞克的第一次会面：

> 我们带着一个目标极为明确的计划与梅瑞克进行了首次会面；我们确定了目标受众、产品和方法。我们认为闪点会帮助我们更快地实施该计划。所以我们在白板上写下了我们的计划。梅瑞克站了起来，

将白板擦得一干二净。老实说，这真的吓到了我们。我们一心扑在我们对该品牌的想法之中。他说，如果我们要开展该项目，我们必须进行更广泛的思考，并且还要愿意与消费者交谈和以新的方式倾听。

这种新的倾听和行动方式深受锐意发展型公司和ITC的原则影响。你的客户是哪一类人而能被视为（真正的）人？他们的改善目标、隐藏承诺以及大假设会是什么？为了有效地将他们的变革免疫机制解除，并帮助他们成为更真实的自己，你应该提供什么样的产品和服务？为了生产和交付产品，你必须要成为什么样的人？你需要克服自己的哪些变革免疫机制？我们如何在FP中建立一个安全可靠的支持性社群，以便人们能够承受和利用如木人巷般的磨炼，而不是被吓跑？

伯克进一步谈到了FP如何集中使用ITC以便更好地了解客户与他自己的团队，以及在回到可口可乐后其管理人员的反应：

像许多公司一样，可口可乐在数据方面做得很好，但我们都是以同样的方式在收集和使用数据。FP让我们有了一次以不同的方式收集和使用数据的机会。我们采访了世界各地的人，听到了相同的主题，也看到了背后各种大假设。该过程向我们展示了新产品应该是什么样子的，以及我们如何在不触碰到背后的大假设的情况下，或者哪怕触碰了但仍能做出回应的情况下，在内部制造出这样的新产品……真正帮助你沉浸其中并变得更擅长使用ITC的是梅瑞克，他让这个解除免疫机制的方法变得灵活生动；即使是在他的办公时间与他见面时，他也会使用ITC。你现在身处在哪？可能造成失败的重大风险有哪些？然后他会就此与你一起制定出ITC，你就会知道接下来你需要做什么……在回到可口可乐公司后，我们与管理人员分享了如何制作ITC，他们非常喜欢。他们希望我们向可口可乐公司的更多人教授FP工具。我们的可交付成果之一便是将这个工具带到可口可乐去。

因此，与你到目前为止所见到的所有其他组织相比，闪点的人人成长文化可以向上游和下游推得更远。闪点可以利用自己的实践在供应链中向上游推得更远，以便更全面地想象其参与者的预期客户的内心世界。其将客户选择尝试新产品或服务视为对客户的调适性挑战，并将企业家置于需要对想象中的客户的内心世界进行管理的位置，即使这一组织本身正在管理项目参与者的内心世界。

参与者必须考虑其潜在消费者的心态，并确定其需要帮助潜在的消费者克服哪些自我保护性承诺和限制性假设，才能使潜在的消费者真正转化为消费者。与此同时，FP 通过向这些企业家灌输他们可以从项目实验室中带到其雏形公司的心智习惯（habit of mind）向前推进。通过这种方式，闪点不仅可以成为初创公司的孵化器，也可以成为更多带有人人成长倾向的组织，甚至是更多锐意发展型公司的孵化器。

这是意外吗？几乎不是。根据弗斯特的说法，采取这种新的实践并建立一个支持这种实践的社群，对于初创公司的命运，以至于能否实现梦想，是至关重要的。我们让他自己说出最后的结论：

> 我们都是带着关于世界如何运转的小理论四处活动。然而这个世界总是比我们想象的要复杂得多，也带有很多我们并未留意的细节。但我们总是没有注意到，世界实际上并不是根据我们的小理论所认为的那样运作。我们与现实脱节的方式就是以为世界会按照我们的理论运转；我们根据自己的理论构建（产品或服务）以适应其运转方式；当事实证明我们的产品或服务符合我们的理论，却不符合这个世界时，我们会感到失望或惊讶……我们在 FP 中发现的是，我们需要改变固有的思维定见才能像富有成效的创始人那样行事。这种思维定见的改变很难实现……必须要有一套原则和一个试金石来接近真理，而且必须要有一名像我这样的人常常给你当头一棒来提醒你……[2]
>
> 即使你知道世界运转的方式，知道自己要做什么，你和你的团队也无法做出改变。我们也必须解决这个问题；否则，团队将无法取得

成功。我们找到了一种在团队内部建立人人成长文化的方法，这使人们能够对彼此的 ITC 感兴趣，并且这种方法似乎让世界变得全然不同。[3]

这些例子教给了我们什么？

在本章开头已表示，我们并不认为转型为锐意发展型公司有统一的秘诀或十步必走清单，但我们希望通过对已经在这个方向上踏出第一步的组织进行精要介绍，能够让你了解某些要牢记于心的必要条件。对我们来说，总体方向是需要同时在多个方面展开工作。

有一种相关的说法是，创建锐意发展型公司意味着"用脑、用心和用手"，必须利用全部这三种元素才能点燃起动的火花。先让我们从"用脑"说起吧。在职场生活吸引你的内心——能够引导你自己和其他人不仅关注你的外在行为，还关注你脑海中的思想（你的感受、想法，以及那些使你陷入可能会阻碍你成为你本想成为的人的思维和感受中的潜在假设）——之前，我们尚未跨过创建锐意发展型公司的基本门槛。

与此同时，除非该组织出于好意邀请你的内心进入公共工作空间之中，否则没有人会愿意，或能够忍受，在这样的环境中工作。如果一个组织向锐意发展型公司转型只是为了从员工身上获得最大的有利于公司的好处的方法，那么锐意发展型公司的理念也只不过是一种控制员工和从人力资本中获得更多回报的新方法。如果对组织及其员工互相帮助彼此成长的方式缺乏强烈的、相互的热情，那么邀请你将内心带入公共工作空间只会使你的行为在自我鞭笞型的"自我提升"中变成一种强迫的忏悔式做法，并且这个空间会变得有毒。除非员工认为自己的斗争一直存在并得到了带有怜悯的回应，否则没有人会像此处列举的示例中那样如此热情和感激地说出通常令人感到极为不适的经历。

出于好意将内心（以及内在的部分）带入工作岗位是至关重要的。然而这仍然更多的是一种安排，仍算不上一种让人可见，以及一种新的可持续工作方式。创造的火花必须通过脑、心和手的有效结合（即能够让人们可靠地重复实践、结构和工具，来对文化及其系统进行持续地重构与重新打造）来点燃。

超越成长边际：从组织内在世界开始

四象限模型是另一种能够让你在从一个工作环境——及其领导力——向锐意发展型公司的方向靠近（无论会走多远）时，马上了解到关注多个领域的必要性的方法。这里首先需要有一个清晰的理由（如一个商业机会、一个挑战、一个威胁，或一个未实现的抱负）来推动这个转型之旅，并且这个理由必须对组织是至关重要的（模型中的右下方）。否则，当转型之旅第一次遇到难关时（而且组织必定会遇到来自外部和内部的难关），组织将缺乏足够强大的平衡力来抵抗将其拉回到现状的力量。

然后，这种坚定的组织目的必须在每名成员（四象限的右上方）的工作生活中得到表现，否则将会见只树木不见森林（"我爱人性；我只是忍受不了人类"）。这里出现了两组问题：

1. 作为该组织的员工，你是否对这一新旅程的目标感到兴奋和投入？你能看出这能为自己带来什么吗？

2. 你是否体验过（不仅指领导本身，也不仅是指公司）将需要如何做出改变以便继续这一旅程？你是否会体验到对自己角色的新的需求、期望和定义？

由于这些挑战是不可避免的，对整个组织和每名成员而言，同时带有技术性与调适性的成分于其中，因而通往锐意发展型公司的道路，必须包括下半部分的领域。在这段旅程继续往前走的时候，有哪些内在动力（集体的和个人的）可能会破坏哪怕是那颗真心和已经众志成城的承诺？你的木人巷（你的工具与实践）与你的家园（值得信赖的社群）如何使内在世界得以外化，并帮助你改变并开发那些内在——个体的与集体的——元素？

　　雏形的锐意发展型公司必须注意只注重某些而不是全部维度的倾向。这对我们和任何人来说都需要如此地被提醒。我们在一开始就告诉你，要注意自己作为面向个人的心理学家会过度关注四象限模型的左半部分，尤其是左上方的倾向。这种倾向可能在以上这些示例就如何开展的议题给你留下的整体印象中有所反映。例如，出于我们已经解释过的原因，我们认为制作ITC是一种能够让每个人了解其成长边际的有用方法。但我们并不是说在不是同样积极地关注系统性组织维度的情况下直接采取这种方式。

　　我们为所有锐意发展型公司典范提供了本书的初稿，供其提供反应和建议。帝客赢公司的布莱恩·昂格担心这些示例可能会给出这种错误的印象。"问题并不在于ITC，"他写道，"这是一个很好的模型和方法，我们自己也打算继续使用。"但是昂格担心我们没有充分说明四象限左下方的那些高难度且必要的工作用以产生四象限相辅相成的作用："如何处理权力，如何将各种业务转变为'同一件事'，如何在面对内外部遗留问题的情况下改变文化，如何面对不可避免的夺权企图，如何面对当前竞争力与未来需求之间的权衡。"我们的示例在这些方面能够教你的可能性比较少，因为我们只参与了这些组织各自经历的早期阶段，但这些示例更可能反映出我们目前与雏形锐意发展型公司合作方式的局限性。

建造你的家园

　　对于在走向锐意发展型公司的道路上采取早期措施的组织，以及我们为其提供的帮助方式而言，它更充分地参与和更详细地阐述左下象限（即组织内部）可能会是什么样子？

　　我们说过，五个范例中的每一个都满足右下方的一些关键要求；每个组织都有想要或者需要完成的一个明确的激励性业务愿望。我们同样清楚，这些愿望对个人角色（右上象限）提出了新的要求和定义。认识到我们在这里面临着调适性挑战之后，我们会自然而然地倾向于向下移动，进入"内在—个体"（interior & individual）部分。这可能没有任何问题，但如果组织希望创建一种内在的、活性的应对这些挑战的人人文化(而不是依靠外部帮助和"额外事物"),那就需要在"家园"方面发力。

即使是最丰富的实践,除非有一个安全、可靠,并经集体承诺在其中开展实践的"容器",否则它们怎样也无法在组织层面上实现持续的运转。

例如,安全(safe)意味着当有人公开揭露他的弱点和困难时,他在组织中经验到被赋能而不是被贬损了。安全并不意味着人们可以接受那些不努力进步的人。

例如,可靠(dependable)意味着员工可以指望这些实践和实践背后的精神成为完成工作常规的日常体验。这并不意味着员工永远不会感到惊讶,也不表示他们可以依靠过相互勾结和交易的忠诚而获得安全感("我相信你会站在我这边")。

集体承诺(collectively ascribed to)意味着我们集体制定了一项非强制性的协议,同意以这种方式运营。这是我们想要做的事情,是每个人决定去做的事和每个人想做的事。这并不意味着"我们拥有一个共同的想法";也不意味着这是一种集体迷思(groupthink)的文化。这并不意味着没有分歧,而意味着大家就不同意见达成一致。

例如,在试图找出某个人做出错误决定的根本原因的讨论中,对于我们是否真的付出了沉重代价,或者进行探索的人是否做出了值得尊重的有效工作,可能存在各种不同意见。但是,对于我们像这样愿意将时间花在在其他常规组织看来只是一些人事问题的事情上,我们绝无分歧。之所以不会有这种分歧,是因为这是我们共同认可的事情。

平心而论,对于锐意发展型公司的雏形,你可以在闪点和战略创新部门的例子中看到这种演变的迹象。在闪点,没有人会对其商业计划所遭受的拷问感到惊讶。战略创新部门的新人会被老人教导"我们在这里如何做事",以及我们的做事方式与更好地让人们实话实说、智力超群和打破常规的培养过程有很大关系。战略创新部门可能更容易在锐意发展型公司的方向上快速前进,因为其规模较小,复杂性更低,并且性质上更偏向于项目而非公司,但这些并不会使其过程缺乏指导性。

无论如何，任何希望跨越通往锐意发展型公司的道路上关键门槛的集体、团队、部门或整个企业都需要构建一个安全、可靠、经集体同意的内部工作容器。

共享的默契、协议与规则

在我们看来，跨越这一门槛的必要步骤是制定以发展工作为导向而共享的默契、协议或者规则。

任何一位高管教练或领导力培养项目卓有成效的领导，都有可能帮助建构一种足够有力地支持心智发展的共享氛围。这可以说是一种"家园"，但这仍不属于组织内部的家园。这就是我们所说的20世纪的解法：团队或组织也可以建立一种强大的文化，并在其中制定获得普遍理解和赞成的规范（例如高可靠性的组织、作战单位、外科医生团队或一组空中交通管控人员），只是这一切都可以与心智发展搭不上边。这些组织中的人员肯定可以获得发展，但这些组织并非锐意发展型公司。这些组织创建的目的并不是让组织及其人员成为彼此最大的心智发展资源。

对于任何想要在锐意发展型公司的道路上前进的团体来说，以下问题有助于其制定这些氛围："为了给彼此创造进行此类内部工作的条件，作为一个集体，我们需要达成哪些协议？哪些协议能让我们立即不断致力于自己的发展成为'更好的我'（a Better Me），以及支持同事的持续发展成为'更好的你'（a Better You）？"查看第三章中锐意发展型公司的典型特征可以作为对这种考虑的一种提示。例如，你可能会问："我们是否同意层级位置不具备惯常拥有的特权？"这意味着下属应该感到有责任在不同意或不理解上司的命令时表示反对，并且上司会欢迎这种行为，而不是对此感到气愤。

一个想要在锐意发展型公司的道路上进一步发展的团体也不应该认为仅仅通过制定这些协议，就可以成功地杜绝违规行为。高层是否会对其收到的反对声音采取防卫姿态，或批评提出反对的下属？当然会啦！回想桥水关于负责管理顾问的顾问的不同意见。

但当这种情况发生时，不应该出现垂头丧气或自我谴责的情况（"我们不是一个很好的锐意发展型公司"，"我们没有成为锐意发展型公司所需的特质"）。建造、保护和改善家园的工作不仅仅只是制定协议，还包括对员工会不断违反协议有心理准备，然后采取措施（那些员工感到安全、可靠并经集体同意的措施）将这些违规行为转化为组织日后可以共同学习的课程。在这种人人文化中，违规行为会成为人人学习的机会（就像桥水的例子中的问题日志的作用一样）。

不出所料，我们认为对于难以管理的人而言，利用学习机会的最有效方法之一就是采用ITC方法。例如，如果我经常难以提供或接受向上回馈（尽管我同意这样做），这不会成为我长期自责的源头。通过承认这是一项调适性挑战并解决自己背后的隐藏承诺与大假设，我可以更从容地应对。回想一下第六章中鲍勃·普林斯和娜拉·达什伍德的例子；他们每个人第二栏中的行为（"我不倾听他人的意见"等）不仅可以视为是对其改进目标的抵制，也可视为是对共享氛围或协议的违反。

正所谓能医不自医，可以说在帮助组织向锐意发展型公司转化的过程中，我们也过度使用了我们的正手（默认了我们过度关注个体内部的自然倾向）。结果我们也无意中让自己（和组织）重拾了那些属于20世纪的解决办法！如果我们不能帮助这些组织为其内部实践建立属于他们自己的容器（例如，ITC等方法），我们就成了"额外的东西"（即组织所依赖的好顾问）。如果我们退出，这些组织继续实行其"木人巷"的可能性就很小了（尽管可能有些个人会继续坚持），因为我们没有帮助其建立自己的"家园"。

同样地，我们也不应该因为当前自身的限制而责备自己。每个人——包括三个锐意发展型公司范例、雏形锐意发展型公司和我们自己——都应该拥有成长的机会（所谓的人人成长）；而作为对这件礼物的回报，我们人人都有责任去好好奋斗，努力钻破地面，让我们的新生绿芽能够见到光明。就我们自身而言，这涉及弄清楚我们自己对于锻炼自己的反手及对其使用背后带有的恐惧与厌恶感（ITC中的"忧虑盒子"）。确定使自己优先考虑个人内部而不是任由集体内部（第二栏）的倾向变得如此"合乎情理"，和放开"聪明睿智"的自我保护性承诺(第三栏),以及不断地揭示和测试我们自身的限制性假设(第四栏)。

正在开发中的锐意发展型公司 360 度评估

为了更好地聚焦集体内部并帮助你考虑可能想达成的协议,一个能够让你知道自己当前在家园建设中所处位置和个人发展目标的工具或图片会有所帮助。为了帮助我们自己和其他人更好地掌握对锐意发展型公司道路感兴趣的组织中整个系统的动态,我们一直在努力研究 360 度评估流程,以便就各种问题提供以数据为中心的回答,例如,此时我们的文化在发展方面有多丰富?我们现在可以利用哪些发展优势来更好地培养员工?我们在锐意发展型公司的道路上更进一步的最大障碍是什么?我们应该先缩小哪方面的差距?最有希望的方法是什么?与更成熟的 DDO 相比,我们在推边际、建家园和打木人巷方面表现如何?与上一次进行评估时相比,我们在成为锐意发展型公司方面取得了哪些进步?

在表 7-3 中,每个锐意发展型公司维度(推边际、建家园和打木人巷)都被分解为 6 个特征,总计 18 个子维度。例如,建家园包括开放自我、欣赏完整的自我、心理安全、领导者的弱点、对冲突的看法和对专家意见的看法这些子类别。受访者回答了一系列问题(参见《锐意发展型公司人人文化 360 度评估的样本问题》),这些问题旨在获取受访者对这 18 个子维度中每一个子维度的体验信息。

这些信息可以描绘出一个丰富的图画,体现出三个维度中饱和度的不同程度,我们可将该图画与成熟的锐意发展型公司的综合概况进行比较。数据还可以显示某个特定部门或业务部门与整个组织的得分对比情况。

表 7-3　锐意发展型公司人人文化 360 度评估的各个维度

推边际：组织对心智发展的热望
• 犯错误。是否将错误视为可能促进发展的机会？
• 发现问题。是否为了促进发展而积极发现和产生问题？
• 自己的成长边际。是否每个人都正在努力地发展自己？
• 他人的成长边际。员工是否积极支持同事的发展？
• 集体的成长边界。组织是否正在努力克服集体和组织范围内的限制性假设？
• 使命。组织的使命是否与员工的发展相关？
建家园：在组织中拥有足够的安全感、可靠性，有助于人人成长的社群
• 开放自我。公开暴露个人的短板是否被当作一种发展资源受到欢迎？
• 欣赏完整的自我。个人优势是否被视为发展资源？
• 心理安全。团队和同事之间的关系是否在筑建一个心理安全的空间？
• 领导者显示脆弱的容量。领导者是否能够平等地、全勤地参与心智发展的活动？
• 对冲突的看法。冲突是否被视为潜在的发展来源？
• 对专家意见的看法。是否尽量避免按角色或按背景遵从专家意见？
打木人巷：组织对心智发展的演练实践
• 支持学习。工作内含的（而不是外部的）学习支持是否经常用于发展？
• 角色与人的匹配。是否通过创造和修改工作、角色来刺激发展？
• 反馈。是否所有人不断就发展目标提供和接受反馈？
• 实践的规律性。是否定期重新采用专注于发展的实践？
• 符号工具。组织是否拥有心智发展相关的语言与明确的原则？
• 流程改进。员工是否系统地参与到流程改进之中，以便促进发展？

锐意发展型公司人人文化 360 度评估的样本问题

（按照 1～5 的评分标准，"1"为"强烈反对"，"5"为"十分同意"）

推边际

• "我知道我的经理的个人进步目标。"（子维度：自己的成长边际）

• "这家公司的目的不仅仅是赚钱。"（子维度：使命）

建家园

• "当我不同意我的经理的想法时，我认为告诉他我的看法是安全的做法。"

• "这里的人不会当着他人的面说出自己真正的看法。"（子维度：开放自我）

• "当老板对于自己所犯的错误非常坦率。"（子维度：领导者显示脆弱的容量）

> 打木人巷
> - "在我的团队中，如果有什么事情出错了，我们会从容地探讨原因。"
> - "如果我认为我们的工作方式不对，我要告诉我的团队成员。"（子维度：流程改进）
> - "在这家公司中，员工的正式工作职责经常发生变化。"
> - "这家公司希望你在工作中继续接受新的挑战。"（子维度：角色匹配）

永不言休

"我怎么才可以晋身卡内基音乐厅?"出租车司机问道。答案是什么? "练习、练习、再练习!"这是一个老掉牙的笑话。

来自桥水的格雷格·詹森说，维持这种文化就要每天都战斗——持续不断的战斗。来自跳跃科技的查理·金则谈到了打持久战。来自帝客赢的克里斯托弗·弗尔曼援引了亚里士多德的观点，将个人或群体中的性格塑造当作一项终身活动。

我们在本章以及本书中试图通过为读者（若正在考虑探索锐意发展型公司的道路）提供概念、工具和活生生的例子（而不是一个秘诀或清单）来帮助读者接受一种转变为锐意发展型公司以及维持锐意发展型公司的方式。只要是锐意发展型公司就有必要采取这些方式。

注释

[1]Ken Wilber，*Integral Psychology*：*Consciousness*，*Spirit*，*Psychology*，*Therapy* (Boston：Shambhala，2000.)

[2]"What is Startup Engineering? with Merrick Furst," YouTube video, 8：43, featuring an interview with Scott Henderson, posted by "HypepotamusTV," June 24, 2013, https://www.youtube.com/watch? v=S—U1nqfOUPY.)221731_99b_289—29 2_r1.indd 291 1/5/16 2：35 PM.

[3]"Merrick Furst Explains Flashpoint and Startup Engineering," YouTube video, 32:38, from the Atlanta CEO Council's Next Big Idea series, posted by "Flashpoint at Georgia Tech," July 24, 2014, https://www. youtube. com/watch? v = 4EdA5pja TT0).)

后记

新的职场存在方式

我们撰写本书是希望这个世界可以开始关注一种全新的职场存在方式。过去50年我们见证了职场中做事方式的非凡转变，比如，我们对数据和信息进行处理、分类、储存、收发的方式，在新科技的助力下发生了深刻的变革。

但即便你认同这一理念：业绩表现最终取决于企业里的人能够走多远，你仍会就通过员工成长来驱动业务发展这一新的投入方式提出以下一些问题。

说真的，在过去的50年里，在人类的基础知识领域，难道我们没有产生彻底改变游戏规则的新知吗？关于如何学习和成长，也关于我们如何抵制学习和成长，我们似乎在同时做这两个对立面的事情。我们是否在运用真正奏效的新方法来运用我们学到的知识呢？

单凭在现有员工发展的范式之基础上左修右剪就能释放未被实现的潜能了吗？除了更用力地重复同样的动作，就没有其他办法了吗？

关于职场存在的新方式，有具体的实例吗？有哪些企业有着多年连续成功的商业历史，而同时有着基于突破性科学研究的独特发展实践呢？

这样的发问是公平的，而且直到最近一直未能产生有分量的回答。

但这回答的缺失不是因为没有足够多的尝试。50年前，在数字时代降临的初始阶段，心理学家也认为他们开启了一种类似的革命，只是针对的是软性的方面。这一革命也就是人类潜能运动，它对于传统的、对人类缺陷和病态进行研究的心理学范式可谓是一项解放性的回应。自我实现、自我力量和心理弹性相关的心理学渐渐进入人们的视野，开始帮助我们不仅关注心理弱点和疾病，而同样看重我们的心理优势和健康。

公平地评估下来，这一始自 20 世纪 60 年代的潜能运动，正如同时代很多大胆的设想一样，并未像预期的那样产生巨大的影响。它当下的表现形式，诸如积极心理学，基于优势的测评，以及前言中所述对幸福的第一种定义，尽管反映了一种乐观主义，却未能成为一步步实现人类潜能的变革引擎。

原因在于，20 世纪 60 年代的潜能运动及其继承者们，一直未有足够健全的理论基础或科学方法。对于人类潜能的研究需要真正的发展理论来探明能力的逐渐演进。优势与局限都并不是绝对的、不变的两极；发展理论意识到，优势与局限在时间长河里互相转化，优势也可以成为阻滞。

而你现在了解到，这样的理论是存在的。与上述潜能运动诞生于差不多同一时代，只是这一理论一直存在于大学的研究实验室里，其早期聚焦于儿童发展。而如今，它成为了解意识成长和成人自我理解的强有力的手段。而今天与神经脑科学的突破结合起来，它被运用于个人成长方面的练习与方法设计，其结果被证明影响力非凡，在针对不同人的一对一干预中广具良效。

那么如果我们可以将同样的科学基础运用于转化我们在职场中的存在方式呢（无论我们在实践过程中是否知晓此科学基础）？对这一问题的回答，也是对之前那些问题的回答，此刻正等你来完成。我们相信，你在本书中遇到的这些企业，作为整体，联合展现了工作的新图景。这幅被我们称为锐意发展型公司的图景，是让组织与个人成为使彼此茁壮成长的最大资源之路径。它指向了释放人类和组织潜能的巨大跨越，如同计算机和互联网在处理和传输信息方面起到的作用一样。

你在本书中看到的真实的人，比如娜拉、杰姬、伍迪，工作于真实的组织中，帝客赢、跳跃科技和桥水，这些公司和个人都正在成为更好的自己。企业帮助员工成长，员工帮助企业发展，用帝客赢的用语来说，"这都是一回事"。

而你也看到，如此的方式尽管是深具挑战的、却并非是不可能的。当我们向人们介绍锐意发展型公司的理念时，人们会提及天性："人的天性就是自我保护，想让别人对我们产生良好的印象。""你们说的这些——让人在职场中展现脆弱，未免过于理想化和天真了。想法不错，但与人性相悖。"

而这关于人性的大致概念很快也延伸到对组织的理解上。显然，企业也有其本性，"公司是不会花这种时间在员工身上的，特别是在生意不好做的时候，这样想是很不现实的。最终对利润的追求不可避免地会胜过对人的关注"。

你在本书中碰到的人都从现实生活中来，而不是火星人，他们不是在短时间内屏息行事，他们这样做已经许多年了；这些企业也运营很多年了。

所以说，究竟是谁在定义"人的本性"呢？我们还需要多少娜拉、杰姬和伍迪，多少成功如帝客赢、跳跃科技、桥水的锐意发展型公司，才能让我们愿意重新调整我们对于"人的本性"的定义？也许这世上每一种颠覆性的观念在最初都像一种公然对抗，质疑着我们关于那些"不可改变的东西"的理所当然的假设。这就是颠覆性观念的颠覆之处，它们不仅颠覆着我们将如何行动，它也颠覆了我们如何思考。

作为本书的作者，我们有幸从帝客赢、跳跃科技，以及桥水的实践中进行学习。与这些非同寻常的公司和它们的员工共事颠覆了我们的想法、我们的感受。我们发现，此前相互独立的现象，如外在结果与内在世界，组织提升与个人提高，在本质上是不可分割的，这令我们的思考更为整体。这些案例提供的启发在于，如何把更需要发展的自我部分与已经发展良好的部分整合为一体贡献于共同的事业，这使得我们作为人也更加完整。

在本书的开头，我们曾提醒过你，遇到锐意发展型公司的过程中，你或许会以全新的方式与自己相遇。因为这正是我们自己所经历过的。本是去探索未知的世界，却在路途中更深入地进入了自我。如同这首鲁米的诗歌《客房》。

> 我们的存在，即是一间客房，
> 每一个清晨迎接一位新的访客。
> 喜悦、抑郁、卑鄙、刹那的觉察，总在意料之外。
>
> 欢迎它们吧，招待它们！
> 就算伤悲一众到来，猛烈扫空你客房里所有的家具，
> 你仍可以体面以待之。
> 也许，它清空一切，为新的欣喜腾出空间。
>
> 忧郁的想法，虚假与恶意，
> 打开门，冲它们大笑，请它们进来。
> 不管是谁，带着感恩迎接吧，
> 因为每一位均是向导，自彼处而来。

在本书开头，我们为人们在传统物质奖励之外追求全新类型的收入（为内在自我、意义感和幸福感而获得的报酬）而欢呼。我们说，自古以来幸福就有两种定义，一种是状态（欢愉，没有痛苦）。不少知名的企业在支付新收入的过程中采纳了这样的定义。

而我们说，还有另一种定义，把幸福看作一个过程（绽放、进化、成为更好自己的过程）。这样的理解欢迎更多东西进入客房。积极挣扎的痛苦，为新生命分娩的痛苦，不会被驱逐出境，因为它们才是成为更高自我的向导。

我们书写本书，是证明了这样的存在：有一种工作场所可以转化我们生命中投入最多的时间来使用的意义。我们书写此书，是创造一簇希望的火光，来见证星星之火，可以燎原。

重要名词中英文对照表

adult-developmental theory　成人发展理论

an everyone culture　人人成长的文化

ArcLight Cinemas　弧光影院

Chris Argyris　克里斯·阿吉里斯

Aristotle　亚里士多德

backhands　反手拍

baseball card（BBC）　棒球卡片

big assumptions　（变革免疫图中的）大假设

Bridgewater　桥水，桥水公司

Brené Brown　布朗·布琳

check-ins　人到心在

check-outs　退场感言

competency boards　能力看板

constructive destablization　建设性失衡

daily cases　每天案例

daily updates　每日更新

DDO deliberately developmental organization　锐意发展型组织

DDOs as incubator　锐意发展型组织作为（心智发展的）孵化器

Decurion Business Leadership Meetings　帝客赢领导层业务会议

Decurion　帝客赢，帝客赢公司

development opportunities　发展机会

developmental principles　发展原则

discontinuous departures　非连续性背离

dot collector　连点成线

Carol Dweck　卡罗尔·德韦克

economic man　经济人

edge　边际，成长边际

Keith Eigel　基斯·埃格尔

eudaemonia　因理性而积极生活所带来的幸福

fishbowl dialogue　金鱼缸对话

Flashpoint at Georgia Tech　佐治亚理工学院的"闪点"

follower-leader organization　采用"追随者－领导者模式"的组织

Frazier & Deeter　弗雷泽 & 迪特尔

Kaz Gozdz　凯茨·高茨德

groove　木人巷

holding environment　托展的空间

holding on　允许

home　家园

ITC map　变革免疫图

ITC　变革免疫

Joseph Jaworski　约瑟夫·贾沃斯基

Robert Kegan　罗伯特·基根

Lisa Lahey　丽莎·拉海

letting go　放开

ling of sight　瞄准线

mental complexity　心智发展度、心智复杂度、心智水平、心智层次

neural plasticity　神经可塑性

Next Jump　跳跃科技

obedience-to-authority　权威下的盲从

one big thing　（变革免疫图中的）一件大事

pan-developmental　泛发展化，铺天盖地式的发展

personal leadership boot camp　个人领导力训练营

probing　探测

psychological man 心理人

pulse-check huddles 围圈号脉

Peter Senge 彼得·圣吉

situational workshop 情境工作坊

sticking around 酝酿

Subject-Object interview 主—客体访谈方式

Suncorp 阳光集团

super Saturday 超级星期六

talking partners（TPs）谈话伙伴

the four-box model 四象限模型

the issues log 问题日志

the monthly 10X factor 月度 10X 要素

the self-authoring mind 自主导向心智

the self-transforming mind 内观自变心智

the socialized mind 规范主导心智

William Torbert 威廉姆·托伯特

touchpoints 接触点

trajectory of mental development in adulthood 成人心智发展轨迹

VUCA，Volatile 易变的、Uncertain 不确定、Complex 复杂的、Ambiguous
模糊的

wallet card 钱包卡

Washington University Sentence Completion Test 华盛顿大学造句测试

WellMed 好医

well-held vulnerability 稳稳托住你的脆弱性

Ken Wilber 肯·威尔伯

XYZ Inc XYZ 公司

An Everyone Culture: Becoming a Deliberately Developmental Organization
Original work copyright © 2016 Harvard Business School Publishing
Published by arrangement with Harvard Business Review Press

北京市版权局著作权合同登记号：图字 01-2019-2639

图书在版编目(CIP)数据

人人文化：锐意发展型组织DDO／（美）罗伯特·凯根等著；薛阳，倪韵岚，陈颖坚译 .—北京：北京师范大学出版社，2020.5（2024.9重印）

（组织学习与进化丛书）

ISBN 978-7-303-25779-9

Ⅰ.①人… Ⅱ.①罗… ②薛… ③倪… ④陈… Ⅲ.①企业管理－人力资源管理－研究 Ⅳ.①F272.92

中国版本图书馆 CIP 数据核字(2020)第 057387 号

北师大出版社高等教育分社微信公众号 新外大街拾玖号

RENREN WENHUA RUIYI FAZHANXING ZUZHI DDO

出版发行：北京师范大学出版社 www.bnupg.com
北京市西城区新街口外大街 12-3 号
邮政编码：100088
印 刷：北京盛通印刷股份有限公司
经 销：全国新华书店
开 本：710 mm×1000 mm 1/16
印 张：18
字 数：277 千字
版 次：2020 年 5 月第 1 版
印 次：2024 年 9 月第 7 次印刷
定 价：84.00 元

策划编辑：周益群 责任编辑：张 爽
美术编辑：李向昕 焦 丽 装帧设计：李向昕 焦 丽
责任校对：段立超 陶 涛 责任印制：马 洁